Rischar · Spielregeln für den Umgang mit Chefs

Klaus Rischar

SPIELREGELN
für den Umgang mit
CHEFS

2., überarbeitete Auflage

GABLER

Rischar, Klaus:
Spielregeln für den Umgang mit Chefs / Klaus
Rischar. – 2., überarb. Aufl. – Wiesbaden:
Gabler, 1987.
ISBN 3-409-29100-8

1. Auflage 1985
2. Auflage 1987

© Betriebswirtschaftlicher Verlag Dr. Th. Gabler GmbH, Wiesbaden 1987
Umschlaggestaltung: Schrimpf und Partner, Wiesbaden
Satz: Satzstudio RES, R.-E. Schulz, 6072 Dreieich
Druck: Wilhelm & Adam, Heusenstamm
Buchbinder: W. Osswald & Co., Neustadt/Weinstr.

ISBN 3-409-29100-8

Marion Henkel

in Dankbarkeit und Zuneigung

Vorwort

Zwischen Vorgesetzten und Mitarbeitern bestehen immer wieder Differenzen im Hinblick auf das Führungsverhalten. Dieses Buch verfolgt nicht das Anliegen, den Mitarbeiter – oder den Chef – in seiner Einstellung zu stärken oder zu verteidigen. Es will vielmehr um Verständnis der Mitarbeiter für das Verhalten des Chefs werben.

Das besagt nicht, daß der Mitarbeiter seine Bedürfnisse und Vorstellungen auf den Chef ausrichten soll. Dieses Buch will aufzeigen, welche Verhaltensweisen auch für den Mitarbeiter selbst gegenüber dem Chef zum Vorteil gereichen, mit dem Ziel, trotz institutionalisierter Über- und Unter-Ordnung ein gutes menschliches Verhältnis zu erreichen. Mit anderen Worten: Das Buch will Mitarbeitern helfen, die gegebene Situation zu ihrem eigenen Vorteil und dem des Chefs zu gestalten.

Sie können das Buch von der ersten bis zur letzten Seite wie einen Roman lesen – das wäre das Ideale aus der Sicht des Autors –, aber es ist auch so aufgebaut, daß Sie jeweils nur den Abschnitt studieren können, dessen Thematik Sie im Augenblick besonders bewegt; denn jedes Kapitel stellt eine in sich geschlossene Einheit dar. Das Buch läßt sich auch vom Stichwortverzeichnis her (Seite 265) erschließen oder für ganz Eilige vom „Schnellen Ratgeber – Was tue ich, wenn?" (Seite 260).

Außer mir als Autor wirkten an dem Entstehen dieses Buches zahlreiche Mitarbeiter meines Instituts mit, denen ich an dieser Stelle herzlich danke. Zwei Menschen möchte ich besonders hervorheben: *Frau Diplom-Psychologin Christa Titze,* die kritische Leserin und Beraterin bei meinem gesamten Buch, die von der ersten Minute an dabei war, und *Fräulein Marion Henkel,* mit der ich in vielen langen Gesprächen über die Thematik hart diskutiert habe, sie aus der Sicht der jüngeren Generation und vom Standpunkt der Mitarbeiterin, ich aus der Sicht des im „Mittelalter" stehenden Chefs.

Dr. Klaus Rischar

Inhaltsverzeichnis

Vorwort 7
Einführung 13

1. Grundlagen erfolgreicher Gesprächsführung 19
   Gründliche Vorbereitung als Ausgangspunkt zum Erfolg . 20
   Der andere, mein Partner, nicht mein Gegner 24
   Dialog statt Monolog 27
   Argumentieren vom Nutzen des anderen aus 30
   Die verschiedenen Ebenen des Gesprächs 34
   Schweigen kann unbezahlbar sein 38
   Führen durch Fragen 40

2. Die Situation im Gespräch mit dem Chef 45
   Jeder Mitarbeiter hat Hemmungen 46
   Hemmungen des Chefs vor seinem Mitarbeiter 48
   Die Stellung des Chefs in der Betriebshierarchie 51
   Die Bedeutung seiner Position in der Arbeitsgruppe 53

3. Schwierige Ausgangsbedingungen 59
   Das Verhalten des Chefs gegenüber Ihnen
   als neuem Mitarbeiter 60
   Die Furcht Ihres Vorgesetzten vor Ihnen als Aufsteiger .. 63
   Das Chefgespräch vor Zeugen 67

4. Der Chef im Streß 71
   Klärung des Begriffs „Streß" 72
   Der Streß des Vorgesetzten 74
   Auswirkungen des Stresses auf die Mitarbeiterführung ... 77
   Die unglückliche Gesprächssituation bei Streß des Chefs 80
   Das richtige Verhalten des Mitarbeiters 82

5. Regeln für geschicktes Umgehen mit dem Chef 85
   Die gründliche Vorbereitung 86
   Die Wahl des richtigen Gesprächszeitpunktes 88

Geeignete Orte für das Gespräch 90
Hineindenken in die Sichtweise des Chefs 93
Der Nutzen für den Chef 96
Mitgefühl mit dem Chef 98
Streit kann tödlich sein 101

6. **Autoritäres Vorgesetztenverhalten** 105
Was heißt „autoritär"? 106
Das Phänomen der Autorität 108

7. **Geschicktes Verhandeln mit autoritären Chefs** 113
Mein Chef, ein Patriarch 114
Die schwerste Aufgabe: Umgang mit Diktatoren 117
Verhalten bei autoritärem Vorgehen aus Schwäche 119
Standfestigkeit führt zum Erfolg 122

8. **Verhalten bei Kritik des Chefs** 127
Aufgeschlossenheit statt Rechtfertigungsversuche 128
Geduldig zuhören statt sofort widersprechen 131
Sachliches Nachfassen zur Klärung der Situation 134
Einsicht ist in der Regel ein Prozeß 137
Den Ernst der Situation erkennen 140
Klarheit über die möglichen negativen Konsequenzen 143

9. **Das Kritikgespräch mit dem Chef** 149
Überlegungen statt offener Kritik 150
Hieb- und stichfeste Kritik 152
Negative Kritik nur mit Verbesserungsvorschlägen 155
Negative Kritik, ein Risiko für Sie als Mitarbeiter 158

10. **Die Bitte um Gehaltserhöhung** 161
Der gut überlegte Zeitpunkt 162
Der geschickte Einstieg 164
Typische Reaktionen voraussehen 167
Überzeugendes eigenes Auftreten 169
Das stichhaltige Argumentieren 172

Die Glaubwürdigkeit der Chefreaktion 175
Falsche Reaktionen beim Mißerfolg 178

11. Auftreten im Beurteilungsgespräch 181
Begriffserklärung 182
Die Rechte des Mitarbeiters nach dem
Betriebsverfassungsgesetz 185
Typische Beobachtungs- und Beurteilungsfehler 188
Bereitschaft zur Selbstbeurteilung 191
Was stimmt: Die schriftliche oder
die mündliche Beurteilung? 193
Folgen einer Beurteilung 195

12. Beschwerde über Kollegen 199
Der Gang zum Chef als Ausnahmesituation 200
Das Vorgehen bei der Beschwerde 202
Mögliche Reaktionen des Vorgesetzten 204
Das richtige Verhalten während des Schlichtungsversuchs 206
Nach dem Streit: Verhalten bei Sieg oder Niederlage 210

13. Das Einschalten des Betriebsrates 213
Drohen mit dem Betriebsrat? 214
Der Weg zum Betriebsrat, ein Gang in die Öffentlichkeit? 215

14. Verhalten bei Disziplinarmaßnahmen 219
Klärung der Begriffe 220
Die Vorstufe: Die mündliche Ermahnung 222
Rechtlich unhaltbare Disziplinarmaßnahmen 224

15. Der Generationskonflikt 227
Altersunterschiede in ihren Auswirkungen auf den Betrieb 228
Vorbildung heute und früher 230
Toleranz, der Weg zum besseren gegenseitigen Verständnis 233

16. Theoretiker und Praktiker im Clinch 237
Klärung der Begriffe 238

Sie sind Theoretiker! 238
Sie sind Praktiker! 241

17. Frauen als Mitarbeiterinnen und Chefinnen 245
Sie sind stets zuerst Frau! 246
Vorurteile männlicher Chefs gegenüber Frauen im Betrieb 249
Die Problematik: Eine Frau als Chefin von Männern 252
Als Mitarbeiterin bei einer Chefin 256

Schneller Ratgeber 260

Veröffentlichungen des Autors 263

Stichwortverzeichnis 265

Einführung

Dieses Buch soll es dem Mitarbeiter ermöglichen, stärker als bisher seine Anliegen und Wünsche beim eigenen Vorgesetzten zu verwirklichen. Deshalb gelten grundsätzlich die Regeln der erfolgreichen Gesprächs- und Verhandlungsführung, jedoch mit einem wesentlichen Unterschied: Die beiden Partner sind von ihrer Stellung zueinander, unabhängig von ihren jeweiligen Persönlichkeitsstrukturen, nicht gleichberechtigt, sondern der Mitarbeiter ist seinem Chef unterstellt, der ihm jederzeit Anweisungen geben kann. Daran ändert auch das beste persönliche Verhältnis nichts Wesentliches.

Wenn der Mitarbeiter also trotz seiner rechtlich schwächeren Position erfolgreich sein will, dann muß er sich noch mehr, als dies sonst bei Verhandlungen notwendig ist, in die Situation seines Gegenübers hineindenken und von dessen Nutzen aus argumentieren.

Das Buch beginnt mit einem Kapitel über die allgemeinen Grundlagen der Gesprächsführung und wendet sich dann sofort dem besonderen Verhältnis zwischen Vorgesetztem und Mitarbeiter zu. Diese Situation kann erschwert sein durch die häufige Streßsituation des Chefs mit ihren negativen Auswirkungen auf die zwischenmenschlichen Beziehungen, und durch besondere Gegebenheiten wie die Angst des Vorgesetzten vor dem Können und dem Ehrgeiz seines Mitarbeiters.

Da der Chef von seiner Funktion her übergeordnet ist, müssen die sonst geltenden Grundsätze der Verhandlungstechnik und Gesprächsführung abgewandelt werden. Am stärksten weicht der autoritär handelnde Vorgesetzte vom Prinzip der Partnerschaft ab. Er bietet deshalb scheinbar die größten Schwierigkeiten, läßt sich aber viel leichter steuern, als er selbst und seine Mitarbeitern annehmen.

Wenn der Chef seine Kontroll- und Beurteilungsfunktion wahrnimmt, dann muß er auch seinen Mitarbeiter je nach der Bedeutung der festgestellten Schwäche unterschiedlich stark negativ kritisieren, wobei leider die Persönlichkeit des Vorgesetzten in der Regel für die

Art der Kritik maßgeblicher ist als die sachlichen Gegebenheiten. Wie sollte der Mitarbeiter in dieser oft für beide Seiten unangenehmen Situation handeln, um für sich das Beste daraus zu machen? Wie soll er sich beispielsweise erfolgreich wehren, wenn er zu Unrecht kritisiert wird? Wie erfährt er, was er wissen muß, um sich möglichst rasch so zu ändern, wie auch er es inzwischen für richtig hält? Der Mitarbeiter kann seinen Chef, auch wenn die Beziehungen zwischen ihnen wenig vom Oben und Unten bestimmt sind, nicht in gleicher Form kritisieren wie umgekehrt. Er muß seine berechtigten kritischen Überlegungen fast immer in die Form des Hinterfragens kleiden und darf nicht darauf abzielen, den Chef zum offenen Eingeständnis seines Fehlverhaltens zu veranlassen. Viele Vorgesetzte haben dazu nicht die menschliche Größe.

Zu der besonders schwierigen Situation zwischen Chef und Mitarbeiter zählen

- das Argumentieren für die eigene Gehaltserhöhung, weil der Mitarbeiter seine Leistung und sich selbst dabei erfolgreich „verkaufen" muß,
- das Beurteilungsgespräch, weil es dabei nicht punktuell um einzelne Stärken und Schwächen geht wie bei den alltäglichen Anerkennungs- und Kritikgesprächen, und
- die Beschwerde über einen Kollegen bei dem gemeinsamen Vorgesetzten, weil der Mitarbeiter dabei sachlich und fair bleiben muß, obwohl er meist emotional stark bewegt ist und den Chef als unfreiwilligen Schlichter zwingen will, ganz in seinem Sinne zu entscheiden.

Es ist das Recht des Mitarbeiters, sich über Kollegen oder auch den Chef selbst bei seinem Betriebs- oder Personalrat zu beschweren, jedoch muß er sich genau überlegen, ob er diesen weitreichenden Schritt tun will, denn damit wird ein abteilungsinterner Streit zu einem offiziellen. In den rechtlichen Bereich hinein reichen auch die verschiedenen Formen der betrieblichen Disziplinarmaßnahme. Der Mitarbeiter muß wissen, welche Konsequenzen damit für seinen jetzigen Arbeitsplatz verbunden sind und damit auch für sein Verhältnis zum Chef.

14

Wie in der Familie, so gibt es auch im Betrieb den Generationskonflikt, der häufig identisch ist mit dem Gegensatz zwischen dem Theoretiker, dem Jüngeren, und dem Praktiker, dem Älteren. Worauf beruhen im wesentlichen die Gegensätze und wie können sie für beide Seiten erträglicher und zugleich lehrreich gestaltet werden?

Es gibt ein durch das unterschiedliche Wesen hervorgerufenes, natürliches Spannungsfeld zwischen Frau und Mann in allen Lebensbereichen und damit auch im Betrieb. Noch sind relativ wenige Frauen Vorgesetzte, so daß der Mitarbeiter, ob Frau oder Mann, mit einer traditionell ungewohnten Situation fertig werden muß. Die gleiche Problematik betrifft auch die Chefin, weil sie aus ihrem Betrieb weitgehend nur männliche Vorgesetztenbilder kennt, an denen sie sich letztlich nicht orientieren darf.

Wenn man dieses Buch verstehen und damit erfolgreich arbeiten will, dann muß man diese Grundsätze akzeptieren, die das gesamte Werk durchziehen.

Der Mitarbeiter ist von seinem Chef als Vorgesetztem abhängig

Dieses Abhängigkeitsverhältnis existiert stets unabhängig von der Art des Führungsverhaltens und des zwischenmenschlichen Verhältnisses zwischen Chef und Mitarbeiter. Abhängig ist der Mitarbeiter auch von dem Vorgesetzten, mit dem ein Duz-Verhältnis besteht und der ihn so kooperativ wie möglich führt, sogar vom laissez-faire-führenden Chef, weil dieser irgendwann gegen die Interessen seines Mitarbeiters entscheiden muß, und sei es auch nur, weil er dazu von seinem Vorgesetzten gezwungen wird.

Damit ergibt sich automatisch, daß der Mitarbeiter sich in der schwächeren Stellung befindet, die er aber durch geschicktes Verhalten bedeutend verbessern kann.

Der Vorgesetzte ist Partner, kein Gegner

Ein Mitarbeiter, der Vorgesetzte im Betrieb generell als Gegner ansieht oder im Einzelfall nicht bereit ist, diesen Chef als Partner zu betrachten und ihn deshalb nur bekämpfen will, wird Munition für seine Schlachten in diesem Buch nicht finden.

Den Chef als Partner zu sehen, bedeutet, sich in seine Situation allgemein und im Einzelfall hineinzudenken, um auf diese Weise das Verhalten zu zeigen und die Argumente zu finden, die den Chef veranlassen, das zu tun, was man selbst will.

Wer das Buch gründlich studiert hat und vom Mitarbeiter ohne Personalverantwortung zur Führungskraft aufsteigt, der kann dem Werk auch für diese Aufgaben wertvolle Anregungen entnehmen.

Taktisches Vorgehen
bedeutet kein Aufgeben der eigenen Persönlichkeit

Besonders junge Menschen neigen als Folge eines gewissen verständlichen Rigorismus dazu, die Gegenthese anzunehmen und deshalb jedes *äußere* Nachgeben als unverantwortlichen Verlust an persönlicher Substanz anzusehen. Das kann der Fall sein; aber nur, wenn ein äußeres Zugeständnis sofort oder später zu einer Charakteränderung führt. Erkennt man als Mitarbeiter diese Gefahr und die noch viel größere, daß man beginnt, seelisch und damit auch körperlich zu leiden, dann gibt es nur einen einzigen, bei der heutigen Arbeitsmarktsituation mitunter schmerzlichen Schritt: Die möglichst baldige Kündigung. Das Schlimmste für einen Menschen ist, sein seelisches Rückgrat zu verlieren und auf diese Weise zu einem menschlichen Krüppel zu werden. Das sind aber Ausnahmen; denn in der Regel behält der Mensch seine innere Freiheit, und sei er auch in Ketten gelegt, wie es ein Dichter einmal ausgedrückt hat.

Aus meinem Literaturverzeichnis (Seite 263) ersehen Sie, wieviele Bücher ich über Fragen des menschlichen Zusammenarbeitens und -lebens im Betrieb geschrieben habe. Nur ein einziger Aufsatz behandelt die gleiche Thematik wie dieses Buch. Es ist schwer zu sagen, warum meine zahlreichen Verleger mit der rühmlichen Ausnahme des Gabler Verlages davor zurückgeschreckt sind, ein Buch über das Umgehen des Mitarbeiters mit seinem Chef zu publizieren. An der fehlenden Marktlücke kann es nicht liegen, gibt es doch zahlenmäßig viel mehr Mitarbeiter als Führungskräfte; für die aber existiert eine kaum noch überschaubare Fülle von Literatur. Was nehmen die Verleger wohl an: Daß die Mitarbeiter wissen, wie sie mit ihrem Chef umgehen müssen? Dann gäbe es viel weniger Konflikte! Daß sie sich in dieser Hinsicht nicht weiterbilden wollen und deshalb keine Bücher zur Thematik lesen?

1. Grundlagen erfolgreicher Gesprächsführung

Gründliche Vorbereitung als Ausgangspunkt zum Erfolg . 20
Der andere, mein Partner, nicht mein Gegner 24
Dialog statt Monolog 27
Argumentieren vom Nutzen des anderen aus 30
Die verschiedenen Ebenen des Gesprächs 34
Schweigen kann unbezahlbar sein 38
Führen durch Fragen 40

Gründliche Vorbereitung
als Ausgangspunkt zum Erfolg

Es gibt schwerwiegende sachliche und psychologische Gründe, weshalb Sie jedes für Sie wichtige Gespräch gründlich vorbereiten sollten. Das Wort „gründlich" besagt, daß Sie wie beim Schachspiel nicht nur den nächsten Zug überlegen dürfen, zu dem der andere sich entscheiden kann, sondern auch die weitere mögliche Entwicklung der Partie. Zählen auch Sie zu den Menschen, die sich rasch auf eine einzige Möglichkeit festlegen, oder versuchen Sie verschiedene Alternativen zu durchdenken, auch nicht alltägliche? Es kommt meist dann zur Entscheidung für nur einen Weg, wenn Sie sich unter Zeitdruck vorbereiten. Wenn Sie aber so vorgehen, dann kann sich die sogenannte Gesprächsplanung für Sie sogar zur Gefahr entwickeln: Sie meinen, Sie hätten sich vorbereitet, in Wirklichkeit aber haben Sie nur mit dem Versuch dazu begonnen.

Worin bestehen die schwerwiegenden sachlichen und psychologischen Gründe für eine gründliche Vorbereitung? Es gibt die pointierte These:

Eine gute Vorbereitung ist der halbe Gesprächserfolg

Wenn Sie Ihre Planung vorbereiten, dann
- vergegenwärtigen Sie sich zunächst noch einmal die genaue Ausgangssituation.
- Versetzen Sie sich dann in die Lage Ihres Partners: Welche Motive bewegen ihn? Was wird er zu erreichen suchen, was auf keinen Fall zulassen?
- Wie stark ist Ihre eigene Position?
- Welches *realistische* Ziel wollen Sie anstreben, was müssen Sie auf jeden Fall erreichen, um nicht gescheitert zu sein?

Sie legen also Ihr Optimalziel (= Maximalziel) und die für Sie schlechteste, noch akzeptable Lösung (= Minimalziel) fest. Die Differenz zwischen beiden Zielen stellt Ihren Verhandlungsspielraum dar. Sie darf nicht zu klein sein, weil Sie im Gespräch sonst zu wenig flexibel vorgehen müssen, aber auch nicht zu groß, weil der Verhandlungspartner Ihre Anfangsposition sonst nicht ernstnimmt. Die Festlegung der Ziele nennt man Verhandlungsstrategie, das, was Sie anstreben. Die Hauptfehler, die Sie begehen können, bestehen darin, daß Sie das Minimalziel des Partners nicht erkennen und deshalb eigene Ziele anstreben, die unrealistisch sind. Diese Gefahr droht Ihnen vor allem, wenn Sie nicht ruhig und sachlich bei der Vorbereitung handeln, sondern sehr emotional und deshalb fast ohne Hineindenken in die Gegenposition.

Nachdem Sie Ihr „Wohin" festgelegt haben, müssen Sie sich entscheiden, *wie* Sie Ihre Ziele anstreben wollen und mit welchen Mitteln. Dieser Teil der Vorbereitung umfaßt sowohl *sachliche* als auch *psychologische Aspekte.*

Die sachlichen Aspekte stellen die inhaltlichen Gesichtspunkte dar:
— Die möglichen eigenen Argumente
— Deren Gewichtung, aber nicht allgemein, sondern im Hinblick auf den Partner, der Ihnen gegenübersitzt.
  Dabei handelt es sich bereits um psychologische Gesichtspunkte. Ein an sich sachlich starkes Argument kann bei einem bestimmten Gegenüber wertlos sein.
— Die voraussichtliche Beweisführung der Gegenseite
— Das eigene Verhalten dazu — sowohl initiativ als auch passiv. Wenn Sie nur auf das Verhalten Ihres Chefs reagieren, zeigen Sie eine rein passive Verhaltensweise. Sie lassen sich von der anderen Seite steuern, statt auch selbst die Initiative zu ergreifen. Sie gleichen dem Kaninchen gegenüber der Schlange, und das geht unter.

Welche Fehler können Sie bei der Vorbereitung vor allem noch begehen?

Die möglichen Argumente der Gegenseite unterschätzen, weil Sie zu sehr auf die eigene Beweisführung fixiert sind. Damit haben wir uns mit dem ersten Teil Ihrer Taktik befaßt, der zweite wird oft unterlassen, oder der Vorbereitende begnügt sich mit Allgemeinplätzen.

Es handelt sich um die psychologischen Aspekte:
- Wie will ich das Gespräch eröffnen?

Die ersten Eindrücke sind oft entscheidend für den gesamten Gesprächsverlauf, auf jeden Fall aber für das Entstehen der Gesprächsatmosphäre. Weder ist es günstig, ohne Vorspiel sofort mit dem Hauptteil zu beginnen, noch mit Floskeln, zum Beispiel: „Wie geht es Ihnen?"

Eine Einleitung ist Ihnen gelungen, wenn Sie zum sofortigen Dialog geführt hat. Wenn hier von einem allgemeinen Vorspiel die Rede ist, dann kann es sich oft auf wenige Sätze beschränken, aber dennoch zum Ziel führen, einer aufgelockerten Atmosphäre.

- Will ich selbst aktiv werden oder den anderen kommen lassen?

Entscheiden Sie sich zunächst für ein passives Verhalten, dann sollten Sie genau überlegen, wann Sie spätestens aktiv werden müssen.

- Beabsichtigen Sie nur sachlich hart aufzutreten oder auch im zwischenmenschlichen Bereich? Wollen Sie sogar den anderen provozieren? Nur zu Äußerungen überhaupt, zu unüberlegten Ausführungen oder sogar zum Verlust der erforderlichen Selbstbeherrschung?
- Welche Risiken wollen, können Sie im Dialog eingehen? Was versprechen Sie sich von Ihrer Vorgehensweise?
- Wie wird sich Ihr Gesprächspartner nach allen bisherigen Erfahrungen wahrscheinlich verhalten? Ist er für Überraschungen empfänglich? Wie wird die spezielle Gesprächsatmosphäre sein? Das hängt ab von der Thematik des Gesprächs, aber maßgeblich auch vom Zeitpunkt der Begegnung!

Viele Menschen begnügen sich mit einer sehr oberflächlichen Planung unter dem Schlagwort „kooperativ" oder „freundlich". Sie müßten aber Ihre eigenen Verhaltensweisen über den gesamten Gesprächsverlauf hinweg beachten, sie werden viel differenzierter sein als einfach „freundlich".

In meinen Einleitungsworten sprach ich von den psychologischen Gründen, die Sie zur Gesprächsvorbereitung veranlassen sollten. Wenn Sie sich noch anschaulich genug an Ihre letzte mündliche Prüfung erinnern, dann werden Sie wissen, daß bei Examen oft viel entscheidender als Sachwissen die Tagesform ist, überhaupt die Sicherheit des Auftretens und die Art, wie Sie auf Ihre Prüfer eingegangen sind.

Es wird Ihnen bei einer gründlichen Vorbereitung schon öfter so gegangen sein, daß die Verhandlung viel harmloser verlief, als Sie befürchtet hatten, sowohl in inhaltlicher als auch psychologischer Hinsicht. Ziehen Sie daraus aber auf keinen Fall den Fehlschluß, für die Zukunft erübrige sich eine gründliche Vorbereitung. Damit unterschätzen Sie nämlich den Wert der Planung, auch für das Gespräch, das erfolgreich verlaufen ist. Wenn Sie sich sorgsam vorbereitet haben, dann haben Sie sich deshalb sicher gefühlt, und das kann entscheidend zum Erfolg beigetragen haben.

Sie dürfen andererseits eine Gefahr der Vorbereitung auf keinen Fall unterschätzen:

Das zu starke Fixieren auf Ihre Planung. In Ihrer Selbsterkenntnis müssen Sie soweit gekommen sein, daß Sie wissen, ob Sie zu den Menschen gehören, die zur Starrheit neigen oder sich zu sehr auf einen Weg festlegen, oder ob Sie trotz Vorbereitung flexibel genug auf unerwartete Situationen eingehen können. Beherrschen Sie die Kunst des kontrollierten Dialogs, also die Fähigkeit, dem anderen ganz genau und geduldig genug zuzuhören, oder aber neigen Sie zum raschen Handeln? Es ist erschreckend − sicher eine Folge unserer starken Hektik −, wie wenig wir im Berufs-, aber auch im Privatleben zuhören können. Dadurch überhören wir beispielsweise häufig Aussagen des Partners, die zu einem für beide Seiten gangbaren Kompromiß geführt hätten. Nicht immer kommt eine solche Chance noch einmal wieder!

● **Tip:**
Beginnen Sie kein wichtiges Gespräch ohne gründliche Vorbereitung! Sie müssen sich klarwerden über die Stärke der eigenen Position und die des Chefs. Legen Sie realistische Ziele fest, Ihre Argumentationstaktik und Ihr zwischenmenschliches Verhalten. Weichen Sie aber von Ihrer Planung ab, wenn dies die Situation erfordert.

Der andere, mein Partner, nicht mein Gegner

Es gibt Gespräche, bei denen Chef und Mitarbeiter miteinander plaudern, etwa über den Verlauf des Urlaubs, Situationen, in denen der Chef den Mitarbeiter informiert oder dieser dem Vorgesetzten berichtet, Gespräche, bei denen der Chef eine Dienstanweisung erteilt, und Verhandlungen zwischen beiden. Von dieser Gesprächsart soll jetzt hier die Rede sein. Unter einer Verhandlung versteht man allgemein und damit auch zwischen Chef und Mitarbeiter, daß beide voneinander abweichende Standpunkte zu einer Fragestellung haben und jede Seite versucht, ihre Belange soweit wie möglich zu realisieren. Gesprächssituationen mit Verhandlungscharakter können sein:

- Die Festlegung des Urlaubszeitpunkts
- Der Zeitpunkt des Gleitzeittages
- Das Beurteilungsgespräch
- Die Überprüfung des bisherigen Gehalts
- Die Übernahme einer neuen Aufgabe

Da der Vorgesetzte und sein Mitarbeiter bei einer Verhandlung unterschiedliche Ziele verfolgen, besteht die Gefahr, daß sie sich zumindest in dieser Situation gegenseitig als Gegner sehen. Es besteht aber auch die Möglichkeit, die gemeinsamen Aspekte stärker zu betonen und damit eine Lösung, bei der es sich häufig um einen Kompromiß handelt, zum Beispiel, daß der Mitarbeiter zwar eine Gehaltserhöhung erhält, jedoch später als erwartet und nicht in der gewünschten oder geforderten Höhe. Das Wesen eines Kompromisses besteht darin, daß sich beide Seiten entgegenkommen, sich jedoch nicht unbedingt in der Mitte zwischen ihren Forderungen treffen.

Weshalb kann der Vorgesetzte in der Verhandlung mit seinem Mitarbeiter Partner sein, obwohl ihre Ziele klar voneinander abweichen?
Spielen wir einmal beide Situationen durch:

24

Der Chef in den Augen des Mitarbeiters als Gegner

Stellen Sie sich am besten den Fall anschaulich vor. Sie wollen zu einem bestimmten Zeitpunkt in Urlaub gehen. Ihr Kollege hat sich aber zur gleichen Zeit in die Urlaubsliste eingetragen. Jetzt müssen Sie mit Ihrem Chef verhandeln, weil Sie sich nicht untereinander einigen konnten. Der Vorgesetzte kann in dem Gespräch zum Gegner werden, vor allem, wenn Sie wissen, daß er dazu neigt, den Standpunkt des Kollegen zu teilen. Mit einem Gegner kämpft man und versucht zu siegen. Man kann jedes Nachgeben als Schwäche oder als Versagen deuten. Die eigene Stellung gilt es, so lange und so stark wie möglich zu halten. Gehen Sie von diesem Standpunkt aus, dann steht für Sie das Trennende im Mittelpunkt.

Der Chef als Partner

Die empfehlenswerte Möglichkeit besteht dagegen darin, in einer Verhandlung sein Gegenüber als Partner zu sehen. Diese Denkweise betont das Gemeinsame. Bedeutet sie aber nicht zugleich eine Art Kapitulation? Eine zu schnelle Bereitschaft zum Weichen? Das kann, muß aber und darf auch nicht der Fall sein!

Vergleichen wir einmal die Situation der Gegner- und Partnerschaft miteinander. Es bestehen diese Tendenzen:

Situation	Partnerschaft	Gegnerschaft
Gesprächseinstieg:	Möglichkeit zu einem gelockerten Beginn	Gefahr von Streß und damit Verkrampfung
Emotionaler Zustand:	Freundlich	Kämpferisch bis aggressiv
Argumentationsweise:	Beweisführung vom gemeinsamen Nutzen aus	Starke Hervorhebung der eigenen Gesichtspunkte
Körpersprache:	Offene Haltung, Gestik lebendig, Mimik freundlich	Geschlossene Haltung, steif, Mimik verbissen.

Situation	Partnerschaft	Gegnerschaft
Sprechweise:	Flüssig, angemessene Lautstärke, keine Verlegenheitslaute	Hektisch oder stockend, Lautstärke, zu groß, Verlegenheitslaute
Sprachlicher Ausdruck:	Verbindliche Formulierungen	Harte bis aggressive, polemische Ausdrucksweise
Zwischenmenschliches Verhalten:	Positiv, auch bei gegensätzlichen Ausführungen	Entwicklung zur Feindschaft
Zielsetzung:	Einigung zur beiderseitigen Zufriedenheit	Sieg auf der ganzen Linie
Gesprächsende:	Versöhnlicher Ausklang	Sieger oder Verlierer?

Unter vielen Gesichtspunkten ist es also empfehlenswert, den Chef als Partner zu sehen. Betrachten Sie ihn aber als Gegner, und handelt es sich dabei um einen Dauerzustand und nicht das Ergebnis einer bestimmten Situation, dann sollten Sie so schnell und konsequent wie möglich einen anderen Arbeitsplatz im gleichen oder in einem anderen Unternehmen anstreben. Der Vorgesetzte wird im Hinblick auf Sie ähnlich denken; denn wer will schon morgens in den Betrieb kommen mit dem Bewußtsein, einem Menschen zu begegnen, mit dem es wieder einmal Streit geben wird?

Verhandlungen, bei denen Sie den Chef als Gegner sehen, führen dazu, daß Sie
– Ansätze zu einer Einigung übersehen, weil Sie ganz darauf fixiert sind, daß der andere nichts für Sie Vorteilhaftes sagen kann und Sie deshalb nicht sorgfältig genug zuhören,
– nur von Ihrem Gesichtspunkt aus argumentieren und zum Monolog neigen,
– mißverständliche Formulierungen des Vorgesetzten stets in einem für Sie negativen Sinne deuten,
– zum Vorurteil neigen, der Chef wolle Ihnen „was" und behandle Sie deshalb ungerecht.

Entscheiden Sie sich dagegen für die Partnerschaft, dann
– hören Sie aktiv zu, d.h. beachten jedes Wort, um Möglichkeiten zu einem Kompromiß sofort zu erkennen,

- lassen Sie den Vorgesetzten ausreden,
- versuchen Sie nur so viel zu reden wie unbedingt notwendig,
- nehmen Sie Gedanken des Chefs auf und berücksichtigen diese in Ihrer eigenen Argumentation,
- überhören Sie scheinbar feindselige Äußerungen, weil Sie davon ausgehen, daß der Chef sich nur mißverständlich ausgedrückt hat,
- nehmen Sie an, daß der Vorgesetzte ernsthaft darum bemüht ist, Ihre Anliegen soweit zu berücksichtigen, wie es ihm möglich ist.

● **Tip:**
Betrachten Sie den Vorgesetzten – auch bei gegensätzlichen Standpunkten – nicht als Gegner, sondern weiterhin als Partner! Denken Sie anders, dann verkrampfen Sie sich, und es kommt zum Stellungskrieg. Verwechseln Sie die Bereitschaft zum Kompromiß nicht mit Schwäche oder sogar Kapitulation! Kompromiß bedeutet gegenseitiges Entgegenkommen. Sind Sie bereit zum Kompromiß, dann werden Sie durch gutes Zuhören und positive Einstellung nach akzeptablen Lösungen für beide Seiten suchen.

Dialog statt Monolog

Nicht nur beim Gespräch mit einer einzigen Person, sondern auch mit Gruppen geschieht häufig der Fehler, daß derjenige, der überzeugen will, zu viel spricht. Die Aussage: „Er will den anderen totreden" charakterisiert treffend die Situation. Statt zu monologisieren, sollte er versuchen, einen möglichst lebendigen Dialog zu erreichen, ein Wechselgespräch mit seinem Gegenüber.

Wie kommt es zum Fehler des Monologisierens? Dafür sind vor allem zwei Gründe entscheidend:
- Derjenige, der überzeugen will, bemerkt in seinem Eifer nicht, daß er einen Monolog hält. Die Situation erkennt er häufig erst,

wenn er sein „Gespräch" auf der Videoaufzeichnung verfolgen kann. Hin und wieder wird ihm der große Redeanteil deutlich, aber nicht als eigener Fehler, sondern als Kritikpunkt am anderen. Er wirft nämlich seinem Gegenüber vor, sich zu passiv verhalten zu haben. In Wirklichkeit hätte aber der Partner nur mehr reden können, hätte er den Monologisierenden einfach unterbrochen.

– Derjenige, der überzeugen will, hat alle nur möglichen Einwände und Vorwände bereits in seine Ausführungen eingebaut. Damit schafft er eine ähnliche Situation wie mancher Redner, bei dem die von ihm selbst gewünschte Diskussion nach dem Vortrag ausfällt.

Ehrliche Zuhörer begründen ihr Schweigen treffend mit der Bemerkung: „Sie haben schon alles gesagt. Deshalb können wir nichts mehr fragen."

Der Monologisierende meint zu Unrecht, daß er die Situation beherrscht habe, in Wirklichkeit aber handelte er aus Unsicherheit. Es fehlte ihm an der notwendigen Gelassenheit. Er hätte seine Thesen nicht als Kettenargumente, sondern einzeln vortragen sollen, damit er mit seinem Partner über jede getrennt hätte sprechen können. In der notwendigen gründlichen Vorbereitung wäre es erforderlich gewesen, jeden möglichen Einwand oder Vorwand der Gegenseite zu erwägen und zu überlegen, wie man darauf treffend hätte antworten können.

Worin besteht der zweite Fehler?

Während im soeben skizzierten Fall der Sprechende nicht erkannt hat, daß er einen zu großen Redeanteil besaß, strebt er ihn im zweiten ganz planmäßig an. Bei ihm ist die Angst vor Gegenargumenten das beherrschende Motiv seines Handelns. Er glaubt durch Dauerreden vermeiden zu können, daß der andere ihn an seinem erfolgreichen Überzeugungsversuch hindert. Der Mitarbeiter kann deshalb keine Einwände vorbringen, hat sie aber dennoch und bleibt unüberzeugt.

Wie sollen Sie also handeln, wenn Sie überzeugen wollen?

1. Den anderen können Sie nur wirklich überzeugen, wenn er alle seine Ein- und Vorwände in der nötigen Breite hat vorbringen dürfen. Er will genügend zu Wort kommen.
2. Sie selbst sammeln durch die erfolgende Gegenargumentation wertvolle Erkenntnisse, die es Ihnen ermöglichen, die eigene Position für die Zukunft zu überdenken, gegebenenfalls abzuändern, im Extremfall auch aufzugeben und erfolgreicher als bisher abzusichern.

Wer unbewußt als Dauerredner auftritt, der weiß nicht, wo die wirklichen Schwachstellen seiner Beweisführung liegen, er hält den Beweis deshalb auf Befragen schlicht für unproblematisch.
3. Wenn Sie sich über geistigen Zweikampf freuen, dann haben Sie bei einem lebendigen Dialog die ideale Chance dazu. Sie werden immer wieder gefordert und müssen sich rasch und erfolgreich zu behaupten wissen.
4. Der Dialog ermöglicht Ihnen, die Persönlichkeit Ihres Gegenübers gut kennenzulernen. Je lebhafter die Auseinandersetzung verläuft, desto treffender werden Ihre Erkenntnisse sein; denn der andere kann sich auf Dauer nicht so stark emotional steuern, wie ihm dies beim Schweigen gelingt oder bei nur wenigen, schlagwortartigen Antworten. Wenn Sie selbst zu lange reden und so dem anderen keine Chance lassen, sich zu profilieren, dann gelangen Sie leicht zu schwerwiegenden Fehlmeinungen über seine Persönlichkeit. Sie halten ihn beispielsweise für introvertiert, in Wirklichkeit aber handelt es sich um einen extrovertierten Menschen mit guter Selbststeuerung.

● **Tip:**
Sie überzeugen einen Menschen nie durch einen Monolog, sondern nur durch das Zwiegespräch. Beobachten Sie sich deshalb genau, um zu prüfen, ob Sie zu viel reden! Lassen Sie den Chef ausreden! Dadurch schaffen Sie eine gute Gesprächsatmosphäre, lernen seine Persönlichkeit und seine Überlegungen kennen und vermögen so gezielt und damit erfolgreich zu argumentieren.

Argumentieren vom Nutzen des anderen aus

Der Mensch verhält sich in der Regel egoistisch. Was ihn zu einem Tun veranlaßt, das ist der Nutzen, den er sich daraus für sich selbst verspricht. Wenn Sie also Ihren Chef überzeugen wollen, dann müssen Sie Ihre Beweisführung so aufbauen, daß aus einem Ja zu Ihren Ausführungen für ihn ein Nutzen entsteht, der zugleich Ihr eigener sein müßte. Sie können nur erfolgreich vorgehen, wenn Sie „über Ihren eigenen Schatten" springen. Das bereitet nicht wenigen Menschen so viele Schwierigkeiten, daß sie lieber planmäßig erfolglos bleiben oder weiterhin hoffen, das Unmögliche erreichen zu können.

Der Chef soll Ihren eigenen Nutzen als vorrangig ansehen. Welche Schritte sind erforderlich, damit Sie richtig vorgehen?

1. Was bringt es Ihrem Vorgesetzten, wenn er Ihren Wunsch oder sogar Ihre Forderung erfüllt?
2. Welche Motive können ihn deshalb vor allem veranlassen, Ihnen zuzustimmen?
3. Inwiefern stimmen diese Beweggründe mit Ihren eigenen überein?

Diese Überlegung ist sehr wichtig, weil Ihre Argumentation glaubwürdig bleiben muß. Ihr Chef nimmt Ihnen nämlich nicht ab — denn er setzt bei Ihnen den gleichen Egoismus wie bei sich selbst voraus —, daß Sie etwas tun wollen, das nur für ihn vorteilhaft ist.
4. Wie können Sie die gefundenen Argumente psychologisch am geschicktesten einsetzen?

Für Sie wird es im Gespräch am schwierigsten, wenn Sie das mit der Vernunft als taktisch richtig Erkannte konsequent in praktisch richtiges Verhalten umsetzen müssen.

Wir versuchen, uns die Hinweise und Empfehlungen an einem Beispiel zu verdeutlichen, das im Betrieb leider nicht selten so vorkommt:

Ihr Chef unterhält sich mit einem Ihrer Mitarbeiter, ohne daß Sie davon wissen. Er benötigte rasch eine Information, und um Zeit zu gewinnen und aus erster Hand unterrichtet zu werden, vielleicht auch weil Ihr Vorgesetzter Sie mit seinem Anliegen nicht belästigen wollte, ging er zum Mitarbeiter oder bestellte diesen zu sich. Der Fall bleibt meist unproblematisch, kann der Mitarbeiter die Frage aus dem Stegreif beantworten. Erste Schwierigkeiten können aber bereits auftreten, wenn der Mitarbeiter längere Zeit benötigt, um das gewünschte Zahlenmaterial zu beschaffen und aufzuarbeiten. In dieser Zeit muß der Mitarbeiter nämlich unter Umständen für Sie wichtige Aufträge unerledigt liegenlassen.

Die Angelegenheit kann sich aber für Sie noch ungünstiger entwickeln: Wegen der Informationen, die Ihr Chef im Gespräch mit Ihrem Mitarbeiter erhalten hat, hält er es für notwendig, spontan eine Entscheidung zu treffen, die in einer Anordnung besteht. Der Vorgesetzte sprach mit Ihrem Mitarbeiter nicht darüber, wer Sie von dem Vorgang unterrichten sollte. Dieser nahm an, der Chef; der Vorgesetzte seinerseits, Ihr Mitarbeiter oder auch er persönlich, doch dann vergaß er seine Informationspflicht. Sie wollen nichtsahnend Ihrem Mitarbeiter eine Anweisung geben und stellen dabei zu Ihrer Überraschung und Ihrem Ärger fest, daß der Mitarbeiter für Ihre Aufgabe keine Zeit hat, muß er doch die Arbeit des Chefs vorrangig erledigen.

Verschiedenes könnte Sie am Verhalten Ihres Vorgesetzten stören:
- Dessen unmittelbarer Kontakt zu Ihrem Mitarbeiter.
- Wenn Sie dieses Verhalten noch nicht als sogenannten Durchgriff ansehen, dann aber auf jeden Fall die Dienstanweisung.
- Sie hätten dann zumindest erwartet, nicht zufällig davon zu erfahren, sondern planmäßig, von der anderen Seite her aktiv.
- Als Informator in diesem Fall hätten Sie nicht Ihren Mitarbeiter erwartet, sondern den Chef selbst, der Sie so schnell wie möglich hätte unterrichten müssen und überzeugend begründen, weshalb er Sie nicht eingeschaltet hat.

Das Verhalten des Chefs kann zu zwei sehr unterschiedlich bedeutsamen negativen Konsequenzen bei Ihnen führen:
- Ihre Zeitplanung ist Ihnen durchkreuzt worden und − noch viel schlimmer:
- Ihre Autorität hat gelitten; denn entweder gibt der Chef die Anweisungen oder Sie als der unmittelbare Vorgesetzte des Mitarbeiters.

Wenn Sie sich in dieser Situation emotional zu wenig steueren, dann werden Sie dem Chef in aller Deutlichkeit zeigen, wie verärgert Sie sind und ihm deshalb Vorwürfe machen, ihn vielleicht sogar darüber hinaus persönlich angreifen. Wie müßten Sie aber stattdessen nach unseren Überlegungen vorgehen?

Wo liegt für den Chef der Nutzen Ihres Vorschlags?

Mit welchen negativen Folgen muß er bei Nichtbeachtung rechnen?
a) Der Mitarbeiter hat unmittelbaren Zugang zum Vorgesetzten zwei Hierarchieebenen über sich und wird bei Gelegenheit versuchen, ihn mit einem Anliegen unmittelbar anzusprechen, von dem er glaubt, daß Sie es als direkter Chef ablehnen würden. Das bringt Mehrarbeit für den Chef, gegebenenfalls auch die sonst delegierte unangenehme Pflicht, zu einem starken Mitarbeiterwunsch nein sagen zu müssen.
b) Der Chef selbst hatte Sie zum Vorgesetzten vorgeschlagen – der für Sie argumentatorisch günstigste Fall –, zumindest sind Sie sein unmittelbarer Mitarbeiter *mit Führungsaufgaben,* nicht zuletzt zu seiner Entlastung. Hat er für ihre Beförderung zum Vorgesetzten plädiert und weiß der Mitarbeiter davon, dann untergräbt der Chef die eigene Autorität:
Erst hat er Sie gefördert, jetzt übergeht er Sie.
Dieses widersprüchliche Verhalten wird der Mitarbeiter kaum positiv sehen.
Hat Ihr Chef Sie dagegen in Ihrer jetzigen Stellung bereits vorgefunden, dann kann der Mitarbeiter aus dem Durchgriff ableiten, daß es Gegensätze zwischen Ihnen gibt, die er für sich nutzen kann oder die er als nachteilig für das Unternehmen ansieht.
c) Der Mitarbeiter kann durch das Verhalten des Vorgesetzten in Gewissenskonflikte kommen. Er hätte eine bestimmte Arbeit für Sie erledigen müssen, die Sie als wichtig ansahen, und die er nun zugunsten des Chefauftrages unerledigt lassen muß. Der Ihnen gegenüber loyal eingestellte Mitarbeiter mußte deshalb protestieren, als er die neue Arbeit übernehmen sollte, und er hätte Sie sobald möglich von sich aus über die Angelegenheit unterrichtet.

d) Der Auftrag, der nun zunächst unerledigt bleibt, kann ebenfalls eine Aufgabe des Chefs sein. Wenn der Vorgesetzte nicht spontan, sondern überlegt vorgegangen ist, dann hat er den Mitarbeiter gefragt, welche Aufgabe dieser gegenwärtig erfüllt, und dann selbst die Interessenabwägung vorgenommen. Hat er aber weniger überlegt gehandelt, so kann es geschehen, daß er seine eigene ältere Aufgabe torpediert und damit sich selbst geschadet hat.

e) Ihre Motivation hat abgenommen, weil Sie übergangen worden sind. Das kann sich für die Zukunft negativ für den Chef auswirken, sowohl zwischenmenschlich als auch sachlich.

Welches Motiv wird den Vorgesetzten am stärksten bewegen?

Die Beantwortung dieser Frage ist wie die Gewichtung jedes Argumentes von der Situation abhängig, etwa von den negativen Vorerfahrungen des Vorgesetzten. Hat er beispielsweise vor kurzem einen Durchgriff seines Chefs ihm gegenüber erlebt, dann werden ihn die Argumente vom Autoritätsabbau und von der dadurch entstehenden Demotivation bewegen, ihn zum Überdenken seines Verhaltens und zum Vorsatz veranlassen, zukünftig anders zu handeln. Er wird sich ärgern, wenn nun wegen des eigenen Vorgehens der ältere von ihm erteilte Auftrag unerledigt bleibt, was nicht geschehen wäre, hätte er zuvor mit Ihnen gesprochen; denn Sie hätten ihn exakt über den Stand der Angelegenheit unterrichten können. Dazu war der Mitarbeiter wegen des fehlenden Überblicks nicht fähig, oder er unterrichtete den Chef nicht, weil er sich geehrt fühlte, die neue Arbeit von einem ranghohen Vorgesetzten unmittelbar zu erhalten. Entscheidend ist, daß Sie ruhig und sachlich argumentieren und nicht stark emotional; denn dann wird für den Chef deutlich, daß beispielsweise nur die eigene „Eitelkeit" Sie zum Handeln veranlaßt. In diesem Fall bleibt Ihre chefbezogene Argumentation unglaubwürdig.

● **Tip:**
Jeder Mensch denkt mehr oder weniger stark egoistisch, auch Ihr Chef. Sie müssen Ihre Argumentation deshalb so aufbauen, daß er

Vorteile davon hat, Ihre Gedanken zu realisieren. Zu uneigennützig dürfen Sie aber auch nicht argumentieren, sonst werden Sie unglaubwürdig! Stellen Sie den Gesichtspunkt klar in den Mittelpunkt, der den Vorgesetzten am stärksten bewegt!

Die verschiedenen Ebenen des Gesprächs

Jedes Gespräch findet auf zwei Ebenen statt, der sachlichen und der emotionalen. Dessen müssen Sie sich stets bewußt sein. Diese Aussage trifft auch auf Gespräche zu, die scheinbar rein sachlich geführt werden.

Nicht selten erklären Teilnehmer in Führungsseminaren, daß der Vorgesetzte Kritikgespräche emotionslos gestalten soll, damit er abgewogen und gerecht handelt. Mit dieser Aussage ist in Wirklichkeit gemeint, der Chef solle beim Kritisieren vor allem seine negativen Emotionen steuern. Das bedeutet aber nicht, daß er keine negativen Emotionen zeigen darf; denn sonst würde sein Gespräch erfolglos verlaufen. Der Mitarbeiter würde die ausgesprochene Kritik nicht ernstnehmen, sondern nur als „Pflichtübung" betrachten. Wo Menschen denken, sprechen und handeln, da gibt es stets auch Emotionen.

Auch wenn Sie ein Sachgespräch mit Ihrem Chef vorbereiten, das Sie wenig emotional bewegt und nach Ihren bisherigen Erfahrungen auch den Vorgesetzten, dann dürfen Sie dennoch die emotionalen Aspekte nicht unberücksichtigt lassen. Einige Hinweise, die Sie beachten sollten:
- Befindet sich der Chef zum Zeitpunkt des Gesprächs in einer leistungsstarken oder -schwachen Phase? Ist er Frühaufsteher oder Spätstarter? Wie stark ist der Vorgesetzte bereits durch die an diesem Tag oder allgemein in letzter Zeit geleistete Arbeit erschöpft? Im Zustand geringer Leistungsstärke verhält sich ein Mensch unbeherrschter, ungeduldiger und unkonzentrierter.

- Wieweit wissen Sie von positiven und negativen Emotionen, die der Chef schon an diesem Tag erlebt hat oder die in den letzten Tagen auf ihn zugekommen sind?
- Haben Sie selbst ihm besondere positive oder negative Emotionen bereitet? Wie stehen Sie überhaupt emotional zueinander?
- Wie engagiert ist Ihr Chef bisher bei dem gemeinsam zu behandelnden Sachproblem aufgetreten?
- Wie schaut dabei Ihre eigene emotionelle Situation aus?
- Wenden Sie die Überlegungen zum emotionalen Befinden des Vorgesetzten nun auch auf sich selbst an!

Wegen einer jahrhundertelangen unterschiedlichen Erziehung äußern Frauen und Männer bei uns Emotionen *nach außen hin* ungleich. In Wirklichkeit aber gibt es wegen des menschlichen Charakters sehr viele gleiche Emotionen. Die Mütter und Väter verwenden bei der Erziehung ihrer kleinen Söhne noch immer die Maxime:

„Ein Junge weint nicht!"

Männliche Taxifahrer schimpfen oft sehr massiv und lautstark über alle anderen Autofahrer. Sie blicken aber erstaunt und kritisch auf eine Taxifahrerin, die ebenso handelt. In diesem Fall erwartet also die Gesellschaft, daß die Frau zumindest nach außen hin ihre Emotionen stärker steuert. Andererseits darf ein Mann, der von einer Gruppe hart kritisiert wird und der auf diese Situation vielleicht überhaupt nicht vorbereitet war, in der Öffentlichkeit keine Tränen zeigen. Ein solches Verhalten gilt noch immer als Zeichen der Schwäche. Folglich wird der angepaßte Mann so tun, als ob ihn die Kritik nicht so hart getroffen hätte, wie es verständlicherweise wirklich der Fall war.

Die unterschiedlichen Erwartungen unserer Gesellschaft an Mann und Frau wirken sich auch auf Ihr Gespräch mit dem Vorgesetzten aus. Frauen pflegen bedeutend offener ihre positiven und negativen Emotionen, ihre Sympathie und Antipathie anderen gegenüber zu zeigen. Männer dagegen verbergen beispielsweise ihre Abneigung gerne hinter sachlichen Gegensätzen. Es ist deshalb auch viel schwerer, ihnen nachzuweisen, daß nicht oder zumindest nicht nur sachliche Beweggründe ihr Handeln bestimmen.

Veranschaulichen wir diese Überlegungen an einem betrieblichen Beispiel: Eines Tages kommt der Chef auf Sie zu und sagt zu Ihnen, nachdem er eine bestimmte Aufgabe erfüllt hat, oder auch allgemein: „Bitte beurteilen Sie mich einmal!" Das ist zwar eine sachliche Aussage, aber da sich der Chef der emotionalen Tragweite bewußt ist, fügt er hinzu: „Selbstverständlich können Sie mich auch kritisieren; denn niemand macht alles richtig!"

Er befürchtet also, daß Sie aus Angst vor dann bei ihm möglichen negativen Emotionen nicht die Wahrheit sagen werden. Zwar will Ihr Chef beurteilt werden, aber er fragt in der Regel, wenn er sich ein Lob erhofft. Es wird ihn also trotz seiner Aussage enttäuschen, vielleicht auch verärgern, wenn Sie wahrheitsgemäß auch Schwachpunkte erwähnen.

Sie selbst könnten sachlich Ihr Pro und Contra darstellen. Das müßte nach den vom Chef ausdrücklich genannten Spielregeln ohne weiteres möglich sein. Sie aber verschweigen die Schwachstellen, bis der Vorgesetzte Sie ausdrücklich darauf anspricht, oder Sie nennen Ihre negative Kritik, aber äußerst vorsichtig versteckt oder deutlich, jedoch mit dem Zusatz: „Darf ich auch etwas Kritisches anmerken?", obwohl der Chef ausdrücklich darum gebeten hat. Der Vorgesetzte seinerseits spielt Ihnen auch als Mann vor, daß er emotional durch Ihre kritischen Äußerungen nicht negativ betroffen ist. Deshalb sagt er nach Darstellung der Schwächen durch Sie scheinbar unbeteiligt: „Das macht nichts" oder sogar: „Ich bin Ihnen für Ihre Offenheit sehr dankbar!"

Es ist für einen Menschen viel schwerer, die Äußerungen der Körpersprache zu steuern als seine verbalen Ausführungen. Deshalb können Sie erleben, daß Ihr Vorgesetzter zwar vorgibt, emotional durch Ihre negative Kritik nicht betroffen zu sein, die Mimik, aber teilweise nur die Gestik sagen das Gegenteil aus. So spricht man vom bittersüßen Lächeln. Es kann Ihnen auch etwas anderes passieren, wie es mir als Assistenten an der Hochschule bei meinem Professor geschah. Wenige Minuten nach dem Beginn meiner negativen Kritik unterbrach er mich, um − für mich überraschend − die von ihm erkannten Schwachstellen bei mir darzustellen. Ich kann, nach diesem − mich als jungen Menschen schockierenden − Erlebnis, verstehen, weshalb in mein Institut neu eingetretene Mitarbeiter erst allmählich lernen, daß sie in unserem Hause mit einem solchen Vorfall nicht rechnen müssen.

Die Frage, ob eine Schwierigkeit auf diese oder jene Weise besser gelöst werden kann, stellt ein Sachproblem dar. Dennoch treten auch dabei mehr oder weniger starke, beispielsweise negative Emotionen auf:

- Die Lösung kommt von Ihrer Seite, also vom Mitarbeiter, nicht aber von ihm, dem Vorgesetzten.
- Sie sagen Ihre Ideen nicht, weil Sie bisher erfahren mußten, daß der Chef sie beim eigenen Vorgesetzten oder/und in der betrieblichen Öffentlichkeit als die seinen dargestellt hat.
- Der Vorgesetzte wird Ihre Vorschläge zwar diskutieren, aber dennoch seinen Standpunkt beibehalten oder Ihre Ideen sogar sofort abblocken. Er sieht in Ihnen einen Ja-Sager zu seinen eigenen Plänen. Dafür aber sind Sie zu schade.
- Ihr Chef ist Ihnen schlicht unsympathisch, aus welchen Gründen auch immer.

In allen Fällen verhalten Sie sich passiv, obwohl Sie vom Können und Ihrer Kreativität her erfolgreich die gestellte Aufgabe bewältigen könnten.

● **Tip:**
Gespräche verlaufen immer auf zwei Ebenen, der sachlichen und der emotionalen. Die emotionale Seite ist die entscheidende. Männer und Frauen zeigen, bedingt durch in unserer Gesellschaft noch immer geltende Normen, ihre negativen Emotionen unterschiedlich. Wichtig ist, daß Sie genau die Signale der Körpersprache kennen und beobachten; denn die Körpersprache läßt sich bedeutend schlechter steuern als die Sprechweise und die Wortwahl.

Schweigen kann unbezahlbar sein

Während meiner Studienzeit hatte ich an einem Hochschulinstitut einen Vorgesetzten, dem ich über den Fortgang und das Ende der von ihm gestellten Aufgaben berichten mußte. Tat ich das, dann gab es von der anderen Seite her keine Reaktionen außer Schweigen und Pokergesicht. Dieses Verhalten verunsicherte mich, weil ich nicht wußte, ob und wieweit mein Gegenüber mit meiner Arbeit und dem Bericht darüber zufrieden war. Ich wandelte meine ersten Ausführungen ab, um dann plötzlich von ihm freudig zu hören: „Jetzt haben Sie sich widersprochen!"

Als ich später ein gutes, zwischenmenschliches Verhältnis zu ihm entwickelt hatte, nahm der Chef mich einmal zur Seite und erklärte mir: „So wie ich, mußt Du es später bei Deinen Mitarbeitern machen. Du verunsicherst sie durch Schweigen. Dann widersprechen sie sich. Du hast wenig Arbeit mit ihnen; denn sie schießen sich durch unüberlegte Äußerungen selbst ab."

Diese wahre Begebenheit zeigt deutlich, wie wichtig es für das erfolgreiche Argumentieren sein kann, selbst zu schweigen oder Schweigen ertragen zu können.

Weshalb fällt es uns heute so schwer zu schweigen? Diese Frage hat sich sicher, zumindest in dieser Schärfe, im 19. Jahrhundert noch nicht gestellt. Eine entscheidende Ursache dafür stellt die Hektik unserer Tage dar.

Es gibt im Rahmen des Gesprächstrainings eine Übung – den sogenannten kontrollierten Dialog –, die von ihrem Ergebnis her oft deprimieren kann:

A stellt etwas dar. B als Gesprächspartner wiederholt inhaltlich das Gesagte und darf erst dann seine eigenen Argumente bringen. Dann reagiert B auf die gleiche Weise: Inhaltliche Wiederholung der Ausführungen von A und eigene Beweisführung.

Etwa 85 Prozent aller Menschen wollen ihrem Gegenüber etwas beweisen, ohne genau genug zugehört zu haben, was den Partner bewegt, beispielsweise welche Einwände und Bedenken ihn bewegen:

Warum kann Schweigen unbezahlbar sein?

1. Jeder Mensch möchte sich vor anderen gebührend darstellen. Dazu zählt auch die Möglichkeit, die eigenen Überlegungen sprachlich ausdrücken zu dürfen und zu erleben, daß der andere darauf eingeht. Schweigen wird also erst zu einem für den Dialog entscheidenden positiven Faktor, wenn der andere durch Körpersprache, etwa durch Blickkontakt, und sprachliche Äußerungen erfährt, daß sein Gegenüber zuhört. Das wiederum läßt sich nur dadurch beweisen, daß mein Partner in seinen Worten auf meine eingeht.

Weder können Sie zuhören, wenn Sie gleichzeitig mit dem anderen reden, noch kommen Ihre Argumente beim Gegenüber an, außerdem leidet das persönliche Verhältnis stark unter der Unhöflichkeit des Dazwischenredens.

2. Wer seine Ausführungen nicht beenden kann, weil der andere ihn unterbricht, der kann seine Überlegungen nicht als Gesamtkonzeption darstellen. Der andere zum Beispiel fragt Sie etwas, was Sie an anderer, nach Ihrer Konzeption passender Stelle später gebracht hätten. Ziehen Sie Ihren Gedanken vor, dann gefährden Sie den Erfolg Ihrer Argumentation, reagieren Sie dagegen sachlich richtig mit dem Herausschieben der Antwort auf die gestellte Frage, dann fürchten Sie, dadurch unhöflich zu wirken, obwohl der andere sich zuvor Ihnen gegenüber unhöflich verhalten hat.

3. Schweigen ist in jedem sinnvollen Gespräch ein unentbehrlicher Bestandteil. So wie es bei schriftlichen Aufzeichnungen den Absatz gibt, der den Leser veranlassen soll, kurz haltzumachen, bevor er seine Gedanken einem neuen Themenkreis zuwendet, ist es beim Dialog erforderlich, sich kurzzeitig zu besinnen. Dieses Schweigen müssen Sie deutlich unterscheiden vom sogenannten black-out. Das Nichtreden als Zeichen von Schwäche entsteht, wenn Sie schweigen, obwohl Sie eigentlich hätten reden müssen, aber Sie wissen nicht mehr weiter. Entweder fehlen Ihnen sachliche Argumente oder Sie sind zu stark persönlich betroffen.

4. Sie sollen Ihren Redefluß auch stets unterbrechen, weil Ihr Gegenüber die Chance haben muß, sich äußern zu können, ohne darauf zu lange warten zu müssen. Sind Sie nicht zu diesem Entgegenkommen bereit, so

- wird die Konzentration des Zuhörers überfordert,
- beginnt er sich zu ärgern, wenn Sie ihn zur Passivität verurteilt haben,
- entsteht aus dem eigentlich angestrebten Gespräch ein Monolog,
- fängt das Gegenüber an zu resignieren,
- erfahren Sie nicht mehr, was Ihr Partner wirklich denkt. Sie meinen es zu wissen, aber nur aufgrund Ihrer unbewiesenen Vermutungen.
5. Durch Ihr Schweigen können Sie erreichen, daß
- Sie eine Frist zu eigenen Überlegungen erhalten, vor allem, wenn die andere Seite keine neuen Argumente bringt, sondern bereits vorgebrachte wiederholt, weshalb Sie das Zuhören vernachlässigen können,
- der andere, der auch ein kurzes Schweigen nicht ertragen kann, unruhig wird, darauf losredet und so manches sagt, was er ursprünglich nicht vorhatte, Ihnen gegenüber zu offenbaren.

● **Tip:**
Sie müssen schweigen und auch Schweigen ertragen können. Geben Sie dem Chef die Chance zur Selbstdarstellung und beweisen Sie durch Eingehen auf seine Argumente, daß Sie ihm wirklich zugehört haben. Wenn Ihr Vorgesetzter Stille, auch eine nur kurze, nicht ertragen kann, wird er sagen, was er eigentlich verschweigen wollte.

Führen durch Fragen

Oft staunt ein Mensch darüber, daß er trotz eigener gründlicher Vorbereitung im gesamten Gespräch vom Gegenüber geführt wurde. Ist er fähig, das Gespräch genau zu analysieren, dann erkennt er, daß sein Partner die Führung von Beginn an und über den gesamten Dialogverlauf hin durch gezieltes Fragen ergriffen und behalten hat.

Was müssen Sie tun, damit Ihnen das Führen im Gespräch gelingt?

1. So genau die Gesprächsinhalte kennen, daß Sie gezielt fragen können. Durch Fragen erwerben Sie zwar erst Kenntnisse, aber wie wollen Sie sinnvoll fragen, wenn Sie nicht schon ein Grundwissen besitzen?

2. Sie müssen gezielte Fragen stellen. Dazu sind bestimmte Formulierungen erforderlich. Man spricht von den sogenannten W-Fragen, weil sie stets mit einem W-Laut beginnen, beispielsweise:
- Wieso? Weshalb? Warum?
- Wann?
- Was?
- Womit?

3. Stets dürfen Sie nur eine einzige Frage formulieren, müssen auf ihre Beantwortung warten und erst anschließend die nächste Frage stellen. Wenn Sie nämlich stattdessen mehrere Fragen gleichzeitig an Ihr Gegenüber richten, dann
- antwortet der Partner vielleicht nicht, weil ihm unklar ist, worauf er zunächst eingehen soll,
- gehen Fragen unter, bewußt so vom Gegenüber angestrebt oder durch Vergessen — auch auf Ihrer eigenen Seite,
- beantwortet der andere oft nur eine einzige Frage, nämlich die, die ihm am meisten sympathisch ist.

4. Sie sollten Fragen niemals ankündigen, sondern direkt stellen. Sagen Sie also nicht: „Darf ich Sie noch etwas fragen?" oder „Da habe ich noch eine Frage", sondern fragen Sie einfach.

5. Ihre Fragen müssen knapp, klar und präzise sein. Sie dürfen den Partner nicht überfordern, weder vom Inhalt her noch von der Formulierung — der Wahl von Fremdwörtern oder Fachausdrücken.

6. Begehen Sie nicht den Fehler, daß Sie einen einzigen Frageninhalt sofort mehrfach formulieren. Sie erwecken dadurch den Eindruck der sprachlichen Unsicherheit. Scheinbar trauen Sie sich nicht zu, im ersten und einzigen Versuch die Frage exakt und damit klar genug zu stellen. Statt nachzuformulieren, sollten Sie erst abwarten, ob der andere Ihre Frage sofort richtig verstanden hat.

7. Haben Sie eine Frage gestellt, dann darf danach kein weiterer Text folgen, sonst geht die Wirkung Ihrer Frage verloren, denn der andere kann sich dann in Ruhe auf die Beantwortung vorbereiten.

8. Können Sie nicht bei Ihren Anstrengungen um die Gesprächsführung scheitern, weil der Partner, der die gleichen Kenntnisse über die Fragetechnik wie Sie besitzt, selbst fragt und Sie antworten müssen? Sollten Sie dessen Fragen nicht beantworten, sondern am Zug bleiben, indem Sie Gegenfragen stellen? Nein; denn das ist unhöflich, und deshalb läßt sich das der andere, zum Beispiel Ihr Vorgesetzter, nicht gefallen. Sie kommen aus der Defensive des Gefragtwerdens wieder heraus, indem Sie fair die Ihnen gestellte Frage beantworten, aber sofort eine weitere Frage anschließen und so in die Offensive kommen.

9. Sorgen Sie dafür, daß der Partner durch die eine oder andere Frage sich selbst auch einmal länger darstellen kann. Dann besitzen Sie mehrere Vorteile:

a) Die Gesprächsatmosphäre wird gut oder bleibt es; denn wer stellt sich nicht gerne selbst dar?

b) Ihr Partner sagt dann vielleicht mehr, als er ursprünglich über sich, seine Anliegen, Ziele und Methoden offenbaren wollte.

c) Sie selbst können sich einen Augenblick entspannen, vor allem, wenn Ihr Gegenüber Wiederholungspassagen bringt. Selbstverständlich müssen Sie aber jeden Monolog zu verhindern suchen, wenn Sie wissen, daß der andere kein Ende finden wird.

10. Vermeiden Sie bestimmte Formen der Frage, weil Sie durch die Beantwortung zu wenig oder sogar keine Information erhalten und darüber hinaus sogar Ihren Partner massiv verärgern können, weil er die Manipulation bemerkt. Darunter fallen:

a) Rhetorische Fragen (= Fragen mit Selbstantwort). In der Regel entstehen solche Fragen nicht planmäßig, sondern weil Sie als Fragender zu wenig Geduld haben.

b) Fragen mit Vorsagen. Bis auf ein einziges Wort formulieren Sie die nötige Antwort bereits vor.

c) Alternativfragen (= nur zwei Antwortmöglichkeiten: Ja oder Nein). In diesen Fällen müssen Sie nachfassen, um die genaue Begründung zu erfahren.

d) Suggestivfragen (= Fragen, die dem Partner eine bestimmte Antwort in den Mund legen), leidlich bekannt vom Fernsehen her: „Sie sind doch auch meiner Meinung, daß . . .“

11. Bereiten Sie Ihre wichtigsten Fragen vor, aber lassen Sie den anderen nicht erkennen, daß dies geschehen ist, zum Beispiel indem Sie die Fragen ablesen.

12. Wenn Sie erkennen, daß der andere eine Frage abblockt, dann fassen Sie noch einmal nach, es sei denn, die Antwort des Partners ist sehr endgültig. Tun Sie dann so, als ob Sie das Problem nicht mehr interessiert und kommen Sie im späteren Gesprächsverlauf für Ihr Gegenüber plötzlich wieder auf die Frage zurück. Nicht selten gelingt es Ihnen, durch den Überraschungseffekt den anderen zu überrumpeln.

● **Tip:**
Wer fragt, der führt! Erfolgreich fragen Sie aber nur, wenn Sie gezielt fragen. Das geschieht durch die W-Fragetechnik. Ihre Fragen müssen knapp, klar und präzise abgefaßt sein.

2. Die Situation im Gespräch mit dem Chef

Jeder Mitarbeiter hat Hemmungen 46
Hemmungen des Chefs vor seinem Mitarbeiter 48
Die Stellung des Chefs in der Betriebshierarchie 51
Die Bedeutung seiner Position in der Arbeitsgruppe 53

Jeder Mitarbeiter hat Hemmungen

Sie können als Mitarbeiter in Ihrem Betrieb außergewöhnlich hohe Kompetenzen besitzen, kaum kontrolliert werden und einen sehr schwachen Chef über sich haben, dann werden Sie dennoch mit gewissen, wenn auch äußerst geringen Hemmungen zu Ihrem Vorgesetzten kommen. Der Grund dafür liegt einfach darin, daß der Chef anders als Sie entscheiden und diese Meinung Ihnen gegenüber kraft seines Amtes auch durchsetzen kann. Dieser Tatbestand trifft immer zu, auch wenn zwischen Chef und Mitarbeiter ein sehr freundschaftliches Verhältnis besteht. Die Abhängigkeit des Mitarbeiters von seinem Chef unterscheidet sie beide von der Begriffsbestimmung her. Diese Situation muß sich auf das Verhalten des Mitarbeiters zum Vorgesetzten und damit auch die Gesprächsführung auswirken. Einige typische Konsequenzen:

Der Mitarbeiter vermeidet Gespräche mit seinem Chef

Ein alter Spruch lautet: „Gehe nicht zum Fürsten, wenn Du nicht gerufen wirst." Wenn ich mit einer Frage zum Vorgesetzten komme, dann kann es sich dabei um
- ein Sachproblem oder
- eine Entscheidungsnotwendigkeit
handeln. Kommen Sie mit dem Sachproblem zu Ihrem Chef, dann erkennt er daraus, was Sie nicht wissen. Das kann seine Beurteilung über Sie negativ beeinflussen. Legen Sie ihm eine Entscheidungsschwierigkeit vor, so wird er seine Meinung dazu sagen und Sie müssen sich danach richten. Kommen Sie mit einem persönlichen Anliegen zu ihm, zum Beispiel daß Sie überraschend mehrere Urlaubstage haben wollen, sind Sie wieder davon abhängig, wie er entscheidet.

Der Mitarbeiter fürchtet negative Konsequenzen

Es ist gleichgültig, ob es ein offizielles formelles Beurteilungssystem in Ihrer Firma gibt oder nicht, beurteilen wird Sie Ihr Chef auf jeden

Fall, einmal weil er von sich aus entscheiden muß, zum Beispiel ob Sie eine bestimmte Aufgabe erfüllen können oder nicht, zum zweiten, weil ihn übergeordnete Personen bei Gelegenheit danach fragen.

Der Vorgesetzte könnte in einer bestimmten Situation zu Ihnen sagen, daß er die Erkenntnisse, die er dabei über Sie gewonnen hat, auf keinen Fall in Ihre Beurteilung einfließen lasse. Das mag sein ernsthafter Vorsatz sein, aber ebenso wie Menschen nicht vergessen, was ein anderer ihnen angetan hat, selbst wenn sie inzwischen wieder versöhnt sind, wird es auch hier sein. Zumindest über das Unterbewußtsein werden die Erfahrungen in das Gesamtbild über den Mitarbeiter einfließen.

Der Mitarbeiter will sich gut darstellen

Da Sie von der Möglichkeit negativer Konsequenzen wissen, werden Sie versuchen, Pluspunkte beim Chef zu sammeln. Der gleiche Vorsatz bewegt den Bewerber beim Vorstellungsgespräch und den Inserenten in einer Tageszeitung, der einen Lebensgefährten sucht, beim ersten Kontakt. Der clevere, nicht naive Vorgesetzte wird deshalb mehr oder weniger offen Skepsis zeigen, am geringsten oder fast nicht mehr Ihnen gegenüber, wenn er entweder weiß, daß Sie nur minimal schönfärben, oder gelernt hat, genau einzuschätzen, wieweit Sie sich zu positiv darstellen.

Der Mitarbeiter sagt weniger, als er eigentlich sagen könnte

Diese Einstellung erschwert es dem Vorgesetzten, einen so lebendigen Dialog mit seinem Mitarbeiter zu schaffen, wie er sich dies wünscht und wie es von der Sache her möglich wäre. Schweigend läßt sich als Mitarbeiter ein unangenehmes Gespräch mit dem Chef am stärksten verkürzen. Das mögliche Gewitter zieht dann rasch über einen hinweg.

Außerdem denken sicher auch Sie als Mitarbeiter, daß im Verhältnis zum Chef der Grundsatz aus dem polizeilichen Verhör gilt: „Es *kann* alles gegen Sie verwandt werden."

Der Mitarbeiter versucht, seine Hemmungen zu überspielen

Hemmungen stellen ein Zeichen von Schwäche dar. Schwäche aber wollen vor allem Männer nicht zeigen, während Frauen, auch im Berufsleben, daraus geschickt Vorteile für sich herleiten können, indem sie zum Beispiel im Mann als Chef das Ritterliche ansprechen. Hemmungen nach außen hin zu überwinden, darf aber bei Ihnen als Mitarbeiter nicht zu Fehlverhalten führen:

a) Sie treten zu forsch auf und setzen damit voraus, daß Ihr Chef dieses Auftreten nicht als Zeichen von Schwäche deutet, sondern als Signal der Stärke, und davor zurückweicht.

b) Sie biedern sich regelrecht an. In jeder Hinsicht versuchen Sie, sich dem Chef und seinen Vorstellungen anzupassen, das kann hingehen bis zu lächerlichen Kleinigkeiten. Besonders verhängnisvoll wirkt sich dieses Fehlverhalten gegenüber einem autoritären Chef aus. Ein solcher Vorgesetzter besitzt nämlich ein besonders feines Gespür für jedes Zeichen von Stärke und Schwäche. Er wird Sie deshalb nicht weniger, sondern sogar noch mehr treten. Sie erreichen also das genaue Gegenteil von dem, was Sie eigentlich angestrebt haben.

● **Tip:**
Zwar sind Chef und Mitarbeiter bei der Arbeit Partner. Dennoch sind Sie als Mitarbeiter von Ihrem Vorgesetzten abhängig. Sie sollten das richtige Maß beim Auftreten finden: nicht zu forsch, aber auch nicht anbiedernd. Haben Sie einen autoritären Chef, dann empfiehlt sich Standvermögen, denn sonst tritt er Sie noch mehr.

Hemmungen des Chefs vor seinem Mitarbeiter

Gliedert man die Gespräche des Chefs mit seinem Mitarbeiter, dann gibt es vor allem diese Arten:

1. Informations- und Kommunikationsgespräche
2. Kooperations- und Anweisungsgespräche

3. Anerkennungs- und Kritikgespräche
4. Vom Mitarbeiter initiierte Gespräche

Jede Gesprächsart verlangt vom Vorgesetzten, daß er ein bestimmtes Ziel erreicht:
Bei 1: Daß der Mitarbeiter alles Wesentliche verstanden oder der Vorgesetzte die Informationen seines Mitarbeiters aufgenommen und verarbeitet hat.
Bei 2: Daß der Mitarbeiter das freiwillig tut, was er tun muß.
Bei 3: Daß sowohl das Anerkennungs- als auch das Kritikgespräch zur Motivation führen.
Bei 4: Daß der Mitarbeiter das Entgegenkommen des Chefs gebührend würdigt oder sein Nein zu einer Bitte oder Forderung nicht frustrierend wirken.

Hemmungen des Vorgesetzten vor seinem Mitarbeiter sind aus zwei Gründen möglich:
a) Der Chef muß ein bestimmtes Ziel durch sein Gespräch erreichen (= sachlicher Grund) und
b) das muß ihm bei einem bestimmten Menschen gelingen (= persönlicher Grund).

Zu a) In der Regel steht der Chef vor einer Überzeugungssituation. Als die Chefs noch generell autoritär führten, da ordnete der Vorgesetzte an, während er heute das gleiche Ziel kooperativ zu erreichen sucht (= durch ein erfolgreiches Gespräch). Damit kommen eigentlich beide Beteiligte in eine Zwickmühle:
– Der Chef, weil der Mitarbeiter am Schluß das tun muß, was vorgesehen ist,
– der Mitarbeiter, weil er das weiß.
Pointiert gesagt, ähneln viele Gespräche des Vorgesetzten mit seinem Mitarbeiter einem Schaukampf, nämlich einem Dialog, bei dem das Ende im voraus feststeht, zum Beispiel
– daß eine bestimmte Arbeit zu erledigen ist, häufig auch wie,
– daß der Chef den Mitarbeiterwunsch abschlagen wird, aber der Mitarbeiter dennoch sein Glück versucht.

Manches Gespräch wäre nach zwei Minuten zu Ende, ordnete der Chef an. Versucht er jedoch zu überzeugen, dann benötigt er bedeutend mehr Zeit, aber die Motivation des Mitarbeiters ist viel stärker, kommt er von sich aus zum Ja.

Aus sachlichen Gründen kommt es also zu Hemmungen des Vorgesetzten vor seinem Mitarbeiter, weil er ein bestimmtes Ziel erreichen *muß,* und er fürchtet, daß ihm dieser Versuch mißlingen wird.

Zu b) Hemmungen können aber auch vor einer *bestimmten* Person bestehen, mit der *dieser* Chef Schwierigkeiten hat. Die Gründe dafür sind vielgestaltig, zum Beispiel:

- *Zu starke Sympathie,*
  deshalb fällt es dem Vorgesetzten schwer, dem Mitarbeiter etwas Unangenehmes zu sagen.
- *Antipathie,*
  weshalb der Chef auch dort mit erbittertem Widerstand rechnen muß, wo beide sachlich ohne weiteres klar kämen.
- *Eigene intellektuelle Unterlegenheit,*
  der Vorgesetzte weiß, daß er diesen Mitarbeiter überzeugen muß, aber mit seinen Argumenten nicht erfolgreich sein wird, weshalb er seine Zuflucht schon bald zur unpopulären Form der Anweisung nehmen wird.
- *Intellektuelle Unterlegenheit des Mitarbeiters,*
  eigentlich soll der Mitarbeiter etwas einsehen. Diesem Ziel dient das Gespräch, aber der Chef weiß im vorhinein, daß sein Versuch scheitern wird, weil es dem Mitarbeiter an den entsprechenden geistigen Gaben mangelt
- *Grundlegende Mißverständnisse,*
  der Mitarbeiter fühlt sich zum Beispiel
  - als Kollege, nicht als Untergebener,
  - als Fachmann, dessen Ratschläge der Chef als Laie befolgen muß,
  - als Älterer, der sich vom Jüngeren nichts sagen lassen will.

● **Tip:**
Vor schwierigen Mitarbeitergesprächen hat ein Chef nicht selten Hemmungen, aus sachlichen Gründen, weil er um die Schwäche der

eigenen Argumentation weiß, aus persönlichen, weil er Sie als Mitar-
beiter fürchtet oder sehr mag. Oft führen Überzeugungsgespräche
des Vorgesetzten zu einem Schauspiel; denn Sie müssen trotz Ihres
Neins die Anweisung erfüllen; Ihr Vorgesetzter kann Ihr Tun erzwin-
gen.

Die Stellung des Chefs in der Betriebshierarchie

Je höher die Position eines Vorgesetzten in der betrieblichen Hierarchie angesiedelt ist, desto mächtiger ist er, zumindest von seinem
Amt her. Der Sachbearbeiter, der ein Gespräch mit seinem Gruppenleiter führt, befindet sich unter diesem Gesichtspunkt in einer bedeutend günstigeren Ausgangssituation als der Hauptabteilungsleiter bei
seinem Vorstandsmitglied. Was kann der Gruppenleiter seinem Sachbearbeiter tun? Nicht viel, zum Beispiel kann er den Mitarbeiter bei
der Arbeitsaufteilung benachteiligen oder ihn schlechter beurteilen
als gerechtfertigt. Beides aber ist für den Gruppenleiter nicht unproblematisch. Sein Mitarbeiter kann sich beim Betriebsrat beschweren
oder/und beim nächsthöheren Vorgesetzten. Was aber soll der
Hauptabteilungsleiter tun?
    Einen unmittelbaren Vorgesetzten besitzt das Vorstandsmitglied
nicht, es sei denn, eine ähnliche Funktion nehme der Generaldirektor
oder der Vorstandsvorsitzende ein, aber beschwert sich dort der
Hauptabteilungsleiter? Muß er nicht eher fürchten, daß er den eigenen Stuhl dadurch gefährdet, als daß ihm diese Beschwerde nützt?
Unter den Schutz des Betriebsverfassungsgesetzes fällt er ebenso wenig wie alle anderen Leitenden Angestellten.

    Schwierige Situationen können sich auch für den Mitarbeiter erge-
ben, wenn der Vorgesetzte, mit dem er sein Gespräch führt, ihm
nicht unmittelbar überstellt ist, sondern aus einer Hierarchieebene
darüber stammt:

1. Diesen Chef wird er seltener sehen. Der positive oder negative Eindruck des Vorgesetzten von ihm wird bleibender Natur sein und nicht schnell wieder korrigierbar wie beim unmittelbaren Chef. Die psychische Belastung ist also für den Mitarbeiter bedeutend höher, und damit auch die Gefahr des Fehlverhaltens unter starkem Streß.
2. Der Mitarbeiter sitzt beim Gespräch oft zwischen zwei Stühlen,
   - dem dieses Vorgesetzten und
   - dem des eigenen Chefs.

Oft fragen nämlich die hohen Vorgesetzten die Mitarbeiter direkt oder indirekt über ihre unmittelbaren Chefs aus. Wie soll sich da der Mitarbeiter verhalten? Vor allem, wenn der Chef nicht so gehandelt hat, wie dessen Vorgesetzter nach Meinung des Mitarbeiters dies erwartet? Unterrichtet er den Vorgesetzten wahrheitsgetreu, dann können seine Äußerungen früher oder später zu negativen Konsequenzen für den unmittelbaren Chef führen, obwohl ihm – dem Mitarbeiter – hoch und heilig versprochen worden ist, daß dies nicht geschieht. Dann wird sein Chef nach dem „Übeltäter" fahnden und diesen früher oder später bestrafen.

Versucht er dagegen seinen Chef zu schützen, indem er dessen Vorgesetzten belügt, zumindest aber bestehende Mißstände beschönigt, so muß er damit rechnen, daß ein erfahrener oder sonst gut unterrichteter Vorgesetzter das Verhalten durchschaut. Er wird entweder verärgert sein mit den bereits beschriebenen negativen Konsequenzen auf Dauer, oder er wird zäh und gewandt so lange nachfassend fragen, bis er das erfahren hat, was er zunächst nicht wußte, sondern nur vermutete. Unangenehme Folgen könnte es auch haben, wenn der Mitarbeiter auf die Frage nach seinem Vorgesetzten und dessen Verhalten und Leistung schweigt oder jede Auskunft energisch ablehnt.

Besonders problematisch ist die Situation für einen Mitarbeiter mit Vorgesetztenfunktion. Es kann nämlich der Fall der Berichtspflicht vorliegen. Der Mitarbeiter ohne Führungsaufgaben, vor allem, wenn er und sein unmittelbarer Chef nicht Funktionen von hoher Bedeutung für den Betrieb innehaben, ist nur bei schwerwiegenden Mißständen (= solchen mit starkem finanziellen Schaden für das Unternehmen) verpflichtet, sein Wissen oder auch schon seine gut abgesicherten Vermutungen weiterzugeben. Bei Chefs sieht die rechtliche Lage anders aus. Ihre Verpflichtung zur Berichterstattung ist um so größer, je höher sie in der Betriebshierarchie eingeordnet sind.

● **Tip:**
Die Position des Chefs gegenüber seinen Mitarbeitern ist durch das Arbeitsrecht generell und speziell das Betriebsverfassungsrecht geschwächt. Der Leitende Angestellte dagegen handelt viel ungeschützter. Überlegen Sie genau, ob eine bestimmte Information, die Ihr Chef erwartet, zum Bereich Ihrer Berichtspflicht zählt oder ein „Verpetzen" der Kollegen darstellt.

Die Bedeutung seiner Position in der Arbeitsgruppe

Das Ansehen der Vorgesetzten-Stelle bei den Mitarbeitern ist für die Stärke des Vorgesetzten im Gespräch unabhängig von seiner Persönlichkeit. Diese Problematik stellt sich besonders, wenn

1. die Position neu geschaffen worden ist und im bisherigen System eine zusätzliche Hierarchiestufe darstellt,
2. die Kompetenzen für die Betroffenen unklar sind,
3. die sachliche Notwendigkeit für die Vorgesetztenstelle nicht gegeben, zumindest aber umstritten ist.

Zu 1: Die neu geschaffene Stelle
Es geschieht leider häufig, daß Geschäftsleitungen eine Stelle gründen und per Dekret den Mitarbeitern deren Existenz mitteilen. In den zuständigen Gremien ist zwar lange diskutiert worden, aber die Entscheidung selbst erfolgte plötzlich, nicht zuletzt, weil der Vorlauf zu viel Zeit beanspruchte. Bereits das Überraschungsmoment verärgert;

denn die Mitarbeiter fühlen sich übergangen, nicht der notwendigen Information gewürdigt. Eine weitere Verschärfung der Situation tritt ein, weil zwischen die bisherige Vorgesetztenfunktion und die Mitarbeiter eine zusätzliche Stelle eingeschoben wurde. Dadurch sinkt das Ansehen der Stelle des Mitarbeiters im Betrieb, und der Zugang zu Informationen, die er bisher unmittelbar erhielt, wird durch eine weitere Stelle gefiltert und durch den längeren Instanzenweg verlangsamt.

Teilweise fühlt sich der neue Vorgesetzte verunsichert, weil er um die Problematik seiner Position weiß, unter Umständen die Stelle annehmen mußte, weil ein Nein aus Selbsterhaltungstrieb nicht möglich war. Ansonsten erfährt der Chef den Widerstand, weil

– die Mitarbeiter ihn umgehen und zumindest bei bestimmten Fragen weiterhin den bisherigen Vorgesetzten ansprechen, teils mit der Begründung, aus Routine so gehandelt zu haben, teils weil sie vorgeben, bei diesem Problem sei keine Delegation erfolgt,

– dem Chef mehr oder weniger verdeutlicht wird, daß man ihn nicht braucht, zum Beispiel indem der Mitarbeiter ständig massiv widerspricht, seine besondere Sachkenntnis herauskehrt, versucht, den Vorgesetzten durch Fragen zu verunsichern, ihm die nötige Sachkompetenz abspricht.

Im Gespräch mit seinem Mitarbeiter sieht sich folglich der Chef als der Angegriffene, in der gegebenen Situation zu Recht oder Unrecht, und reagiert entsprechend.

Der Vorgesetzte

– wird aggressiv nach der Devise: „Angriff ist die beste Verteidigung". Aggressiv bedeutet, daß der Chef den Mitarbeiter persönlich angreift.

– verhält sich starr, weil er jedes, sogar auch sachlich berechtigtes Nachgeben als Gefährdung seiner ohnehin schwachen Position ansieht, einen weiteren Dominostein, der entscheidend zum Einsturz des gesamten Gebäudes beitragen kann.

– kritisiert den Mitarbeiter entweder zu negativ oder versucht, ihn als Freund und Verbündeten zu gewinnen und biedert sich deshalb an,

- rechtfertigt jede seiner Handlungen, auch wenn dieser Mitarbeiter sie nicht in Frage gestellt hat.

Zu 2: Unklare Entscheidungskompetenzen

Mitarbeiter, die diesen Zustand als Vorgesetzte akzeptieren, dokumentieren damit ihre Schwäche. Ein starker Mann hätte sich nämlich geweigert, auch eine an sich reizvolle Position anzunehmen, wenn er zum Beispiel die ihm zugeordneten Mitarbeiter nur „betreuen" soll. Damit sind nämlich Auseinandersetzungen vorprogrammiert. Der Vorgesetzte soll die Mitarbeiter „betreuen", weil die Geschäftsleitung zumindest zunächst fürchtet, den Betroffenen reinen Wein einzuschütten, und stattdessen auf die Macht des Faktischen vertraut. Früher oder später werden sich die Mitarbeiter schon in das Unvermeidbare schicken. Wegen der Unklarheit der Situation hätte eigentlich die Geschäftsleitung die Rechte des neuen Vorgesetzten besonders stark herausarbeiten müssen. Der neue Chef muß sich aufs Lavieren verlassen, immer wieder testen, wieweit er vorwärts gehen kann. Am leichtesten wird der Vorgesetzte seine Funktion erfüllen können, wenn die Mitarbeiter ihn persönlich akzeptieren oder genügend Verständnis für seine mißliche Lage aufbringen. Andere Chefs setzen sich wie geschickte Diplomaten Schritt für Schritt, oft fast unmerklich, durch.

Zu 3: Die sachlich umstrittene Position

Es gibt verschiedene Ursachen für die Schaffung solcher Stellen, obwohl den Verantwortlichen klar ist, wie wenig sachlich überzeugend sie ihre Entscheidung begründen können:
- Die betriebliche Hierarchie soll in allen Bereichen die gleiche Tiefe erreichen.
- Es kann einer bestimmten Person nur eine solche neue Stelle übergeben werden, die von der Einordnung gleich der bisherigen ist.
- Eine starke Führungspersönlichkeit hat aus eigenem Ehrgeiz die Schaffung der Stelle erzwungen, vergleichbar der Situation, daß die Anzahl der Sekretärinnen etwas aussagt über die Bedeutung der Position des Chefs.

– Im Augenblick ist die Stelle wirklich nicht erforderlich, wohl aber im Hinblick auf die fernere Zukunft, was die Mitarbeiter aber jetzt nicht wissen und auch auf keinen Fall erfahren dürfen.

Der Vorgesetzte wird ebenso unterschiedlich reagieren, wie die Gründe für die Schaffung der Stelle sind.

1. Der Chef erklärt das Erfordernis der Stelle mit der Bedeutung der eigenen Abteilung gegenüber anderen, zahlenmäßig viel größeren Abteilungen. Eine geringere Staffelung würde das Ansehen mindern und die innerbetriebliche Verhandlungsposition schwächen.

2. Der Vorgesetzte tritt selbstsicher auf, entsprechend seiner bisherigen Position, und er reagiert sehr unangenehm energisch, wenn ein Mitarbeiter, auch nur verdeckt, die Notwendigkeit der Stelle anzweifelt.

3. In diesem Fall empfiehlt sich kein offener Widerstand; denn der Vorgesetzte weiß seinen starken Chef hinter sich und wird direkt oder indirekt das eigene Ansehen auf dessen Autorität abstützen. Eine Konfrontation mit dem Mitarbeiter bedeutet also, auf eine Auseinandersetzung mit der hinter ihm stehenden starken Führungspersönlichkeit einzugehen. Dieser Mann hat sich bei seinen Kollegen durchgesetzt, er wird das erst recht tun gegenüber einem Mitarbeiter, der zwei Hierarchiestufen unter ihm eingeordnet ist.

4. Der Vorgesetzte befindet sich in einer psychologisch schwierigen Situation. Er könnte seine Position mit Leichtigkeit verteidigen, wenn er das sagen dürfte, was er weiß, worüber er aber aus Loyalität schweigen muß. So aber muß seine Verteidigung stets schwach ausfallen. Er kann nur geschickt versuchen, diesen Zustand zu kaschieren (= überspielen). Der kluge Mitarbeiter, der hinter den Worten zu lesen versteht, bohrt nicht weiter nach und gibt sich stattdessen mit der vorläufigen statt endgültigen Antwort zufrieden. Der Vorgesetzte, der die Intelligenz seines Mitarbeiters nicht unterschätzt, weiß das Verhalten zu würdigen.

● **Tip:**

Vorgesetzte, die eine neue, aber gegenüber den Mitarbeitern zu wenig überzeugend begründete Chefstellung einnehmen oder unklare Kom-

petenzen haben, kämpfen mit dem Rücken zur Wand. Sie treten aus Selbsterhaltungstrieb viel schärfer auf, als dies eigentlich ihrer Mentalität entspricht. Beachten Sie diese Gesichtspunkte bei Ihrem Auftreten! Dann können Sie ein gutes Verhältnis zum Vorgesetzten aufbauen.

3. Schwierige Ausgangsbedingungen

Das Verhalten des Chefs gegenüber Ihnen
als neuem Mitarbeiter 60
Die Furcht Ihres Vorgesetzten vor Ihnen als Aufsteiger .. 63
Das Chefgespräch vor Zeugen 67

Das Verhalten des Chefs gegenüber Ihnen als neuem Mitarbeiter

Wenn Sie als neuer Mitarbeiter in einem Betrieb oder Betriebsteil mit der Arbeit beginnen, sind besonders die ersten Tage voller Spannung:
- Wie werden die Vorgesetzten und die Kollegen auf mich reagieren?
- Werden die anderen Mitarbeiter darüber froh sein, daß ich beginne, um ihnen Arbeit abzunehmen, oder werden sie mich als Eindringling empfinden, der ihre bisherigen Kompetenzen bedroht und ihr Zusammensein stört?
- Werde ich als Persönlichkeit zum Chef (der mich mitausgesucht, nur kurz kennengelernt oder noch nicht gesehen hat) wirklich passen und zu meinen künftigen Kollegen?
- Wie schnell werde ich mich in die neue Arbeit hineinfinden, sie zufriedenstellend meistern können? Wird mir die neue Arbeit liegen?
- Was wird an Normen anders sein, als ich sie in meinem letzten oder früheren Betrieben gewohnt war?

Sieht man diese vielen und schwerwiegenden Fragezeichen, dann könnte man annehmen, daß nur Sie sich in hoher Spannung befinden, im Streß, nicht aber auch Ihr Chef. Die Wirklichkeit sieht anders aus. Sie müssen versuchen, sich in die Situation des Vorgesetzten hineinzudenken, wollen Sie verstehen, weshalb er manches nicht tut, was eigentlich selbstverständlich gewesen wäre.

Die Kontaktaufnahme bleibt unverbindlich

Verlegen begrüßt Ihr neuer Chef Sie. Das erkennen Sie an seiner Körpersprache. So verwendet er viele Verlegenheitshandlungen:

- Er spielt mit einem Gegenstand (Büroklammer, Kugelschreiber oder Papier).

– Er greift ins Gesicht, an seinen Bart, an seine Haare und spricht
  zu Ihnen einige belanglose Floskeln.

Von seinem Gesamtauftreten her möchte er offenbar Kontakt her-
stellen, sich um Sie bemühen, seine positive Grundeinstellung ist vorhanden, es geschieht aber ungeschickt.

Die Kontaktaufnahme findet nicht sofort statt

Diese Situation ist für Sie als neuen Mitarbeiter bedeutend problematischer, es sei denn, seine Abwesenheit war unabwendbar, zum Beispiel wegen einer überraschenden Dienstreise. Dann erkennen Sie
aber aus der Art, wie er seine Vertretung gelöst hat, ob er Sie ernst
nimmt:
– Sie erfahren zum Beispiel bereits vorher, daß und weshalb er nicht
  da sein wird, in der Regel durch ihn selbst.
– Die Organisation klappt vorzüglich. Jeder weiß, daß Sie kommen
  und was er Ihnen gegenüber zu tun hat, und die maßgeblichen
  Kollegen und der Stellvertreter sind da und beschäftigen sich
  ernsthaft mit Ihnen.

Geschieht das alles nicht, dann gibt es nur zwei beunruhigende Ursachen:
a) Ihr künftiger Chef handelt nicht umsichtig. Er hat schlicht vergessen, was seine Pflicht gewesen wäre.
b) Er interessiert sich erst später für Sie, schlimmer: Er wollte Sie gar
nicht, Sie nicht als Person und – nicht unabhängig davon – als neu-
en Mitarbeiter.

Diese Gefahrenzeichen dürfen Sie nicht übersehen, nicht optimistisch
auf die leichte Schulter nehmen nach der Devise: *Das schaffe ich
schon, das wäre ja gelacht!*
  Sie müssen äußerst sorgfältig beobachten, ob weitere Indizien in
die gleiche negative Richtung deuten. Geschieht dies, dann ist es bedeutend günstiger für Sie, die Konsequenzen möglichst rasch, näm-

lich schon in der Probezeit, zu ziehen, als zu warten auf eine bessere Wendung, die es nicht geben wird.

Die Kontaktaufnahme scheitert

Zwar ist der Chef da und er bemüht sich auch redlich um Sie, aber es entsteht keine wirkliche Beziehung zwischen Ihnen. Eventuell haben auch Sie bereits vor der Arbeitsaufnahme einen schwerwiegenden Fehler begangen. Sie sehen Ihren künftigen Chef erst jetzt zum ersten Mal und haben vorher nicht darauf bestanden. Es kann auch etwas anderes geschehen sein. Im Vorstellungsgespräch hat sich der Vorgesetzte, um Sie auf jeden Fall zu gewinnen, „sich gut zu verkaufen", Ihnen gegenüber von der besten Seite gezeigt: Freundlich, aufmerksam, ruhig, besonnen. Jetzt aber steht er Ihnen in der Hektik seines Alltags gegenüber. Sie haben im Vorstellungsgespräch, bedingt durch Ihren eigenen Streß, Ihr Gegenüber nicht sorgfältig genug beobachtet, vielleicht wollten Sie auch bestimmte negativ zu deutende Beobachtungen nicht wahrhaben, zum Beispiel weil Ihnen die Aufgabe gefällt oder Sie unbedingt eine Stelle antreten wollen, um nicht weiter arbeitslos zu bleiben.

Ihr Chef vertröstet Sie in vielfältiger Hinsicht

Nach dem ersten Gespräch als neuer Mitarbeiter sollten Sie genau wissen, woran Sie sind. Sie hätten nicht angefangen, wäre Ihnen dies nicht klar gewesen. Nun aber treten plötzlich Probleme auf, mit denen Sie nicht gerechnet haben, beispielsweise:
– Es heißt, daß Sie als Chef Ihre Mitarbeiter *betreuen* sollen, statt daß der Vorgesetzte Ihre Führungsaufgabe klar beschreibt. Daraus können Sie schließen, daß der Chef Sie hintergangen hat, als er das Vorstellungsgespräch mit Ihnen führte, oder sich zwischenzeitlich nicht durchsetzen konnte. Es gibt nichts Schlimmeres für Sie als Mitarbeiter im Betrieb als einen schwachen Chef, so daß Sie hilflos den Bedrängnissen von allen Seiten ausgesetzt sind.

- Der für Sie vorgesehene Arbeitsplatz ist noch nicht frei. So sollte Ihr Vorgänger bereits ausgeschieden sein, aber er sitzt noch da. Überzeugt Sie der Grund dafür, zum Beispiel die Verzögerung des Umzugs aus technischen Gründen, was Sie leicht feststellen können? Oder müssen Sie daraus schließen, daß es sich um einen Dauerzustand handeln wird? Dann bedeutet diese Beobachtung für Sie ein nicht zu übersehendes Gefahrenzeichen. Sie müssen nämlich in Zukunft von dieser Seite aus mit ständigen Querschüssen rechnen.

Der Chef wird Sie in diesen und anderen Fällen zu vertrösten suchen. Sie tun gut daran, hart und zäh, aber zugleich menschlich freundlich seine Antworten zu hinterfragen, hat er doch durch sein falsches Verhalten Ihnen gegenüber für diesen mißlichen Zustand gesorgt. Ihre Glaubwürdigkeit in sein Verhalten hat er *selbst* erschüttert. In seiner Notwehr wird der Chef unwirsch und abwehrend reagieren. Er versucht, sich bei Ihnen durchzusetzen, weil er es nach oben und/oder unten dem „früheren" Mitarbeiter nicht konnte. Bestehen Sie auf klar fixierten Terminen und auf schriftlichen Zusagen!

● **Tip:**
Mancher Chef ist wenig kontaktfreudig. Helfen Sie ihm in diesem Fall! Das wird Ihnen nutzen! Kommt es nicht sofort zur persönlichen Begegnung mit Ihrem Vorgesetzten, dann prüfen Sie genau weshalb. Besitzen Sie nur mündliche Zusagen, so sollten Sie versuchen, diese jetzt schriftlich zu erhalten, auch wenn Ihre Chancen gering sind.

Die Furcht Ihres Vorgesetzten vor Ihnen als Aufsteiger

Es geht in unseren Überlegungen nur um problematische Situationen. Wenn Sie aufgestiegen sind und unter einem souveränen Chef arbeiten, dann wird es zu einer angenehmen Kooperation kommen. Der Chef wird Sie in Ihrer Entwicklung zielstrebig fördern.

Ihre Bedingungen sind aber ganz anders, handelt es sich stattdessen um einen Vorgesetzten, der seine großen Führungsschwächen immerhin so gut kennt, daß er weiß, wie schnell ein fähiger Mitarbeiter sie feststellt. Er fürchtet deshalb zumindest auf Dauer um seine Position und unternimmt alles zur Verteidigung seiner wirklich oder scheinbar angegriffenen Stellung. Da Sie im Betrieb schnell aufgestiegen sind, geht er davon aus, daß Sie in entscheidender Position im Betrieb Freunde und Gönner besitzen müssen. Der Chef hält es deshalb für gefährlich, Sie offen anzugreifen, überhaupt mit Ihnen Ärger zu bekommen, Sie könnten ihm zu sehr schaden.

Mit welchen Verhaltensweisen müssen Sie rechnen?

Nach außen hin mit Freundlichkeit

So werden sich schwache Vorgesetzte Ihnen gegenüber in der Regel verhalten. Eine Ausnahme stellen Chefs dar, die ihre Emotionen zu wenig unter Kontrolle haben. Sie werden polemische, ironische, sarkastische Bemerkungen bringen, um Sie zu reizen oder/und zu verletzen. Deren negative Gesinnung erkennen Sie sofort. Sie gehen mindestens so stark auf Neid wie auf Furcht zurück.

Das freundliche Verhalten des schwachen Chefs darf Sie nicht darüber hinwegtäuschen, daß Sie ihm nur glauben dürfen, wenn Sie die Glaubwürdigkeit erfolgreich geprüft haben.

Der Chef wird versuchen, Sie auszufragen

Da der Vorgesetzte immer wieder daran denkt, daß Sie protegiert (= bevorzugt) worden sind, glaubt er auch, Sie würden über bedeutend mehr Information verfügen als er selbst und als es wirklich der Fall ist. Ihr Eingeständnis, ein solches Wissen nicht zu besitzen, ist für ihn unglaubhaft. Er wird weiter zu bohren suchen und Ihnen mißtrauen. Mit diesem Zustand müssen Sie zu leben lernen.

Stärken Sie das Selbstbewußtsein Ihres Vorgesetzten!

Wenn ein Chef ohne entsprechende Leistung in der Menschenführung seine Vorgesetztenposition erhalten hat, dann besitzt er fast immer ein hohes fachliches Wissen und Können. Davon können Sie profitieren und sein Spezialistentum anerkennen. Ihr Chef ist zwar schwach in der Mitarbeiterführung, aber er wird fast nie auf allen Gebieten versagen, so daß Sie auf alle Fälle von ihm lernen könnten, freilich nur, wenn Sie nicht den Maßstab bei ihm anlegen, den Sie bei sich verwenden können und sollten. Sonst stehen Sie in der großen Gefahr, durch mehr oder weniger heftige Kritik die schon schlechte Ausgangssituation unnötig zu verschlimmern.

Sie müssen mit Vorurteilen rechnen!

Der Chef wird versucht haben, seine bisherigen Mitarbeiter wegen Ihres Kommens rechtzeitig auf sich einzuschwören. Das kann ihm nur zum Teil gelungen sein; denn die Leistungsstärksten unter ihnen haben längst seine Führungsschwächen klar erkannt und nehmen deshalb eine skeptische, teils sogar klar ablehnende Haltung ihm gegenüber ein. Der Chef wird versucht haben, seine Mitarbeiter gegen Sie einzunehmen, indem er

- dargestellt hat, daß man Sie protegiert. Auf Bevorzugung (= ungerechte Behandlung) reagieren Menschen negativ.
- den Mitarbeitern gegenüber besonders schwach (= freundlich) auftritt, um so sein goodwill zu zeigen und zu demonstrieren, wie gut sie es bei ihm haben.
- ihnen verdeutlicht hat, Sie wollten die Stellung in Ihrer Gruppe und damit auch die Gruppe selbst nur benutzen, um auch weiterhin steil aufzusteigen, sich also nicht wirklich integrieren.
- Ihr Kommen als Einbruch in die bisherige soziale Situation ansieht und damit als Störung des bisherigen Gruppenlebens.

Wenn Sie sich gegenüber den Mitarbeitern auf keinen Fall arrogant verhalten — achten Sie sehr selbstkritisch darauf, weil diese Gefahr

Sie als besonders leistungsstarken und -bereiten Menschen *stündlich* bedroht – und so bei jeder Gelegenheit aufgeschlossen, verständnisvoll und freundlich auftreten, dann wird es Ihnen schon bald gelingen, die Ihnen gegenüber aufgebaute Skepsis zu beseitigen. Dieses Ziel können Sie oft schon deshalb relativ leicht erreichen, weil der im menschlichen Umgang nicht sehr geschickte Vorgesetzte die durch Sie entstehenden Probleme zu drastisch und ohne entsprechende Beweise beschrieben hat.

Ihre Einarbeitung wird lückenhaft sein

Da Ihr neuer Vorgesetzter Sie ständig als Konkurrent fürchtet, dem er zutraut, an seinem „wackligen" Stuhl zu sägen, muß er für Mißerfolge auf Ihrer Seite sorgen. Eine Technik, die er anwenden könnte, würde darin bestehen, Sie so lückenhaft zu informieren, daß Ihnen zwangsläufig Fehler unterlaufen, die er kritisieren kann und die vielen Mitarbeitern möglichst deutlich werden. Wie können Sie entsprechende Blamagen verhindern?

– Sie hören ihm ganz konzentriert zu, loben ihn für seine Erklärungen, vor allem erkennen Sie sein hervorragendes Fachwissen an und verleiten ihn dadurch und durch gezielte, logisch aufeinander aufbauende Fragen, bedeutend mehr Informationen preiszugeben, als er beabsichtigt hatte.

– Sie vergewissern sich bei Ihren neuen Kollegen, ob die Ihnen zugekommenen Informationen zur ordnungsgemäßen Erledigung Ihrer Aufgaben ausreichen, indem Sie die Mitarbeiter wie beim Chef auf ihr Können und ihre Erfahrungen hin ansprechen.

– Bevor Sie aber Kollegen etwas fragen, sollten Sie versuchen, sich möglichst viel Wissen über
a) in der Abteilung vorhandene Vorgänge und
b) Fachliteratur
zu besorgen. Es ist für Sie problematisch, deshalb bedeutend länger im Betrieb zu bleiben, vor allem, wenn Chef und Kollegen pünktlich gehen, weil Sie schon bald in den unangenehmen Ruf des Strebers geraten. Dadurch handeln Sie nämlich so negativ,

wie der Chef Ihr Verhalten vor dem Eintritt in die Abteilung dargestellt hat. Sie fallen aus der Norm, statt sich in die Gruppe möglichst gut zu integrieren, ohne aber Ihren Ehrgeiz zu verringern. In der ersten Zeit sollten Sie die notwendige Mehrarbeit zu Hause investieren.

● **Tip:**
Ein Vorgesetzter, der Sie als möglichen Rivalen fürchtet, wird u.U. vordergründig besonders freundlich zu Ihnen sein. Sie dürfen dieses Verhalten nicht naiv als wahrhaftig ansehen. Er wird Ihnen selbst möglichst wenig Informationen geben und auch Kollegen dazu anleiten. Wenn Sie aber ihn und seine Mitarbeiter als Fachleute ansprechen, werden diese häufig mehr preisgeben, als sie ursprünglich beabsichtigt haben.

Das Chefgespräch vor Zeugen

Aus verschiedenen Gründen kann es geschehen, daß Ihr Gespräch mit dem Vorgesetzten nicht unter vier Augen stattfindet. Der Chef oder auch Sie selbst können bewußt den Dialog vor anderen begonnen haben. Das Gespräch ist aber auch ungeplant vor Zeugen möglich. Es gibt unproblematische Gespräche in der Öffentlichkeit, zum Beispiel Dialoge über Sachfragen, bei denen die Partner wenig emotional beteiligt sind. Es gibt auch andere, die auf keinen Fall für fremde Ohren mitbestimmt sind, wie ein Kritikgespräch des Vorgesetzten mit Ihnen und umgekehrt.

Unsere Überlegungen betreffen zunächst, unabhängig vom Thema, die Auswirkungen der Anwesenheit eines Dritten auf die Gesprächsatmosphäre und den Verlauf des Dialogs:

Der Zeuge stellt „zu gewinnendes Publikum" dar

„Zu gewinnendes Publikum" bedeutet verständlicherweise nicht „mitbestimmende Zeugen", sondern die Gegenwart eines Menschen, dessen Meinung für den Chef nicht unwichtig ist. Er möchte ihn über das Gespräch für sich gewinnen, oder durch den Dialog das bereits bei diesem bestehende positive Bild über den Vorgesetzten erhalten und festigen.

Das Verhalten beim Dialog gewinnt „Showcharakter". Inhalt und sprachliche Formulierungen des Chefs sind nicht mehr nur für Sie bestimmt, sondern auch für den Zeugen. Er soll schmunzeln oder lachen wegen einer schlagfertigen Bemerkung, positive Emotionen für den Vorgesetzten entwickeln, unter Umständen gleichzeitig negative Ihnen gegenüber, von den Argumenten überzeugt sein. Ein sonst freundlicher Vorgesetzter kann zum Beispiel jetzt hart und polemisch werden.

Der Chef will als Gewinner erscheinen

Sie selbst als Mitarbeiter müßten eigentlich bedeutend befangener beim Dialog mit dem Vorgesetzten sein als unter vier Augen; denn Sie müßten sich vergegenwärtigen, daß Sie durch Ihr Verhalten mehr oder weniger stark die Autorität des Chefs verstärken oder auch bedrohen. Dieser Tatbestand wirkt sich auf Ihre Position negativ aus:
- Sie müssen Ihre negativen Emotionen stärker steuern, Ihre positiven Empfindungen, zum Beispiel gegenüber dem Vorgesetzten, dürfen Sie nicht zu deutlich werden lassen. Darauf wird besonders der Zeuge achten, der feststellt, daß Sie sich mit Ihrem Chef duzen.
- Sie können Ihre Stärke in der Argumentation, vor allem, wenn Sie dem Vorgesetzten gegenüber generell, aber auch nur punktuell, stark überlegen sind, nicht so ausspielen wie ohne Zeugen.
- Sie haben damit zu rechnen, daß der Chef, gegebenenfalls auch bei klar erkennbaren Fehlern, sein Verhalten und Vorgehen verbissen verteidigt, kämpft er doch mit dem Rücken zur Wand.

Auch Sie wollen nicht als Verlierer erscheinen

Dieses Ziel führt bei Ihnen zwangsläufig zu ähnlichen Verhaltensweisen wie beim Vorgesetzten, nämlich
a) Sie holen ebenso Argumente von weit her, um Ihre Stellung halten zu können, statt unumwunden zuzugeben, daß der Chef in diesem Fall recht hat,
b) Sie reagieren auf kritische, provozierende, polemische, aggressive, sarkastische Äußerungen Ihres Vorgesetzten bedeutend allergischer, benötigen also viel mehr seelische Kraft, um sich entsprechend zu beherrschen.

Die Anwesenheit des Dritten als Beweis von Mißtrauen?

Es kann sein, daß der Chef das Gespräch mit Ihnen nur vor einem Zeugen führen wollte, zum Beispiel seinem unmittelbaren Vorgesetzten, oder Sie auf der Anwesenheit eines Betriebsratsmitgliedes bestanden haben. Der häufigste Grund für das Heranziehen eines Dritten besteht im Mißtrauen. Man hat erlebt, daß
– eigene Formulierungen an dritter Stelle anders wiedergegeben wurden, als sie wirklich gefallen waren, oder
– der Chef oder Sie selbst nicht zu dem gestanden haben, was unter vier Augen verabredet war.
Das Mißtrauen im Hintergrund muß entscheidend zu einer Verschlechterung der Gesprächsatmosphäre beitragen, erinnert es doch den Partner ständig an die negative Einstellung des anderen ihm gegenüber.

Der Dritte als Helfer?

Ein anderer Grund für die planmäßige Anwesenheit des Dritten kann darin bestehen, daß man sich von ihm Hilfe erwartet. Damit gibt man offen zu, wie sehr man sich dem anderen gegenüber unterlegen fühlt. Befindet sich auf jeder Seite eine weitere Person, dann kann das Gespräch schließlich dazu führen, daß nicht Sie und Ihr Chef miteinander reden, sondern Sie selbst, unter Umständen auch der Vorgesetzte immer mehr zum Schweigen verurteilt werden. Das Gespräch kann auch eine ganz andere Richtung nehmen, als Sie, die ursprünglichen Dialogpartner, beabsichtigt hatten.

Zu welchen Erkenntnissen führen unsere Überlegungen?

Von Ausnahmen abgesehen, müssen Sie zu erreichen suchen, daß Ihr Dialog mit dem Vorgesetzten unter vier Augen stattfindet. Diesen Gesichtspunkt müssen Sie bereits bei der Planung berücksichtigen, aber auch beachten, wenn Sie den Chef vor anderen wegen eines Problems, einer Aufgabenstellung, eines Anliegens ansprechen. Sie mögen vielleicht im Augenblick annehmen, der Dialog werde nur eine oder zwei Minuten dauern und so unproblematisch sein, daß Zeugen nicht stören. Wer aber garantiert Ihnen, daß Ihre Vermutung richtig ist und sich nicht aus den wenigen geplanten Worten ein längeres Streitgespräch entwickelt? Wenn Sie selbst mitbestimmen können, ob der Dialog vor Dritten stattfindet, dann sollten Sie kein unnötiges Risiko eingehen.

● **Tip:**
Sie sollten alles tun, um zu verhindern, daß ein schwieriges Gespräch mit dem Chef vor Zeugen stattfindet. Die einzige Ausnahme kann darin bestehen, daß Sie unbedingt eine dritte Person benötigen, damit der Vorgesetzte zu seinem Wort stehen muß. Durchweg wird die Gesprächssituation für die Beteiligten unangenehmer, weil sie vor Publikum miteinander ringen, sich so ihre Haltungen versteifen,

4. Der Chef im Streß

Klärung des Begriffs „Streß" 72
Der Streß des Vorgesetzten 74
Auswirkungen des Stresses auf die Mitarbeiterführung ... 77
Die unglückliche Gesprächssituation bei Streß des Chefs 80
Das richtige Verhalten des Mitarbeiters 82

Klärung des Begriffs „Streß"

Wenn hier von Streß die Rede ist, dann wird darunter nur das schädliche Zuviel an Streß (= Distreß) verstanden. Daneben gibt es den positiven, lebensnotwendigen Streß (= Eustreß). Der Wissenschaftler Seyle, der den Begriff „Streß" eingeführt hat, definiert ihn als die unspezifische Reaktion des Körpers auf jede Anforderung, die an ihn gestellt wird. Es geht nach Meinung eines anderen ebenfalls bedeutenden Wissenschaftlers beim Streß um die Auseinandersetzung des Menschen mit bestimmten Umweltbedingungen. Im Mittelpunkt seiner Überlegungen steht die subjektive Einschätzung der Umweltsituation durch den einzelnen Menschen. Er bestimmt durch seine Deutung im Hinblick auf die zu erwartenden Konsequenzen, ob Streß vorliegt. Solange der Mensch für sich erfolgreiche Möglichkeiten zum Handeln sieht, also die an ihn gestellten Anforderungen glaubt bewältigen zu können, liegt für ihn kein negativer Streß vor. Häufig tritt aber die Angst auf, zu versagen und sich dadurch vor anderen Menschen zu blamieren. Streß läßt sich somit auffassen als die emotionale Belastung, die entsteht, wenn der Mensch davon überzeugt ist, daß er sich durch seine Aktivitäten gegenüber einer Bedrohung oder Überforderung nicht behaupten kann. Die objektiv unterschiedlichen Umweltsituationen müssen aber beim Phänomen „Streß" mitbeachtet werden. In sehr extremen Situationen reagieren alle Menschen ähnlich, beispielsweise
- bei Lärm,
- bei Krankheiten,
- bei einem Unfall,
- beim Fällen schwerwiegender Entscheidungen,
- bei Existenzbedrohung.
Bei diesen streßauslösenden Bedingungen spricht man von Stressoren.

Zur Erklärung des Begriffs „Streß", als Reaktion des Organismus auf die Umwelt, muß man grundlegende Theorien heranziehen: Jedes Lebewesen wird durch Reize aus seiner Umwelt aktiviert. Neben einer spezifischen Reizaufnahme und -beantwortung entsteht eine allgemeine unspezifische Aktivität (= Stimulierung), die von Schlaflosigkeit bis zu hoher Erregung reichen kann. Der Bedarf eines Menschen nach Aktivierung ist unterschiedlich, je nach seiner augenblicklichen Tätigkeit und seiner Persönlichkeitsstruktur.

Erleidet ein Organismus ein Zuviel oder Zuwenig an Stimulierung, dann trifft er Maßnahmen zum Ausgleich. Der Organismus versucht nämlich, gegenüber allen Veränderungen die für sich optimalen Bedingungen zu erhalten (= Modell des Gleichgewichts). Monotonie empfindet der Mensch ebenso als belastende Situation wie Reizüberflutung. In allen Fällen scheint der Organismus ein Zuviel oder Zuwenig zu vermeiden. Normalerweise gelingt ihm dies durch Anpassungs- oder Ausgleichsreaktionen. Durch die Ausschüttung von Adrenalin werden beispielsweise die Herzfrequenz, der Blutdruck und der Blutzuckerspiegel beeinflußt, um so die entstehende Notsituation zu bewältigen. Negativer Streß entsteht also für den Menschen, wenn seine normalen Anpassungsfunktionen nicht mehr ausreichen, um eine drohende Überforderung oder eine anhaltende Belastung zu meistern. Vielfach wird dann der Ablauf in drei Phasen beschrieben:

1. Alarmreaktion
2. Stadium des Widerstandes
3. Stadium der Erschöpfung

Das dritte Stadium wird wahrscheinlich durch die Einwirkung auf das vegetative Nervensystem mitbestimmt. Es können sich Störungen ergeben, bei denen der psychologische Streß entscheidend mitwirkt, wie

− dauernde schwere Sorgen,
− Angst,
− ständiges Nichtbewältigen von Ärger.

Diese Erscheinungen können zu Schädigungen der inneren Organe führen, den psychosomatischen Erkrankungen (= den negativen Beeinflussungen des Körpers − griechisch: Soma − durch die Seele − griechisch: Psyche).

Der Streß des Vorgesetzten

Unabhängig vom einzelnen Chef, seiner speziellen Situation im jeweiligen Unternehmen und der Persönlichkeitsstruktur, gibt es typische Situationen, die Streß auslösen. Dabei kann es sich um physische (= körperliche) Belastungen handeln, die zum Beispiel ausgelöst werden durch zu lange Arbeitszeiten mit einem starken Nachlassen an Konzentration und allgemeiner Ermüdung. Hier sollen jedoch die psychischen (= geistig-seelischen) Belastungen im Mittelpunkt stehen.

Der Zeitdruck

Für Sie als Mitarbeiter ist von den negativen Auswirkungen her weniger bedeutsam, ob es sich zum Beispiel
- um einen echten Zeitdruck handelt, der durch die Arbeitsmenge hervorgerufen wird,
- um einen durch Desorganisation oder ähnliche selbst verschuldete Ursachen erzeugten, an sich vermeidbaren Zeitdruck oder
- um einen nur subjektiven Zeitdruck, weil der Chef als Vorgesetzter davon überzeugt ist, nur bei Zeitdruck lasse sich ein Mitarbeiter von besonderer Bedeutung erkennen.

Psychisch kann sich die vom Chef ausgehende Belastung unterschiedlich auf Sie auswirken, zum Beispiel indem Sie sich massiv und immer wieder ärgern, wodurch Sie von der Sache her eigentlich unter einen unnötigen Zeitdruck geraten.
   Der Zeitdruck des Chefs und der damit verbundene Streß führen dazu, daß
- alle Gespräche des Vorgesetzten mit Ihnen unter starker Hektik verlaufen und genau genommen keine Dialoge mehr darstellen, sondern schlagwortartig erteilte Dienstanweisungen mit einem Minimum an Rückfragemöglichkeit für Sie,
- innerhalb kurzer Zeit einander widersprechende Direktiven an Sie erfolgen oder

- Aufträge, die Sie auch bei Aufbietung aller Kräfte niemals zum vom Chef geplanten Zeitpunkt erfüllen können,
- auch alle Handlungen des Vorgesetzten unter starker Hektik verlaufen, mit einer relativ hohen, vom Chef entweder nicht zugegebenen oder zwar eingestandenen Fehlerhäufigkeit, deren Ursachen aber nicht bei ihm, sondern an anderer Stelle liegen, wie seinem Vorgesetzten, Kollegen, externen Auftraggebern, aber nicht zuletzt auch bei Ihnen und anderen Kollegen.

Überforderung in sachlicher Hinsicht

Dabei wird nicht in erster Linie eine fachliche Überforderung vorliegen, weil noch immer die meisten Chefs ihre Führungsfunktion wegen des wiederholt bewiesenen Fachkönnens erhalten. Die Überforderung entsteht vielmehr dadurch, daß der Vorgesetzte in eine Position aufgestiegen ist, deren spezielle Aufgaben Ihr Chef noch nicht, vielleicht auch niemals gut genug erfüllen wird. Einige klassische Beispiele:
- Ihr Vorgesetzter soll teilunternehmerische Funktionen wahrnehmen statt wie bisher administrative, aber es mangelt ihm an der erforderlichen Kreativität.
- Ihr Chef war zwar ein hervorragender Sachbearbeiter, aber er muß jetzt auf Führungsebene Entscheidungen fällen, zu denen ihm die notwendige Selbständigkeit und Souveränität fehlen.
- Sein Aufgabengebiet hat sich gegenüber früher stark ausgeweitet und ist bedeutend komplexer geworden, ihm mangelt es aber an dem erforderlichen Durchblick.

Wie wirken sich diese Arten der Überforderung auf die Zusammenarbeit mit Ihnen aus?

Ihr Chef erledigt trotz seiner „massiven" Überlastung einen Teil Ihrer Aufgaben und der anderen Kollegen von Ihnen, offiziell, weil er Sie nicht überfordern und damit Fehler heraufbeschwören will, in Wirklichkeit, um ein Alibi zu haben. Er muß nämlich gegenüber seinem Vorgesetzten vertreten, weshalb er seine eigentlichen Aufgaben nicht erfüllt hat.

Sie erhalten nicht rechtzeitig oder überhaupt nicht die Direktiven, die Sie zur Erfüllung Ihrer Arbeit benötigen und müssen sich selbst helfen. Dabei stehen Sie in der Gefahr, anschließend stark kritisiert zu werden, weil Sie sich Eigenmächtigkeiten herausgenommen haben. Das geschieht besonders, wenn Sie gescheitert sind. Ihre Erfolge dagegen weiß der Chef schon nach oben hin als auf seine Initiative hin entstanden darzustellen.

Angst

Entscheidend ist, wenn der Vorgesetzte häufig oder sogar fast ständig unter Angst lebt. Die Ursache kann sein eigener Chef sein, der ihn nie lobt, sondern immer wieder kritisiert, und das nicht selten in Ihrer Gegenwart und der anderer Menschen. Das Phänomen der Angst tritt auch als Lebenshaltung auf und führt dazu, daß der Chef

— ständig in Aktion ist, um sich und dem Vorgesetzten zu beweisen, mit wieviel Einsatz er seine Aufgaben zu erfüllen *sucht,* aber ohne das erforderliche systematische Vorgehen und den angestrebten Erfolg,

— Ihnen immer wieder sein Leid klagt, um durch Ihre Solidarität getröstet zu werden und Sie so von Ihrer eigenen Arbeit abhält,

— die eigene Angst auf Sie überträgt, indem er fürchtet, daß Sie Ihren „Job" nicht gut genug erfüllen und dies offen oder verdeckt häufig betont,

— oft im Dienst fehlt, was Sie schon im voraus wissen, weil er zu diesem Zeitpunkt entweder eine bestimmte Arbeit vorlegen muß, die ihren Zweck nicht erfüllen wird, oder aus anderen Gründen mit heftiger Kritik zu rechnen hat, beispielsweise wegen des Gemütszustands seines Vorgesetzten,

— seine Zuflucht in Drogen aller Art sucht: einem übermäßigen Kaffeeverbrauch, Tablettensucht, dem Kettenrauchen und nicht zuletzt dem Alkohol bis hin zum Alkoholexzeß,

— Depressionen hat, immer stärker davon überzeugt wird, daß er ein Versager auf der ganzen Linie ist. Deshalb scheitert er schließlich auch bei Aufgaben, die er von seinem Können her bewältigen würde, hätte er das notwendige Zutrauen zu sich selbst.

● **Tip:**
Wirklicher oder scheinbarer Zeitdruck veranlassen Ihren Vorgesetz-
ten zur Hektik im Gespräch, in seinen Reaktionen, in seinen Anwei-
sungen. Er unterbricht Sie häufig oder läßt Sie nicht zu Wort kom-
men. Die Fehlerhäufigkeit nimmt bei allen zu, Angst tritt auf, die
Angst zu versagen. Sie verstärkt massiv bereits bestehenden Streß.

Auswirkungen des Stresses auf die Mitarbeiterführung

Jedes menschliche Zusammenwirken setzt voraus, daß die Beteiligten
zueinander Kontakt aufgenommen, gepflegt und vertieft haben. Der
häufige Streß einer oder beider Personen hindert daran und läßt so
keine wirkliche Kooperation aufkommen; denn der Chef
– muß sich zu Beginn einer angestrebten Zusammenarbeit Zeit genug für seinen neuen Mitarbeiter nehmen, um ihn als Persönlichkeit kennenzulernen und damit zugleich seine speziellen Anliegen
  und Wünsche im Hinblick auf die Arbeit und die soziale Umgebung im Betrieb,
– muß dem Mitarbeiter seinerseits ermöglichen, sich ein umfassen-
  des Bild von seinem Vorgesetzten zu entwickeln,
– muß zumindest den Eindruck hervorrufen, daß der Mitarbeiter
  ihn bei Unklarheiten fragen und auch mit persönlichen Problemen zu ihm kommen kann.

Wenn Sie dagegen einen Chef haben, der stark gestreßt ist, wird nicht
das Miteinander entstehen können, das für eine erfolgreiche Zusammenarbeit unabdingbar ist.
  Das erste Dilemma tritt bereits in der Phase des Kennenlernens
auf:
– Entweder ist der Chef zum Zeitpunkt Ihres Eintritts auf einer
  Dienstreise oder mit so dringenden Arbeiten beschäftigt gewesen,
  daß die erste Begegnung nicht zwischen Ihnen und Ihrem Chef
  stattfand, sondern daß Sie an den Stellvertreter oder einen ande-

ren Mitarbeiter verwiesen wurden. Eine etwaige Begrüßung blieb in Floskeln stecken, wie überhaupt der Zeitdruck einen Chef dazu verführt, sich mit Allgemeinplätzen zu begnügen, weil ein wirkliches Gespräch die Bereitschaft und Fähigkeit voraussetzt, sich mit dem anderen zu beschäftigen.

– Vorgesetzte unter Zeitdruck nehmen sich gar nicht erst vor, einen Dialog mit dem Mitarbeiter zu führen, oder es bleibt bei guten Vorsätzen und dem Monolog statt dem Zwiegespräch.

– Es kommt nur zu einer sehr oberflächlichen Erklärung der Arbeit, die oft nicht ausreicht, die Tätigkeit richtig zu verrichten. Auf jeden Fall aber „funktionieren" Sie als Mitarbeiter nur. Sie kennen nämlich nicht genügend den Sinn Ihrer Aufgaben und deren Hintergründe, um sie in das Geschehen des Betriebes und der Abteilung richtig einordnen zu können.

Die erste Phase war deshalb bei Ihnen gekennzeichnet durch mangelnden Kontakt zum gestreßten Vorgesetzten und unzulängliche Einweisung ohne ernsthafte Motivationsversuche von seiner Seite. Es ist verständlich, daß man in dieser mißlichen Situation als Neuer versucht, die fehlenden Informationen von dritter Seite zu erhalten. Dagegen wird der unter starkem Zeitdruck stehende Vorgesetzte normalerweise keine Einwände haben, wenn er überhaupt merkt, daß und woher Sie Ihr Wissen haben. Es kann aber auch anders kommen. Deshalb müssen Sie vor der Informationsbeschaffung von anderer Seite das Chefverhalten sorgfältig beobachten. Der Streß des Vorgesetzten kann nämlich entstanden sein, weil er sich überfordert fühlt und deshalb ständig in Angst lebt, daß andere sein Unvermögen erkennen. Wegen dieser Streßgründe will ein solcher Chef nämlich, daß alles über seinen Schreibtisch läuft. Er fürchtet, daß er auch von seiten der eigenen Mitarbeiter übergangen wird und reagiert deshalb auch Ihnen gegenüber allergisch, als dem Neuen in seiner Abteilung, bei dem er sich das noch am leichtesten erlauben kann.

Der gestreßte Chef beschäftigt sich generell mit seinen Mitarbeitern zu wenig. Er zählt zu den Menschen, die sich in das Chefzimmer zurückziehen wie ein Fuchs in seinen Bau, oder er handelt extrem umgekehrt: Er läuft durch seine Abteilung, stört die Mitarbeiter bei ihrer Arbeit und gibt hektisch innerhalb kurzer Zeit entweder einander widersprechende Anweisungen zur gleichen Sache (Typ des Chaotikers), oder es ändert sich ständig die Rangfolge der Prioritäten, wenn es überhaupt eine gibt.

Wirkliche Gespräche zwischen Chef und Mitarbeiter finden nicht statt, selbst bei besten Vorsätzen des Vorgesetzten. Sie bestehen aus Monologen. Entweder ist der Gesprächsinhalt eine Instruktion kürzester und oft auch unsystematischer Art oder eine negative Kritik mit der aus Zeitmangel fehlenden Möglichkeit des Mitarbeiters, sich zu rechtfertigen.

Kommen Sie als Mitarbeiter mit einem Anliegen zu Ihrem Chef, dann haben Sie zunächst die Schwierigkeit, überhaupt eine Chance dafür zu erhalten. Erklärt sich der Vorgesetzte dann auf Ihr Drängen hin bereit, nachdem er mehrfach mit Hinweis auf seinen starken Zeitdruck versucht hat, das Gespräch zu verschieben, dann kann Ihnen passieren, daß zur vorgesehenen Stunde wegen der Behandlung seiner Fragen keine Zeit mehr vorhanden ist, oder Sie nur einige einleitende Worte sagen dürfen. Dann glaubt der Chef bereits zu wissen, was Sie weiter hätten sagen wollen, ohne Ihnen selbst die Chance dazu zu geben. Er ergriff diese Maßnahme, um Zeit zu gewinnen, ist er doch fest davon überzeugt, sich rascher und präziser als Sie ausdrücken zu können. Dabei kann es Ihnen geschehen, daß der Chef falsch kombiniert hat und deshalb das Anliegen unrichtig wiedergibt, auf das er unter Umständen endgültig antwortet.

● **Tip:**
Jeder Mensch hat für das Zeit, was er für wichtig hält. So können Sie bereits beim Eintritt in eine Firma erkennen, wieweit der Chef bereit ist, sich mit Ihnen zu beschäftigen. Der gestreßte Chef ist für Sie kaum zu sprechen, es sei denn, Sie werden energisch genug. Er kann auch Angst vor Ihnen haben: Sie sollen deshalb möglichst wenig wissen.

Die unglückliche Gesprächssituation
bei Streß des Chefs

Das erste Problem stellt für Sie als Mitarbeiter bereits das Gespräch als solches dar. Unabhängig vom Inhalt und von der Person – ob Sie es sind oder ein andere Mitarbeiter – empfindet der gestreßte Chef jeden Zeitverlust als belastend. Dieses Gefühl hätte er sogar, wenn er weiß, daß die Begegnung mit Ihnen nur einige Minuten kosten wird. Sie würde seinen Arbeitsfluß unterbrechen, und er bildet sich zumindest ein, daß er auf keine Minute verzichten kann. Das Gespräch steht damit bereits unter einem unglücklichen Stern; denn während der gesamten Begegnung wird der zeitliche Streß auf seiten des Chefs in seinem Verhalten deutlich. Typische Auswirkungen des zeitlichen Stresses sind:

– **Ungeduldiges Verhalten des Chefs**
  Das wird vor allem deutlich aus der *Körpersprache*. Beispiele sind:
  ● Öffnen und Schließen des Kugelschreibers
  ● Spielen mit Gegenständen, zum Beispiel Büroklammern
  ● Unsteter Blickkontakt, teils zur Seite
  ● Unruhige Sitzhaltung
  ● Starkes Rauchen
  ● Gleichzeitige, zumindest motorische Beschäftigung mit anderen Angelegenheiten, wie das Unterschreiben von Vorgängen.
  Aber auch die *Sprechweise* und *sprachliche* Formulierungen können Ungeduld zeigen:
  ● Hektisches Sprechen
  ● Häufiges, viel zu frühes und rücksichtsloses Unterbrechen Ihrer Ausführungen
  ● Schlagwortartige Äußerungen, oft in Befehlsform
– **Starker Drang zum Monologisieren**
  Der Vorgesetzte will das Gespräch mit Ihnen massiv verkürzen, deshalb spricht er selbst und so, daß Sie möglichst nur noch mit Ja antworten können. Kaum haben Sie einen Gedanken begonnen, dann führt er ihn schon weiter, weil er davon überzeugt ist,

ihn schneller und präziser formulieren zu können, als Sie es vermögen.

- **Viel zu geringes Zuhören**
  Damit ist nicht nur gemeint, daß der gestreßte Chef Sie nicht ausreden läßt, sondern, daß er Ihnen auch nicht wirklich zuhört, weil nur die eigenen Probleme ihn bewegen. Er hört aus Ihren Ausführungen nur einige Worte, erkennt aber nicht den richtigen Zusammenhang, sondern es entstehen in ihm Assoziationen (= Gedankenverbindungen) zu einer Frage, die ihn augenblicklich beschäftigt, und so kombiniert er falsch.
- **Abrupte Entscheidungen oder Verschieben auf die lange Bank**
  Entscheidend für das Denken des Chefs ist, daß Ihr Anliegen ihn zeitlich und gedanklich möglichst wenig beansprucht. Deshalb greift er im Streß oft zu einer von zwei Extremlösungen:
  1. Er entscheidet ganz schnell und häufig unüberlegt, weil ihm wichtige Fakten fehlen, die er zu einer abgesicherten Entscheidung benötigt, oder
  2. er hofft darauf, daß sich Ihr Anliegen von allein löst oder eine andere Stelle für die Bewältigung sorgt, jedenfalls nicht er, auch wenn er eindeutig zuständig ist.
- **Unpersönliche Gesprächsatmosphäre**
  Der gestreßte Vorgesetzte kann im Unternehmen, auch bei Ihnen selbst, den negativen Ruf genießen, daß ihm Menschlichkeit abgeht, daß er nur die Sache sieht und den Menschen als bloßes Instrument zur Erfüllung der ihm gestellten Aufgaben. Dieses negative Image kann sehr stark täuschen und den Chef belasten, weil er weiß, wie er wirklich ist. Sie als Mitarbeiter werden hinter dem zwischenmenschlich unglücklichen Verhalten erst die wirkliche Persönlichkeit durchschimmern sehen, wenn Sie
  - davon durch Dritte erfahren, die mit dem Vorgesetzten sehr viel mehr als Sie dienstlich und/oder privat zu tun haben und deren Urteil über Menschen Sie als abgewogen kennen,
  - den Chef in einer schwachen Stunde erleben, zum Beispiel nach einer schweren Niederlage oder Krankheit,
  - ihn als Privatmann kennen.

Das gestreßte Verhalten des Vorgesetzten und die sich daraus ergebende, unglückliche Gesprächssituation beeinflußt häufig auch Sie negativ:

– Sie schieben das notwendige Gespräch mit dem Chef vor sich her, bis es fast zu spät ist; denn Sie fürchten seine gequälte Reaktion: „Muß das denn wirklich sein? Sie kennen doch meinen Zeitdruck!"

– Sie haben schon wiederholt erlebt, daß Sie Ihr Anliegen nur in Ansätzen oder sogar gar nicht vortragen konnten, oder daß der Vorgesetzte nicht darauf einging. Sie ahnen, daß es wieder so sein wird.

– Sie haben in der Hektik der Gesprächssituation trotz sorgfältiger Vorbereitung und sogar schriftlicher Notizen Wesentliches vergessen.

– Sie konnten sich nicht so ausdrücken, wie Sie es vorhatten. Bedingt durch den starken Zeitdruck sollten Sie so knapp wie möglich formulieren. Stattdessen wurden Sie zu breit, mußten oft nachformulieren, brachen Sätze ab, verwandten Satzkonstruktionen, die Sie nicht beabsichtigt hatten und die nicht das aussagten, was Sie sagen wollten, ja, die zu Mißverständnissen führen mußten, vor allem bei nur oberflächlichem Zuhören.

Wie hätten Sie handeln sollen?

● **Tip:**
Sie werden in Ihren kurzen Gesprächen mit Ihrem gestreßten Chef nur erfolgreich sein, wenn Sie rechtzeitig den Dialog mit ihm suchen, sich genau vorbereiten und von seiner Hektik nicht anstecken lassen, sonst vergessen Sie Wesentliches.

Das richtige Verhalten des Mitarbeiters

Zunächst müssen Sie sich bei einem gestreßten Vorgesetzten genau überlegen, ob das Gespräch überhaupt notwendig ist, wenn ja, zu welchem Zeitpunkt.

Handelt es sich wirklich um eine Angelegenheit, die Ihre Kompetenzen überschreitet, oder fürchten Sie nur, selbständig entscheiden und für Ihr Tun die Verantwortung tragen zu müssen?

Wenn eine sehr problematische Frage vorliegt, haben Sie dann zumindest für Ihren Chef eine Lösung oder noch besser, Alternativen entscheidungsreif vorbereitet, um ihm Ihre Kompetenzen zu beweisen und ihm Zeit zur Behandlung der Angelegenheit zu ersparen?

Können Sie zur Problemlösung einen Mitarbeiter des Chefs und Kollegen von Ihnen befragen?

Was den Zeitpunkt der Begegnung mit Ihrem Vorgesetzten betrifft: Haben Sie vor dem Versuch der Terminvereinbarung die Sekretärin, den Assistenten oder eine andere Person gesprochen, die besonders genau weiß, wann man den Chef am ehesten ansprechen kann?

Haben Sie Ihre Frage so aufbereitet, daß sie den Vorgesetzten trotz seiner anderen − durch den Zeitdruck eingeengten − Interessenlage bewegt, Ihnen konzentriert und lange genug zuzuhören, oder haben Sie sich in Ihrer Argumentationsvorbereitung zu sehr auf die eigene Sichtweite beschränkt, seinen möglichen Nutzen zu wenig gesehen?

Sind Sie bereit, in Ihrem Gesprächsanteil sich ganz auf das Wesentliche zu beschränken und auf jedes entbehrliche Detail zu verzichten, ohne aber diese Punkte in Ihrer Vorbereitung zu vernachlässigen? Es darf nämlich nicht geschehen, daß Sie mit dem Chef noch einmal über das Problem sprechen müssen, weil Sie von ihm verständlicherweise nachgefragte Daten nicht wußten.

Sie sollten alle Punkte, die sie besprechen wollten, übersichtlich gegliedert aufschreiben und sich auf keinen Fall auf Ihr Gedächtnis verlassen; denn bei dem starken Zeitdruck im Gespräch besteht sonst die Gefahr, daß Sie sogar wichtige Themenkreise vergessen.

Ihre Aufmerksamkeit muß sehr hoch sein. Deshalb sollten Sie einen Gesprächszeitraum aussuchen − haben Sie die Möglichkeit −, zu dem Sie besonders leistungsstark sind. Der Chef wird nämlich in seiner Streßsituation vieles nur schlagwortartig erklären und anordnen, was Sie dennoch durch rasches Kombinieren richtig verstehen müssen.

Sie haben das Recht und die Pflicht, Ihren Standpunkt zu sagen, auch wenn er klar von dem des Vorgesetzten abweicht, ihm sogar widerspricht. Dennoch müssen Sie auch in dieser Hinsicht den Streß des Chefs berücksichtigen. Es wird ihn in Rage bringen, wenn es zu einem Stellungskrieg kommt, nämlich sich die beiderseitigen Fronten festfahren, und die Argumente mit nur geringen Variationen sprachlicher und sachlicher Art wiederkehren.

Aus den Ausführungen ergibt sich, wieweit Sie gezwungen sind, sich dem Vorgesetzten anzupassen, um erfolgreich zu sein. Von diesen Empfehlungen gibt es eine sehr wesentliche Ausnahme:

Die Notwendigkeit zum Grundsatzgespräch

Alle dargestellten Gespräche fanden in Hektik statt, dieser Dialog beansprucht Zeit, und es muß Zeit für ihn vorhanden sein. Sie dürfen sich deshalb nicht vom Chef vertrösten lassen; denn dieser ahnt – oder weiß es durch Sie –, daß er bedeutend mehr Zeit als sonst benötigen wird und die übliche Verzögerungstaktik diesmal nicht gilt. Auf keinen Fall dürfen Sie wegen fehlenden Muts und zu geringer Durchsetzungsfähigkeit den richtigen Zeitpunkt verstreichen lassen.

● **Tip:**
Überlegen Sie genau, ob Sie wirklich den Chef sprechen müssen. Wenn ja, dann gehen Sie nie zu ihm, ohne alternative Lösungen geplant zu haben. Länger wird er Ihnen nur zuhören, wenn er darin einen konkreten Nutzen für sich sieht. Schreiben Sie Wichtiges übersichtlich auf, sonst vergessen Sie es im Streß.

5. Regeln für geschicktes Umgehen mit dem Chef

Die gründliche Vorbereitung 86
Die Wahl des richtigen Gesprächszeitpunktes 88
Geeignete Orte für das Gespräch 90
Hineindenken in die Sichtweise des Chefs 93
Der Nutzen für den Chef 96
Mitgefühl mit dem Chef 98
Streit kann tödlich sein 101

Die gründliche Vorbereitung

Zahlreiche Mitarbeiter, hoffentlich nicht auch Sie, haben die Unart, mit jeder Frage, die sie nicht ohne Mühe beantworten können, sofort zum Vorgesetzten zu gehen. Sie redelegieren oft sehr geschickt, indem sie sein fachliches Können zum Beispiel hervorheben und veranlassen so den Chef, das zu tun, was er von seiner jetzigen Stellung und Bezahlung her nicht mehr tun dürfte. Dabei handelt es sich teilweise um Mitarbeiter, die diese Aufgaben delegiert haben wollten, jetzt aber vor der damit verbundenen Verantwortung zurückschrecken oder erkennen, welche hohen Anforderungen sie erfüllen müssen.

Wenn Sie zum Vorgesetzten gehen, dann kann er mit Recht von Ihnen erwarten, daß Sie das Gespräch gründlich vorbereitet haben. Was ist im einzelnen darunter zu verstehen?

1. Ist das Gespräch überhaupt erforderlich, oder müßten Sie auch dieses Problem eigenständig lösen? Zählt die Aufgabenstellung zu den Ihnen delegierten Funktionen oder handelt es sich um eine Ausnahmesituation?
2. Haben Sie *alles* versucht, um ohne Eingreifen des Chefs das Problem zu lösen, auch im Hinblick auf Informationsbeschaffung? Sind Sie zum Beispiel zu Kollegen gegangen, von denen Sie wissen, annehmen können oder vermuten, daß sie die nötigen Informationen bereits besitzen oder besorgen können?
3. Haben Sie sich in die Situation Ihres Vorgesetzten hineingedacht? Haben Sie – wie der gute Schachspieler bei einer abgebrochenen Partie vor dem Wiederanfang – *sämtliche* mögliche nächste Züge Ihres Gegenübers bedacht oder sich zu sehr auf eine einzige Lösung versteift? Dann werden Sie von der Frage des Chefs überrascht sein und nicht, zumindest nicht wie von ihm erwartet, reagieren können.
4. Haben Sie die notwendigen Daten nur gesammelt oder auch übersichtlich angeordnet und aufgearbeitet? Es ist notwendig, besonders bei Vorgesetzten mit starker Belastung, daß Sie Ihre Vorlagen in zweifacher Hinsicht gliedern:

a) Was muß der Chef auf jeden Fall wissen?

b) Was könnte er noch wissen wollen?

Die Unterlage a) enthält nur das Wesentliche und dies in möglichst übersichtlicher Form, dagegen liefert Unterlage b) das Material für eine bis ins Detail gehende Begründung als Ergänzung zu a).

5. Wenn Sie nicht zu einer endgültigen Entscheidung gelangt sind, haben Sie dennoch Ihre Ausarbeitung unterschriftsreif vorbereitet oder nur Material gesammelt? Sind mehrere Lösungen möglich und sinnvoll: Haben Sie auch die eine oder mehrere Alternativen genügend durchdacht und ebenfalls entscheidungsreif vorbereitet? Wenn nein, können Sie überzeugend begründen, weshalb Sie in Ihrer Vorbereitung nicht so weit gegangen sind?

6. Haben Sie keine anstehende Frage vergessen? Es verärgert Chefs, die ihre Arbeit gut organisiert haben und zusammenhängend (= ungestört) vorgehen wollen, wenn der Mitarbeiter nicht nur einmal zum Gespräch kommt, sondern seine Fragen in Raten vorträgt, sogar mit dem gleichen Problem wiederkommt, weil er sich beim ersten Mal nicht gründlich genügend vorbereitet hatte. Sorgen Sie nicht durch Ihre eigene mangelhafte Planung dafür, daß das Büro eines zu freundlichen, zu wenig selbst organisierten Vorgesetzten zum Haus der offenen Tür wird und er nicht das meistert, was er von seiner Funktion her bewältigen müßte.

7. Wenn Sie einen Standpunkt vortragen wollen, bei dem Sie mit Widerstand von seiten Ihres Chefs rechnen müssen, oder wenn Sie über eine Angelegenheit mit ihm verhandeln wollen, haben Sie sich dann strategisch und taktisch entsprechend vorbereitet?

- Was sind Ihre Maximal- (= erstrebenswerten) Ziele? Was Ihre Minimalziele, die Sie auf keinen Fall unterschreiten dürfen?
- Haben Sie sich die für Sie wünschenswerte Gesprächsgliederung überlegt? Auch wie Sie zu Beginn eine gute Gesprächsatmosphäre schaffen können?
- Haben Sie alle für Sie sprechenden Argumente gesammelt und durchdacht? Haben Sie sie gewichtet in ihrer Überzeugungskraft *diesem* Partner gegenüber?
- Wie gründlich haben Sie die möglichen Vor- und Einwände Ihres Chefs geprüft? Welches Verhalten Ihrerseits wollen Sie zeigen?

Reagieren oder Agieren? Einwände vorwegnehmen oder ruhig abwarten, bis der Vorgesetzte sie bringt?
- An welchen möglichen Stellen des Gesprächs wird es zu negativen Emotionen kommen können: Bei Ihnen? Beim Chef? Bei beiden?
- Gibt es eine Möglichkeit, dieser Situation auszuweichen, ohne Ihre Zielstellung zu gefährden? Was wollen Sie tun, um Ihre Emotionen gut genug zu steuern?

● Tip:
Beim Informieren beachten Sie genau, was der Vorgesetzte wissen muß und was er wissen könnte. Letzteres schneiden Sie nur an, wenn er davon unterrichtet werden will. Sammeln Sie systematisch Fragen, statt durch Einzelfragen den Chef wiederholt bei seiner Arbeit zu stören!

Die Wahl des richtigen Gesprächszeitpunktes

Es ist für Ihre tägliche Berufsarbeit und auch für die Wahl des richtigen Zeitpunkts für ein Gespräch mit dem Chef wesentlich, daß Sie wissen, wann im Verlauf eines Tages Ihre Leistungskurve besonders stark nach oben ausschlägt. Die üblichen Leistungsspitzen müssen nicht unbedingt mit Ihren eigenen identisch sein. Die Leistungshöhen liegen allgemein am Vormittag zwischen 10 und 11 und am Nachmittag, mit deutlich geringerer Leistungsstärke, zwischen 15 und 16 Uhr. Wenn Sie bisher noch nicht durch genaues Aufschreiben der Dauer für die einzelnen Arbeiten an Ihrem Arbeitsplatz über längere Zeit hinweg – mindestens einen Monat ununterbrochen – sehr genau Ihre leistungsstärksten und -schwächsten Zeiten erfaßt haben, dann sollten Sie diese Aufgabe möglichst bald aus eigenem Antrieb nachholen. Nicht nur für ein sehr wichtiges, weil grundsätzliches Gespräch mit dem Chef, ist es notwendig, Ihre üblichen starken und schwachen Zeiten zu wissen, sondern generell für eine ökonomische Arbeitseinteilung.

Was hilft es aber, wenn Sie wissen, wann Sie besonders stark sind, und Ihr Vorgesetzter hat zu diesem Zeitpunkt sein Leistungstief? Ein klassisches Beispiel wäre, daß Sie Frühstarter sind und Ihr Chef Morgenmuffel.

Für einen günstigen Gesprächszeitpunkt ist in diesem Fall die Leistungskurve des Vorgesetzten maßgeblich. Leistungsschwache Zeiten wirken sich negativ auf den Gesprächsverlauf aus; denn der Chef
— hat bedeutend mehr Schwierigkeiten, sich zu konzentrieren, vor allem über längere Zeit. Der relativ hohe Verlust an Information, der sonst schon vorliegt, nimmt noch beträchtlich zu,
— wird durch das Gespräch stärker angestrengt und reagiert deshalb schneller und massiver unwirsch,
— ist leichter geneigt, die von Ihnen erbetene Entscheidung herauszuschieben,
— steht Ihrer Arbeit, zum Beispiel schriftlicher Art, kritischer gegenüber.

Außer dem falschen Zeitpunkt nach der Leistungskurve kann es noch andere Gründe geben, die gegen ein wichtiges Gespräch mit dem Chef zu einem bestimmten Zeitpunkt sprechen und die Sie deshalb miterwägen müssen, wenn Sie den Termin für die Begegnung entscheidend mitbeeinflussen können:
1. Der Vorgesetzte muß eine für ihn wichtige und oft auch schwierige Arbeit unter Zeitdruck fertigstellen.
2. Er benötigt eine ungestörte Zeit, um eine komplizierte Aufgabe zu erfüllen.
3. Der Chef fühlt sich gesundheitlich nicht wohl, denn
— er ist wetterfühlig und es herrscht Föhn, eine starke Tiefdruck- oder Hochdrucklage, ein massiver Wetterumschwung,
— er leidet an einer Krankheit, die phasenhaft stärker und schwächer auftritt,
— er ist schwer krank und muß deshalb fast ständig starke Schmerzen ertragen.
4. Er hat vor kurzem einen schweren Mißerfolg erlitten oder
5. ein Gespräch mit seinem Vorgesetzten gehabt oder auch ein anderes unangenehmes Gespräch mit einem Mitarbeiter, so daß er zum

Zeitpunkt der Begegnung mit Ihnen seine innere Unruhe noch nicht überwunden hat.

Wie können Sie wissen, wie es um Ihren Chef steht?

- Durch seine Sekretärin, die darüber genau Bescheid weiß, die Sie rechtzeitig gefragt haben und die Sie, in Erfüllung ihrer Pflicht, auf den richtigen Gesprächszeitpunkt hingewiesen hat, oder wenn der Termin vom Chef selbst festgelegt wurde, Ihnen auf Befragen mitgeteilt hat, für wie günstig sie den Zeitpunkt hält.
- Durch häufige Kontakte mit dem Vorgesetzten und genaues Beobachten seiner Sprache und Körpersprache und seiner Leistungen.
- Durch Offenheit des Chefs selbst, der Ihnen mehr scherzhaft oder auch ernst gesagt hat, wie es ihm geht.
- Durch den Erfahrungsaustausch mit seinem Assistenten oder/und mit anderen Kollegen, die häufiger mit dem Vorgesetzten als Sie selbst zu tun haben.

● **Tip:**

Sie müssen nicht nur wissen, wann am Tage Ihr eigenes Leistungshoch oder -tief vorliegt, sondern auch wann der Chef in Hochform ist. Das erfahren Sie am ehesten, wenn Sie ein gutes Verhältnis zu seinen engsten Mitarbeitern haben.

Geeignete Orte für das Gespräch

Ein Ort kann sich aus mehreren Gründen als günstig erweisen:

Der Ort stellt sicher, daß der gesamte Gesprächsinhalt und -verlauf vertraulich bleiben

Dieser Tatbestand ist für viele Gespräche sehr wichtig, z.B. weil sonst Unbefugte mithören, was sie auf keinen Fall wissen dürften, oder weil Sie zum Beispiel bei einem harten Kritikgespräch beträchtlich an Ansehen verlieren würden.

Die Arbeit im Großraumbüro stellt unter diesem Gesichtspunkt eine Katastrophe dar; denn
- andere können – wie bei einem Chef, der in einem „Glaskasten" sitzt – die Körpersprache von Ihnen und dem Chef genau beobachten,
- den Inhalt des gesamten Gesprächs mithören oder Teile davon, was zu falschen Kombinationen führen kann,
- Ihr Verhalten und das des Chefs ist nicht so natürlich wie sonst, berücksichtigen Sie doch bewußt oder unbewußt die besondere Situation.

In einem Großraumbüro gibt es im Hinblick auf Vertraulichkeit keine befriedigende Lösung:

Reden Sie als Gesprächsbeteiligter leiser, dann werden alle Mitarbeiter in nächster Nähe besonders aufmerksam, um von diesem geheimnisvollen Gespräch möglichst viel mitzubekommen. Verläßt der Chef mit Ihnen deshalb seinen Arbeitsplatz, dann wissen sämtliche Kollegen, daß sich etwas Wichtiges, wahrscheinlich Unangenehmes für Sie ereignen wird. Anschließend werden die Neugierigen versuchen, Sie direkt oder auf Umwegen entsprechend auszufragen.

Das Gespräch muß ungestört bleiben

Die Gefahr der häufigen Störungen kann sowohl beim Chefzimmer vorliegen als auch in Ihrem eigenen Raum, auch auf neutralem Gelände, sogar wenn an der Tür deutlich vermerkt ist, nicht zu stören.
Dafür entscheidend kann sein:
- Im gesamten Betrieb oder auch nur bei Ihrem Vorgesetzten herrscht die „Haus der offenen Tür-Atmosphäre". Es gibt sogar Firmen, bei denen es ausdrücklich gewünscht wird, daß man bei offener Tür arbeitet.
Manche Chefs sind stolz darauf, daß jeder sie bei ihrer Arbeit stören darf. Sie halten das für einen Beweis ihrer Leutseligkeit und

argumentieren in unfairer Dialektik, daß sie ihren Mitarbeitern nicht zumuten könnten, um eine Audienz nachzufragen, so als ob dies die Alternative sei!

- Der Chef glaubt, zu jeder Zeit alles mitbekommen zu müssen und deshalb jedes Telefonat während des Gesprächs zu ihm durchkommt. Es geht noch einigermaßen, wenn er durchgekommene Telefonate abblockt, aber es gibt Vorgesetzte, die ihre Gesprächsdauer nicht im geringsten abkürzen und sich nach dem Telefonat deutlich erkennbar damit und nicht mit Ihnen und dem bisherigen Gesprächsinhalt befassen. Treten Störungen häufiger während der Begegnung mit Ihrem Chef auf und sehen Sie keine Chance zur Besserung, dann ergreifen Sie die Initiative und dokumentieren Sie, daß Sie es für besser halten, jetzt zu gehen, um zu einem sofort festgelegten günstigeren Termin das Gespräch fortzusetzen.

Das Gespräch sollte an einer Sitzecke stattfinden

Es gibt immer noch Chefs, die einen Mitarbeiter vor ihren Schreibtisch setzen, hinter dem sie selbst majestätisch thronen. Eine solche Sitzanordnung ist akzeptabel, wenn der Vorgesetzte mit Ihnen ein kurzes Fachgespräch führt, zu dem er die auf seinem Schreibtisch liegenden Vorgänge benötigt. Dann ist diese Situation sogar praktisch.

Ganz anders aber verhält es sich, wenn der Chef mit Ihnen ein längeres Fachgespräch führen will, bei dem er im Dialog mit Ihnen eine Problemstellung lösen will und erst recht, wenn der Anlaß ein schwieriges Gespräch darstellt, zum Beispiel die Besprechung der vom Vorgesetzten erarbeiteten Beurteilung.

Die Atmosphäre ist wesentlich anders − und zwar für alle Beteiligten! − ob das Gespräch am Schreibtisch des Chefs oder an einer Sitzecke stattfindet. Die Wahl des Ortes − Schreibtisch oder Sitzecke − kann der Vorgesetzte planmäßig vornehmen, oder sie kann mehr zufällig erfolgen, zum Beispiel weil sich aus einem Fachgespräch unerwartet ein Gespräch mit schwieriger zwischenmenschlicher Thematik entwickelt. Wählt der Vorgesetzte planmäßig den Schreibtisch als

Gesprächsort, dann dokumentiert er damit seine Chefrolle Ihnen gegenüber. Er stützt sich auf seine institutionelle Autorität und betont so das Oben-Unten, er ist der Vorgesetzte, Sie sind der Untergebene. Entweder fühlen Sie sich dann auch so oder Sie entwickeln wegen der Sitzordnung mehr Widerstand.

Sie können als Mitarbeiter zwar nicht den Ort für das Gespräch bestimmen, aber
– der Chef kann Sie wählen lassen, oder
– Sie ergreifen von sich aus die Initiative und schlagen einen anderen als den ursprünglich vom Vorgesetzten geplanten Ort vor, mit einer der in diesem Kapitel gegebenen Begründungen. Im Hinblick auf den Schreibtisch könnten Sie ausführen, daß man besser an einer Sitzecke sprechen kann, da es sich nicht um ein Fachgespräch handelt und die Atmosphäre an einer Sitzecke für beide Beteiligte angenehmer ist.

● **Tip:**
Der Ort des Gesprächs muß die Vertraulichkeit sicherstellen. Der Dialog darf nicht in einem Zimmer stattfinden, bei dem man ständig im Gespräch gestört wird. Wenn Sie bzweifeln, daß diese beiden Bedingungen am vom Chef vorgeschlagenen Ort erfüllt sein werden, dann sollten Sie den Ort ablehnen und eine realistische Alternative anbieten.

Hineindenken in die Sichtweise des Chefs

Wer einen anderen Menschen überzeugen will, dem wird sein Vorsatz nur gelingen, wenn er sich in dessen Denkweise gut genug hineinversetzt. Man ist leicht geneigt, von sich aus zu denken und anzunehmen, daß der andere diesen Standpunkt teilen wird. Warum sollte er dies aber? Doch höchstens, wenn die Ziele beider Beteiligten übereinstimmen.
Welche Sichtweise haben üblicherweise Chefs?

Chefs wollen als Vorgesetzte akzeptiert werden

Es ist nicht entscheidend, ob Sie Ihrem Chef das notwendige Fachwissen zusprechen oder nicht, ihn als Person achten oder ablehnen, sondern daß Sie ihm trotz aller gegensätzlichen Denk- und Verhaltensweisen stets signalisieren: *Ich erkenne Dich als Chef an!*

Sie müssen, wenn Sie sich unnötigen Ärger ersparen und vorwärts kommen wollen, auch über den eigenen Schatten springen können. Nicht Sie setzen den Chef ein, sondern die Geschäftsleitung, und die wird nicht Ihretwegen die Vorgesetztenfunktion anders besetzen, sondern dann müssen Sie selbst gehen, in eine andere Abteilung oder ganz!

Chefs streben einen reibungslosen Geschäftsablauf an

Es ist deshalb für Sie sehr problematisch, sich penetrant zu verhalten. Auf ständiges Widersprechen − und sei es noch so begründet − reagieren alle Chefs allergisch, auch die kooperativ gesinnten. Sie müssen sich deshalb sehr genau überlegen, ob es opportun ist, mit dem Vorgesetzten Rededuelle auszutragen. Ganz besonders schlimm wird die Situation, wenn es zum Grabenkrieg kommt, weil bei diesen Auseinandersetzungen viel Zeit verlorengeht, die jeder dringend benötigt.

Für Gespräche wegen gegensätzlicher Standpunkte müssen Sie auch den richtigen Zeitpunkt wählen. Sie dürfen nicht einfach Ihren Emotionen nachgeben, sondern müssen sich steuern! Den mit Recht vom Vorgesetzten angestrebten reibungslosen Geschäftsablauf dürfen Sie nur unterbrechen, wenn sonst schwerer Schaden eintritt, und das wird sehr selten der Fall sein.

Sie erwarten Loyalität − der Chef ebenfalls

In fast jedem Seminar für Vorgesetzte oder Mitarbeiter wird von Teilnehmern das Problem der Loyalität angesprochen, der Loyalität von oben nach unten ebenso, wie vom Mitarbeiter zum Chef hin. Dennoch wird der Begriff „Loyalität" in der Managementliteratur totgeschwiegen. Unter Loyalität versteht man, daß der Mitarbeiter Entscheidungen seines Vorgesetzten nach außen hin – sei es in der eigenen Firma, sei es gegenüber externen Verhandlungspartnern – voll mitträgt. Er kann seine negative Kritik, auch sehr grundsätzlicher Art, beim Chef vortragen, aber der Vorgesetzte erwartet, daß es *nur* dort geschieht. Sollte der Chef erkennen, daß er sich in dieser Hinsicht nicht auf seinen Mitarbeiter verlassen kann, dann wird er von nun an stets starkes Mißtrauen hegen.

Sie erwarten Kooperation – der Chef ebenfalls

Diese Bereitschaft und Fähigkeit zur Zusammenarbeit bezieht sich sowohl auf das Verhältnis des Mitarbeiters zu ihm als Chef als auch auf die Kooperation mit den Kollegen und sollte ebenso die Kooperation zu anderen Abteilungen betreffen. Erfolgreiches Kooperieren setzt entsprechend faire, d.h. umfassende, rechtzeitige und sachlich richtige Information und Kommunikation voraus.

Loyalität ebenso wie Kommunikation und als Folge Kooperation dienen dem bereits dargestellten Ziel, einen reibungslosen Geschäftsablauf zu erreichen, und über diesen die von der Geschäftsleitung oder dem unmittelbaren nächsthöheren Vorgesetzten vorgegebenen oder mit ihm gemeinsam festgelegten Ziele.

● **Tip:**
Der Chef muß den Eindruck gewinnen, daß Sie ihn akzeptieren. Er will keine Störung im Geschäftsablauf. Wenn Sie ein Gespräch suchen, weil Sie und Ihr Chef grundsätzliche Standpunkte vertreten, überlegen Sie sorgfältig, ob Sie deswegen jetzt den Geschäftsablauf stören müssen, um Schaden abzuwenden.

Der Nutzen für den Chef

Das Hineindenken in die Sichtweise des Vorgesetzten soll es Ihnen ermöglichen, das zu erkennen, was der Chef allgemein oder in einer speziellen Situation als für ihn nützlich erkennt. Wenn der Vorgesetzte durch das Fehlverhalten des sogenannten Durchgriffs Ihre Autorität bei Mitarbeitern gefährdet, dann kann es auch Ihnen leicht geschehen, daß Sie starke negative Emotionen gegen ihn entwickeln und ihm Vorwürfe machen, zumindest aber heftig beklagen, wie sehr er Ihnen geschadet hat. Damit sprechen Sie zwar ein Problem an, das Sie stark bewegt, aber nicht den Nutzen – oder in diesem Fall den Schaden – des Chefs, den es klar gibt; denn:

- Sie sind von ihm in Ihrer Führungsfunktion eingesetzt worden, und nimmt er Ihnen vorübergehend Kompetenzen weg, dann widerruft er zumindest in dieser Hinsicht seine eigene frühere Entscheidung und dokumentiert offen, daß er Sie nicht für fähig genug hält.

Hat der Chef Sie aber übernommen, dann bedeutet der Durchgriff für den Mitarbeiter, dem die Anweisung galt, daß zwischen Vorgesetztem und ihm unterstellten Mitarbeitern, also Ihnen, Konflikte bestehen, auf jeden Fall aber deutliche Gegensätze.

- Der Durchgriff führt durch Abbau Ihrer Autorität dazu, daß der Mitarbeiter vielleicht/wahrscheinlich/sicher in Zukunft auch von sich aus Sie als Chef umgeht und sich sofort an den nächsthöheren Vorgesetzten wendet. Damit wird die ursprünglich erteilte Delegation teilweise hinfällig, und Arbeit, von der der Vorgesetzte ursprünglich entlastet werden sollte, kehrt wieder zu ihm zurück.
- Ihre Motivation nimmt stark ab. Ihr Chef hat klar demonstriert, wie wenig er wirklich von Ihnen hält, und das muß das gegenseitige Verhältnis belasten. Der Vorgesetzte muß also genau überlegen, ob er es sich leisten kann, einen demotivierten Chef unter sich zu haben. Damit gefährdet er nämlich in bestimmter Hinsicht sein Streben, die Zielvorgage oder Zielvereinbarung zu erreichen.

Ein zweites Beispiel, das nicht aus dem Bereich des Durchgriffs stammt, demonstriert ebenso, wie sehr ein Fehlverhalten des Chefs nicht nur Ihnen als dem unmittelbar Betroffenen schadet, sondern auch ihm selbst. Der Vorgesetzte hat eine Sekretärin, von der er zu Recht erwartet, daß eine ihrer wichtigen Aufgaben darin besteht, zu bestimmten Zeiten persönliche oder telefonische Störungen abzuwenden, damit er in Ruhe schnelle und gute Leistungen vollbringen kann. Die Sekretärin beachtet seine Dienstanweisung und verdeutlicht einem Telefonpartner, entweder daß ihr Chef abwesend ist oder *jetzt* nicht gestört werden möchte. Der Vorgesetzte hört mit, wie die Sekretärin am Telefon abblockt. Das dürfte bereits nicht geschehen, aber er hat die Tür zum Sekretariat bewußt oder aus Versehen nicht geschlossen, oder er ist vielleicht zu neugierig oder mißtrauisch.

Entweder greift der Chef jetzt ein, weil
- er spontan handelt, oder
- die Sekretärin diesen Telefonpartner nicht von ihm fernhalten durfte, oder
- ihn einfach das angeschnittene Problem bewegte oder
- er etwas von dieser Person benötigte, was die Sekretärin nicht wußte, jedenfalls ist er zu sprechen.

Die meisten Sekretärinnen – soweit sie den Mut dazu haben – beklagen sich beim Vorgesetzten früher oder später darüber, daß sie wegen seines Eingriffs an Glaubwürdigkeit verloren hätten. Das ist ihr Schaden, aber ist er zugleich auch derjenige des Chefs? Ja; denn
- indem er seine Mitarbeiterin bloßstellt, widerruft er offenkundig seine eigene Anweisung, weil die Sekretärin fast nie von sich aus einen Menschen abblocken würde,
- in Zukunft hat die Sekretärin stark an Glaubwürdigkeit verloren.

● **Tip:**
Greift der Vorgesetzte zum unzulässigen Mittel im Bereich der Mitarbeiterführung, zum Durchgriff, dann schadet er sich selbst: Es kommt mehr Arbeit auf seinen Schreibtisch. Ihr Ansehen sinkt und damit automatisch das Ihres Chefs; denn nur ein guter Vorgesetzter hat auch leistungsstarke Mitarbeiter.

Mitgefühl mit dem Chef

Es genügt nicht zu versuchen, den Vorgesetzten dadurch für sich zu gewinnen, daß Sie seine Ziele zu den eigenen erklären und ihm gegenüber entsprechend argumentieren. Ihr Verhalten könnte dabei rein sachlich und so zwischenmenschlich sehr kühl sein. Der Chef erwartet dagegen das gleiche, was auch Sie für sich erhoffen, ein zumindest zwischenmenschlich erträgliches Verhältnis, ja vom Wunsch her viel mehr: Eine so positive Einstellung, daß es Freude bereitet, miteinander arbeiten zu können. Die Voraussetzung dafür ist echtes Mitgefühl.

Die Problematik der Beziehung Vorgesetzter – Mitarbeiter kann darin liegen, daß der Chef von Ihnen zwar Mitgefühl erwartet, aber selbst nichts dafür tut, sondern im Gegenteil durch sein unglückliches Verhalten positive zwischenmenschliche Bereitschaft von Ihrer Seite gefährdet. Er sieht egozentrisch nur sich, manchmal kleine Probleme viel zu groß, jedoch nur so lange, wie sie ihn betreffen.
Wie können Sie das notwendige Mitgefühl mit dem Vorgesetzten entwickeln? Wir nehmen dazu einmal an, Ihr bisheriger Chef werde durch einen neuen ersetzt.

Keine erste Begegnung mit Vorurteilen

Es wird kaum geschehen, daß Sie mit dem neuen Vorgesetzten Kontakt aufnehmen, ohne Vorinformationen über ihn zu besitzen. Es ist unabwendbar, daß diese Informationen Sie beeinflussen. Wie weit und wie tief dies aber geschieht, ob Sie dem neuen Chef eine echte Chance geben, das ist von Ihrem ernsthaften Bemühen abhängig, alles was er tut, selbst genau zu beobachten und die Ihnen bekannten Vorbewertungen konsequent zu hinterfragen.

Herausfinden, welche Emotionen den Chef bewegen

Reines Beobachten ist nichts anderes als Fakten sammeln. Es bleibt beim Vordergründigen, wenn Sie nicht aus den Beobachtungen möglichst abgesicherte Schlüsse ziehen und darüber hinaus die grundlegenden Emotionen erkennen. Aus Signalen der Sprache (Sprechweise, sprachlichem Ausdruck und der Körpersprache) finden Sie heraus, daß Ihr Chef sicher auftritt. Weshalb aber gelingt ihm dies? Das ist die entscheidende Frage, weil nur die richtige Antwort darauf ermöglicht, festzustellen, wie die Persönlichkeit des Chefs strukturiert ist. Der Vorgesetzte tritt sicher auf, weil er

- sich seines überragenden Fachkönnens bewußt ist,
- wenig darauf gibt, wie andere ihn beurteilen, allgemein oder bestimmte Personen,
- sich seiner positiven Wirkung auf andere Menschen voll bewußt ist,
- andere zwar sehr ernstnimmt, aber in sich ruht, ein ausgesprochen stabiles Selbstbewußtsein besitzt,
- es geschickt versteht, bestehende Unsicherheiten zu überspielen.

Wie er zu fühlen versuchen

Sie können nicht er werden, sollen keine Gefühle vortäuschen, eigene Empfindungen nicht unterdrücken, sondern schlicht versuchen, sich in die Situation des Chefs hineinzufinden. Es heißt bewußt nicht, sich hineinzudenken. Das wäre eine bedeutend leichtere Aufgabe, weil sie auf nur rationaler Ebene stattfinden würde. Sie können zu den Menschen zählen, die intuitiv richtig handeln, aber auch zu jener Gruppe, die zunächst vernunftgemäß etwas erkennt, z.B. ein bestimmtes schwerwiegendes Problem des Chefs, und sich dann in ihren Emotionen so steuert, daß sie das notwendige Verständnis für ihn aufbringt.

Wenn Sie innerhalb des Verhaltenstrainings in einem Seminar bei einer Gesprächsübung die Gegenrolle zu Ihrer normalen betrieblichen übernehmen, dann bezweckt der Trainer damit, daß Sie sich auf den Gegenstuhl setzen. Je stärker Ihnen dies gelingt, vernunftgemäß, aber auch von Ihren Empfindungen her, desto besser kommen Sie im täglichen Leben mit Ihrem Gegenüber zurecht. Was ich Ihnen hier rate, das geht in die gleiche Richtung, ist aber schwerer zu vollziehen, weil Sie im Rollenspiel handeln, und je länger das Gespräch verläuft, desto leichter fällt es Ihnen, so zu empfinden wie der wirkliche Rolleninhaber. Das ist der eine Punkt der Schwierigkeit, der zweite besteht darin, die Gefühle eines *bestimmten* Menschen nachzuempfinden, nicht des Vorgesetzten schlechthin. Dazu genügt nicht der gute Wille, sondern Sie müssen Ihren Chef genau und umfassend beobachten, ohne sein Verhalten sofort zu bewerten.

Sich mit dem Chef identifizieren

Dabei handelt es sich um nichts anderes als den leider in der Managementliteratur inzwischen untergegangenen Begriff der Loyalität. Nach außen hin, auch innerhalb der eigenen Firma, müssen Sie sich mit seinen Entscheidungen identifizieren, wobei jedoch drei Grenzwerte zu beachten sind:
a) Unrechtmäßige Handlungen dürfen Sie nicht mittragen,
b) schwerwiegende, jedem ersichtliche Verhaltensfehler sollten Sie den Betroffenen selbst oder anderen Beobachtern gegenüber nicht verteidigen, sondern nur um Verständnis werben,
c) Sie dürfen nicht – was besonders Frauen oft tun – jede negative Kritik als persönlichen Angriff auf sich mißverstehen und wie eine unkluge Mutter bei Beschwerden über ihre Kinder überempfindlich reagieren.

Wenn Sie sich in den Fällen b und c zu rückhaltlos mit dem Chef identifizieren, dann verlieren Sie bei anderen Menschen Ihre Glaubwürdigkeit. Das schadet Ihnen persönlich beträchtlich und nutzt auch Ihrem Vorgesetzten nichts; denn an die Stelle der offenen und damit der Ihnen und über Sie dem Chef bekannten Kritik tritt die verborgene, die sich dann auch gegen Sie richtet.

Loyalität gegenüber Ihrem Vorgesetzten darf nicht bedeuten, daß Sie auf negative Kritik verzichten, aber sie muß „in den vier Wänden" bleiben. Dort können Sie entsprechend dem jeweiligen individuellen Verhältnis zu Ihrem Chef unter Umständen sehr hart und konsequent Ihre Kritik vorbringen, ohne damit die zwischenmenschlichen Beziehungen nachhaltig zu verschlechtern. Wie Sie bei dieser Kritik die notwendige Form wahren, damit werden wir uns noch in Kapitel 9 eindringlich beschäftigen.

● **Tip:**
Entwickeln Sie wirkliches Mitgefühl für Ihren Chef! Verhindert das sein Verhalten, dann versuchen Sie, die Problematik zwischen Ihnen vorsichtig anzusprechen. Sie müssen Ihrem Vorgesetzten gegenüber loyal sein und er Ihnen gegenüber, soweit dies vertretbar ist.

Streit kann tödlich sein

Bei allen zwischenmenschlichen Beziehungen, auch intensivster Art, mit leicht möglicher Steuerung der eigenen negativen Emotionen, wird es hin und wieder Meinungsunterschiede geben, die auch ins Grundsätzliche hineingehen können. Die Form, in der die Auseinandersetzungen dann ausgetragen werden, ist jedoch sehr humaner Art. Man wird sich nichts tun und außerdem offen über alles sprechen.

Vergleichen wir diese optimalen Bedingungen mit dem üblichen Verhältnis Chef – Mitarbeiter, so müssen wir einige typische Unterschiede bedenken:

Beide stehen nicht auf der gleichen hierarchischen Ebene

Der Vorgesetzte verfügt trotz der Kontrolle durch den eigenen Chef und der nach dem Betriebsverfassungsgesetz starken Rechte des Betriebsrates über Machtmittel, die er einsetzen kann, hat er sich wegen eines Streits über seinen Mitarbeiter sehr geärgert. Wie stark und wie lange er den Mitarbeiter seinen Ärger spüren lassen kann, das ist, abgesehen von seiner eigenen Persönlichkeitsstruktur, abhängig von der Geschicklichkeit, mit der er vorgeht, und dem Widerstand des Mitarbeiters sowie dessen Bereitschaft, die genannten Dritten für sich einzusetzen. Der Vorgesetzte verfolgt oft die Politik der kleinen Nadelstiche, die ihm schwer nachzuweisen ist, zum Beispiel überträgt er dem Mitarbeiter eine zulässige Aufgabe, von der er aber weiß, daß dieser sie höchst ungern verrichtet. Andere Methoden treffen den Mitarbeiter nicht so direkt, zum Beispiel daß der Vorgesetzte im Zweiergespräch mit dem eigenen Chef positive Leistungen des Mitarbeiters „vergißt", negative aber besonders betont, obwohl Kollegen den gleichen Fehler begangen haben.

Fehlende Offenheit

Die heftige Auseinandersetzung – sonst liegt kein Streitfall vor – wird an einer bestimmten Stelle abgebrochen und der Chef erklärt, nachdem Sie sich bei ihm oder beide sich gegenseitig entschuldigt haben, die Fehde für beendet, entsprechend der Devise: „Schwamm drüber!" In Wirklichkeit aber hat er Ihnen entweder nicht vergeben oder er wollte dies zwar ernsthaft, kann aber nicht vergessen. Unter guten Freunden würde man die Frage offen ansprechen, da beide die gewittrige Atmosphäre zwischen sich möglichst schnell beseitigt haben wollen. In anderen zwischenmenschlichen Beziehungen aber, zum Beispiel zwischen Chef und Mitarbeiter, versucht man die Problematik durch konventionelle Formeln zu verdecken. Deswegen können Sie zum Beispiel als Mitarbeiter das schlechte Verhältnis zueinander ansprechen, Ihr Vorgesetzter aber kann dies leugnen mit der nicht widerlegbaren Behauptung, es sei zwischen Ihnen alles in Ordnung. Dem Anschein nach ist dies sogar richtig.

Das Sammeln von Minuspunkten durch den Chef

Der Vorgesetzte setzt Sie auf seine „schwarze Liste", die jeder Chef auf Papier oder im Kopf besitzt. Er verhält sich Ihnen gegenüber ungerecht – was sowohl planmäßig als auch unbewußt geschehen kann, indem er sich nur noch, zumindest aber in übertriebener Weise, alles merkt, was Sie an leistungsmäßigen Schwächen und Verhaltensfehlern zeigen. Dabei kann es sich um wirkliche Schwachpunkte handeln, aber auch um nur hochstilisierte. Wenn Sie die Gefahr nicht

rechtzeitig erkennen oder leichtfertig unterschätzen, dann können für Sie überraschend massive negative Folgen eintreten wie
- das Übergangenwerden bei einer Gehaltssteigerung,
- eine unangenehme Versetzung,
- eine Abmahnung.

Alles, was ich in den drei Punkten aufgezählt habe, das muß nicht eintreten, aber es kann geschehen. Sie müssen also sehr genau wissen, mit welchen offenen oder verdeckten Reaktionen Ihres Chefs Sie nach einem Streit mit ihm rechnen müssen. Dabei sehe ich einen Streit hier von der Definition her als viel tiefer an als eine bloße Meinungsverschiedenheit. Ein Streit stellt einen „Grabenkrieg" dar. Er ist außerdem in negativer Hinsicht emotional beladen. Deshalb müßten Sie als kluger Mitarbeiter zwei Regeln beachten:

Rechtzeitig von sich aus die Diskussion abbrechen

Damit ist gemeint, daß Sie − ohne Ihren Standpunkt deswegen aufzugeben − die Argumentation für Ihre Sache beenden, wenn Sie erkennen, wie unverändert die Diskussionsbeiträge während der letzten Phase des Gesprächs geblieben sind. Beide haben ihre Munition verschossen, folglich gibt es keine neuen Argumente mehr, das Gespräch dreht sich im Kreis. In dieser Situation handeln Menschen immer wieder falsch, indem sie glauben, durch das zähe Wiederholen des eigenen Standpunktes doch noch zu überzeugen = zu siegen. In Wirklichkeit ist diese Chance längst vertan, es ist zum Stellungskrieg gekommen, bei dem beide „Gegner", sogar wider besseren Wissens, nicht nachgeben.

Die eigenen negativen Emotionen zu steuern verstehen

Sie müssen sehr genau wissen, wie gut Sie sich „im Griff" haben. Damit ist gemeint, daß Sie nicht unbeherrscht handeln dürfen, was viel früher beginnt als bei offenen negativen Gefühlsausbrüchen. Beispiele (bewußt oder unbewußt):

- Reizwörter verwenden
- Die Gegenmeinung überspitzen, bis sie falsch ist
- Ein Problem einseitig sehen
- Den anderen häufig unterbrechen, mit ihm gleichzeitig reden
- Viel zu laut sprechen
- Persönlich verletzende Worte verwenden
- Die Fach- oder Entscheidungskompetenz absprechen
- Auf längst Vergangenes zurückgreifen
- Öfters Killerphrasen verwenden

Das Gefährliche in diesem Stadium des Streites liegt darin, daß Sie den Ernst der Lage nicht erkennen, so stark sind Sie in der Auseinandersetzung engagiert.

● **Tip:**
Viel kleine Nadelstiche zeigen Ihnen, was der Chef Ihnen gerne täte, würde das Gesetz es zulassen. Sprechen Sie den Vorgesetzten direkt an, wenn die Atmosphäre zwischen Ihnen schlecht ist. Schlimmstenfalls kann er das Gespräch ablehnen. Dann wissen Sie, woran Sie mit ihm sind. Lassen Sie sich auf keinen Fall auf einen Stellungskrieg ein, plädieren Sie lieber für den Gesprächsabbruch.

6. Autoritäres Vorgesetztenverhalten

Was heißt „autoritär"? 106
Das Phänomen der Autorität 108

Was heißt „autoritär"?

Man ist gewohnt, diese für den Mitarbeiter unangenehme Form des Führens als klar definiert vorauszusetzen. Dennoch will ich den Begriff hier klären, weil es auch bei diesem Führungsmodell mehrere Möglichkeiten gibt mit unterschiedlichen Erscheinungsformen, ungleichen Ursachen und deshalb auch notwendigerweise differenzierten richtigen Reaktionen von Ihnen als Mitarbeiter.

Autoritär ist ein Vorgesetzter, wenn er ständig Anordnungen trifft, die der Mitarbeiter auf jeden Fall zu befolgen hat. Spielarten:

Der patriarchalische Vorgesetzte

Dieser Chef ist davon überzeugt, daß er allein weiß, was für seine Mitarbeiter gut ist. Er denkt und handelt deshalb für sie wie ein Vater für seine noch unmündigen Kinder. Positiv an seinem Verhalten ist, daß er seinen Mitarbeitern kein Leid zufügen, sondern ihnen helfen will. Beim patriarchalischen Vorgesetzten handelt es sich um einen älteren Menschen, der von der Richtigkeit seines Denkens, Fühlens und Handelns überzeugt ist und aus diesem Bewußtsein der eigenen Sicherheit heraus führt.

Der diktatorische Vorgesetzte

Dieser Mensch genießt das Gefühl der Macht, die er besitzt. Er setzt sie als Drohung gegenüber seinen Untergebenen ein, schreckt aber auch nicht davor zurück, seine Macht rücksichtslos einzusetzen, wenn er davon überzeugt ist, daß dies seinen Zielen nützt. Dabei bewegt ihn nicht, wie sich seine Ziele auf die Untergebenen auswirken, da sein Denken stark um sich selbst kreist (Egozentriker). Es kann sein, daß der Vorgesetzte in seinem Privatleben ebenso handelt, häufig aber benutzt er den Betrieb, um dort jene Stärke zu demonstrieren, die er zu Hause nicht besitzt.

Der unsichere Vorgesetzte

Die meisten Chefs zählen weder zur ersten noch zur zweiten Gruppe, sondern handeln aus Unsicherheit heraus. Sie versuchen, die von ihnen selbst erkannten Führungsschwächen dadurch zu überspielen, daß sie gegenüber ihren Untergebenen besonders forsch auftreten. Diese Art des Führens zeigen vor allem Vorgesetzte, die
– zu jung und unerfahren sind,
– zunächst Kollegen waren und jetzt in der gleichen Gruppe Chef geworden sind,
– zwar ein hervorragendes Fachkönnen besitzen, aber zum Führen nicht geeignet sind, auch eigentlich keine Vorgesetztenfunktion übernehmen wollten, aber entweder von oberer Stelle aus mit mehr oder weniger Druck zum Führungskraft-Dasein gezwungen wurden oder aufsteigen wollen und dazu keinen anderen Weg als den einer Vorgesetztenposition sehen.

Weder wollen sie den Untergebenen helfen wie der patriarchalische Vorgesetzte, noch ihnen die eigene Macht beweisen wie der Diktator, sondern bei ihnen geht es um das nackte Überleben, sie handeln aus Notwehr. Hin und wieder gibt es den Fall, daß ein laissez-faire-führender Vorgesetzter (= Gleichgültigkeitsstil) früher oder später autoritär vorgeht. Es handelt sich dabei um Menschen, die im Privatleben und im Beruf immer wieder autoritär geführt worden sind und diesen Stil menschlichen Verhaltens entschieden ablehnen. Sie wollen *auf keinen Fall* als Chef autoritär vorgehen. Aus Angst, diesen Fehler zu begehen, verhalten sie sich gegenüber ihren Mitarbeitern zu kollegial mit der Folge, daß diese ihren Chef als Vorgesetzten nicht ernstnehmen. Sie nutzen die Schwächen, die der Chef zeigt, teilweise sehr rücksichtslos für ihre Belange aus. Das kann der Vorgesetzte auf Dauer nicht zulassen, deshalb greift er in seiner Verzweiflung zu autoritären Maßnahmen. Auch damit aber scheitert er, weil die Mitarbeiter nur zu gut wissen, wie schwach seine menschliche Position ist und wie wenig er in der Lage sein wird, sich durchzusetzen. Führen lernt man nicht über Bücher, sondern durch Nachahmungsverhalten. Wer autoritäres Vorgesetztenverhalten kennengelernt hat, wird später als Chef deshalb zumindest zunächst große Schwierigkeiten haben, anders, zum Beispiel kooperativ, vorzugehen. Ihm fehlt das notwendige Modellverhalten dafür.

Führungsstile sind Modelle und kommen deshalb in der hier zur Veranschaulichung vorgestellten reinen Form in der Praxis nicht vor. So wird auch der Patriarch die Macht genießen, die er besitzt. Der Diktatorische zeigt auch menschliche Anwandlungen, und der Vorgesetzte, der allgemein aus Unsicherheit handelt, tritt in seinem Fachbereich souverän auf. Generell als kooperativ anerkannte Chefs zeigen auch autoritäre Verhaltensweisen, häufiger als sie selbst annehmen und wahrhaben wollen.

Das Phänomen der Autorität

Besitzt Ihr Chef Autorität bei Ihnen? Erkennen Sie seine Überlegenheit an, wenn ja, welcher Art ist diese Überlegenheit? Man unterscheidet die institutionelle und die persönliche Autorität, wobei die institutionelle Autorität im engeren Sinne keine Autorität (= Überlegenheit) darstellt. Institutionelle Autorität bedeutet, daß Sie sich Ihrem Chef „unterwerfen", weil er Ihnen schaden kann. Er besitzt nämlich durch seine Stellung bedingt die notwendigen Machtmittel dazu. Handelt es sich bei Ihrem Chef um einen Disziplinarvorgesetzten, dann könnte er Strafen (= Sanktionen) gegen Sie verhängen wie Ermahnungen oder Abmahnungen. Das geschieht heute immer seltener, weil die Personalabteilungen verhindern wollen, daß Disziplinarvorgesetzte juristisch nicht haltbare Entscheidungen treffen, weil sie zu emotional (= unüberlegt) handeln, aus Unkenntnis ihre Abmahnungen nicht genau genug abfassen oder gar nicht bestrafen dürfen, weil der Tatbestand zu wenig schwerwiegend ist. Der Vorgesetzte darf aber Disziplinarmaßnahmen einleiten und kann Ihnen so ebenfalls schaden, freilich nur nach Billigung der zuständigen Stelle.

Bei der institutionellen Autorität besitzt nicht der Chef als Person oder Persönlichkeit bei Ihnen Ansehen, sondern jeder würde diese Autorität besitzen, hätte er die gleiche Position inne. Autorität im

engeren Sinne stellt nur die persönliche Autorität dar, bei der wir zwei Formen unterscheiden müssen:
1. Überlegenheit wegen des Fachkönnens
2. Überlegenheit wegen der Persönlichkeit
Ansehen wegen seines Fachkönnens kann jeder Kollege besitzen. Die Führungskraft benötigt zwar diese Autorität, weil sie sonst nicht die erforderliche Fachkompetenz hätte, um kraft ihrer Entscheidungskompetenz richtig vorzugehen, aber zu wenig Fachliches bereitet nur sehr selten einem Chef Probleme. Viel häufiger und schwerwiegender sind Schwierigkeiten bei der Ausübung der Führungsfunktion.

Bleibt als echte Autorität die der Persönlichkeit, und darauf müßten sich Ihre Überlegungen konzentrieren.

Wie erwirbt ein Vorgesetzter diese Autorität? Zunächst einmal zeichnet ihn diese Überlegenheit als Mensch aus, völlig unabhängig davon, ob er eine Führungsfunktion innehat oder nicht. Sie müssen ihn nur als neuen Chef erst gut genug kennen, um das zu wissen, weil eine Persönlichkeit sowohl extrovertiert als auch introvertiert sein kann, sowohl kontaktfreudig als auch stärker nach innen gewandt. Es ist schwer zu beschreiben, wann und wodurch ein Mensch persönliche Autorität erwerben kann, Sie und ich sind verschiedene Persönlichkeiten, Ihnen imponieren deshalb andere Eigenschaften als mir. Dabei kann es sich sogar um gegensätzliche (= kontroverse) handeln; dennoch gibt es einige Qualitäten, die alle Menschen akzeptieren und die deshalb unabdingbare Voraussetzung dafür sind, daß eine Führungskraft persönliche Autorität auch bei Ihnen und mir besitzt:

Sie sind nicht sein Untergebener, sondern sein Mitarbeiter

Nicht ein Wort ist durch ein anderes, moderneres ersetzt worden, sondern „Untergebener" erinnert von der Wortgestalt her zu Recht an eine Zeit, in der es keine Staatsbürger, sondern nur Untertanen seiner Majestät gab. Untergebene existieren nur im Denken autoritärer Vorgesetzter, die von den ihnen Unterstellten bedingungslosen Gehorsam erwarten und gegebenenfalls zu erzwingen suchen.

Sie sind nicht Befehlsempfänger, sondern Partner

Dabei dürfen Sie „Partner" nicht mit „Kollege" verwechseln. Kollegen sind im Betrieb nebengeordnete Mitarbeiter; das ist zwischen Ihnen und Ihrem Chef nicht der Fall, oder er unterläßt Ihnen gegenüber seine Pflicht, Sie zu führen. Als extremstes Beispiel kann ein Vorstandsmitglied einen Auszubildenden als Partner akzeptieren, obwohl dieser viel jünger ist und zahlreiche Hierarchiestufen unter ihm steht. Unter „Partnerschaft" versteht man, daß zwei Menschen sich gegenseitig als gleichwertig akzeptieren, was nicht in jeder Hinsicht der Fall sein muß. So kann das Vorstandsmitglied seinen Auszubildenden als Partner annehmen, weil dieser trotz seiner viel geringeren Lebenserfahrung bereits eine große menschliche Reife besitzt oder ihm wegen seines logischen Denkens imponiert.

Sie sind nicht Opfer seiner Willkür, sondern werden gerecht behandelt

Ein Vorgesetzter wird nur als Persönlichkeit gelten, wenn sein Handeln geprägt ist von hoher Gerechtigkeit. Er muß auch in für ihn kritischen Situationen seine Selbstbeherrschung behalten und abgewogen handeln, darf sich nicht gehen lassen und dadurch ungerecht werden. Entscheidend ist nicht, daß er dieses Ziel immer erreicht, sondern daß er sich ernsthaft darum bemüht.

Sie spüren nicht Unsicherheit, sondern gesundes Selbstbewußtsein

Partnerschaft ist aus Unsicherheit möglich. Der Vorgesetzte weiß so stark um seine Schwächen, daß er sich auf Sie als seinen Mitarbeiter und Fachmann, aber auch als den an Lebensjahren Älteren oder an Betriebserfahrungen um vieles Reiferen abstützen muß. Um Sie „bei guter Laune zu halten", begegnet er Ihnen so freundlich wie möglich. Dann wird er Sie sicher auch gerecht behandeln, in Wirklichkeit natürlich zu gut, und so bevorzugen, was Sie vielleicht wie viele Menschen nicht stört. Persönliche Autorität aber besitzt ein Mensch erst, wenn er in sich ruht. Er kennt seine Stärken und Schwächen sehr gut, weiß deshalb auch, was er sich zutrauen kann und wo er überfordert ist. Deshalb besitzt er ein gesundes = angemessenes Selbstbewußtsein. Er kritisiert Sie, wenn dies sachlich notwendig ist, rechtzeitig und deutlich genug, aber nicht verletzend, sondern stets aufbauend (= konstruktiv), und das zum sachlich und psychologisch richtigen Zeitpunkt. Andererseits ist dieser Mensch auch kritikfähig. Er muß keine Angst vor der Kritik von Ihnen als Mitarbeiter haben, weil er weiß, daß er seinen Job als Führungskraft gut genug tut, und er will von Ihnen kritisiert werden, weil er sich als Mensch weiter vervollkommnen will und gestellte Aufgaben optimal zu lösen versucht.

● **Tip:**
Ein Vorgesetzter mit natürlicher, nicht verliehener Autorität behandelt Sie als Partner und damit kollegial. Das bedeutet jedoch nicht, daß Sie Ihrem Chef gleichgestellt sind. Er bemüht sich ernsthaft um Gerechtigkeit. Wegen seines gesunden und angemessenen Selbstbewußtseins können Sie ihn auch offen kritisieren; er wünscht dies sogar von Ihnen.

7. Geschicktes Verhandeln mit autoritären Chefs

Mein Chef, ein Patriarch 114
Die schwerste Aufgabe: Umgang mit Diktatoren 117
Verhalten bei autoritärem Vorgehen aus Schwäche 119
Standfestigkeit führt zum Erfolg 122

Mein Chef, ein Patriarch

Der Vorgesetzte, der Ihnen gegenüber als Patriarch auftritt, erwartet, daß Sie wie ein gehorsames Kind seine Güte anerkennen und preisen. Im Grundsätzlichen fällt Ihnen das deswegen nicht schwer, weil er eine klar positive Einstellung im Zwischenmenschlichen zeigt und als souveräne Persönlichkeit mit hohem Können kaum Fehlentscheidungen trifft. Dennoch können bestimmte Probleme auftreten, mit deren Meisterung wir uns beschäftigen müssen:

Auftreten nach draußen

In einer Verhandlung sei es mit einem Kunden, einem Lieferanten oder einer Behörde, besitzen Sie entweder zu wenig Kompetenzen, oder der Chef greift immer wieder in Ihre Gesprächsführung ein. Nach unserer bereits dargestellten Devise „Den Chef kann man nur durch das überzeugen, was ihm nützt", müssen Sie ihm verdeutlichen, daß es seinem eigenen Ansehen schadet, wenn er so handelt. Läßt er Ihnen mehr Spielraum, dann steigt Ihr Image und mit ihm das seine; denn − so können Sie argumentieren − jeder wisse, daß er allein Sie aufgebaut habe zu dem, was Sie heute sind. Außerdem könne er Sie ja unter vier Augen kritisieren oder unauffällig in einer Verhandlungspause.

Ihre Ideen sind seine Ideen

Ich habe selbst als jüngerer Mensch erleben müssen, wie schwer es fällt, diesen Leitsatz zu beachten. Dennoch rang ich mich dazu durch, denn ich wollte, daß meine guten Ideen verwirklicht werden. Bis zu diesem Zeitpunkt nämlich scheiterte ich immer am Nein des Vorgesetzten, der meine Verhaltensweise als viel zu weitgehend ablehnte. Jetzt kam ich mit einem Vorschlag, den ich ihm als logische Weiterentwicklung seiner Gedanken vortrug, und er wurde dankend entgegengenommen. Das Anknüpfen an seine Ideen fiel sachlich nicht besonders schwer, weil seine Grundkonzeption akzeptabel war.

Die Zuordnung Ihrer Leistung zu der des Chefs ist nur scheinbar; denn alle, die die Zustände in Ihrem Betrieb einigermaßen kennen, wissen, daß der Vorgesetzte zeitlich diese Arbeiten gar nicht gebracht haben kann, und daß sie sich bei aller Ähnlichkeit, in der Ausführung, in Form und Inhalt, doch deutlich genug unterscheiden.

Dank für sein Führen

Wenn Sie Mutter oder Vater sind, dann wissen Sie, wie sehr Sie wider alle logischen Überlegungen als Folge der bisherigen Lebenserfahrung hoffen, ja erwarten, daß Ihre Kinder sich Ihnen gegenüber auch nach außen dankbar erweisen. Diese aber betrachten zu Ihrem Ärger hin und wieder Ihr Tun schlicht als selbstverständlich. Übertragen wir diese Situation auf Ihr Verhältnis zum Chef als Patriarchen. Die Führungstheorie lehrt, daß ein guter Vorgesetzter selbstverständlich seine Mitarbeiter individuell optimal fördert, so wie die Eltern ihr Kind. Was hindert Sie daran, dennoch dankbar zu sein? So selbstverständlich ist nämlich die Realisierung des Leitsatzes nicht. Nur souveräne Chefs wie der Patriarch werden Sie stark fördern, dagegen alle unsicheren früh aufhören, damit Sie nicht zu stark werden. Diese Vorgesetzten fürchten nämlich, daß Sie an ihrem Stuhl sägen würden.

Massive Unterstützung als positive Folge

Die Weiterentwicklung seiner Ideen und den Dank für seine Leistungen hält der Chef für einen hohen Beweis an Loyalität. Dafür ist er nun wiederum dankbar und folgert daraus, daß es sinnvoll sei, gerade Sie zu fördern. Das kann in vielfältiger Hinsicht geschehen, zum Beispiel indem er
- Ihnen immer verantwortungsvollere Aufgaben überträgt, handeln Sie doch richtig in seinem Sinne,

- Sie auch stolz in der eigenen betrieblichen Öffentlichkeit und draußen herausstellt, zum Beispiel als seinen besten „Schüler";
- Ihnen viele wertvolle Erfahrungen mitgibt.

Das massive Lob kann aufdringlich und peinlich wirken und Ihnen so starken Ärger bei den Kollegen einbringen, daß Sie Ihren Chef bremsen müssen. Das geht am besten mit der Argumentation, alle wüßten, wie gut Ihr Chef und Sie harmonierten, wieviel er Ihnen als besondere Form der Anerkennung delegiert habe und wie erfolgreich Sie auch bei seiner Hilfe nun aus dem Hintergrund bereits seien, man merke eben seine gute Schule.

Jetzt ist auch Ihr Rat gefragt

Da der Patriarch Sie für absolut loyal hält, von Ihnen weiß, wie sehr Sie ihn als Chef und Menschen schätzen, zieht er Sie zusehends stärker auch als seinen Berater heran. An die Stelle des positiv autoritären Verhaltens tritt zusehends eine Art der Partnerschaft zwischen dem Älteren, Lebenserfahrenen, und dem Jüngeren, moderner Ausgebildeten, der die Ideen der neuen Generation miteinbringt. Dadurch befruchten sich beide gegenseitig:
- Sie haben stets einen Ihnen positiv gegenüberstehenden Menschen vor sich, der Sie von Realisierungsbemühungen zu weitergehenden, revolutionären Gedanken zurückhält und Sie so vor deprimierenden Mißerfolgen schützt.
- Der Ältere steht nicht mehr allein wie früher, und statt daß seine Einsamkeit mit zunehmendem Alter stärker wird, was zu einer gewissen Tragik führen kann, besitzt er einen selbst herangezogenen jüngeren Partner und Vertrauten. Diesem gegenüber kann er deshalb bereit sein, eine Idee zu modifizieren, gegebenenfalls sogar ganz aufzugeben und sie durch eine des Jüngeren zu ersetzen.

● **Tip:**
Überzeugen Sie den Patriarchen davon, daß Sie sein „gehorsamer"
Schüler sind und beweisen Sie ihm diese Behauptung durch Ihr loya-

les Verhalten und Ihre Dankbarkeit, die zu Recht erfolgt; denn er hat Sie gefördert. Geben Sie Ihre Ideen bei ihm als seine aus oder deren logische Fortsetzung, dann wird er sie billigen, und Ihre Ideen werden Wirklichkeit.

Die schwerste Aufgabe: Umgang mit Diktatoren

Wenn Sie das Schicksal geschlagen hat, daß sie mit einem Diktator ständig zusammenarbeiten müssen, dann sollten Sie genau beobachten, wie dessen Führungsstil wirkt:
- Auf Ihr Auftreten gegenüber den eigenen Mitarbeitern. Unbewußt übernimmt eine Führungskraft wegen des negativen Vorbildverhaltens des eigenen Chefs dessen klar abgelehntes Auftreten. Es handelt sich dabei um das Resultat eines Gewöhnungsprozesses, das man selbst oft zu spät erkennt.
- Haben Sie sich gegenüber seinem rücksichtslosen Verhalten inzwischen ein „dickes Fell" angewöhnt? Läuft zum Beispiel seine brutale Kritik so an Ihnen herunter oder
- leiden Sie darunter? Dann nämlich müssen Sie möglichst bald das Unternehmen verlassen, zumindest aber eine Versetzung aus seinem Bereich heraus anstreben, wollen Sie nicht früher oder später seelisch und letztlich auch körperlich krank werden (= psychosomatische = geistig-seelische und als Folge körperliche Erkrankung). Viele Menschen begehen den für sie verhängnisvollen Fehler, daß sie zwar immer wieder überlegen, ob sie gehen sollen, aber diese schwerwiegende Entscheidung leider vor sich herschieben bis es zu spät ist.

Wie kommen Sie am ehesten mit einem Diktator aus?
1. Indem Sie herauszufinden versuchen, was ihn zu diesem inhumanen Verhalten veranlaßt hat und noch immer so handeln läßt, zum Beispiel:
a) Unterdrückung zu Hause durch Eltern oder Ehepartner

b) Negative frühere Erlebnisse mit Menschen, die ihn ganz tief in seiner Seele verletzt haben. Der heutige Diktator hat diesen Menschen voll und ganz vertraut und wurde dabei so tief verletzt, daß er zum Menschenverächter geworden ist.

c) Ein durch negatives Vorbildverhalten angelerntes Führungsvorgehen, das der diktatorische Chef nie hinterfragt hat, sondern für besonders effektiv hält. Niemand wagt nämlich bisher, ihm zu sagen, wie man wirklich über ihn denkt. Folglich ist der Diktator davon überzeugt, besonders erfolgreich vorzugehen, weil ihm durch sein Führungsverhalten entstandene Probleme bis jetzt nicht bekannt geworden sind.

d) Manche Diktatoren spüren inzwischen, was sie immer wieder angestellt haben, aber wollen sich nicht wandeln, weil sie glauben, dadurch ihre „Autorität" zu verlieren.

2. Die verschiedenen Ursachen zwingen zu unterschiedlichen Reaktionen bei Ihnen als Mitarbeiter:

Zu a) Der Diktator muß erkennen können, daß Sie ihn als Chef und Menschen akzeptieren, daß er Sie also gar nicht zwingen muß, seine „Autorität" anzuerkennen, ihn zu fürchten, weil Sie zu dieser Verhaltensweise freiwillig bereit sind. Der zu Hause unterdrückte Vorgesetzte würde unter anderen Gegebenheiten nicht so handeln, ist also von seiner Struktur her gar nicht autoritär. Deshalb fällt es nicht besonders schwer, ihn als Menschen zu mögen.

Zu b) Diesen Menschen sollten Sie versuchen wieder aufzubauen, aus seinem und Ihrem eigenen Interesse heraus. Ihr Verhalten müßte ihm signalisieren, daß es Menschen wie Sie gibt, auf die er sich verlassen kann, daß er also von seinem generell menschenverachtenden Denken zumindest bestimmte Ausnahmen machen müßte. Zu dem notwendigen Verhalten sind Sie aber nur fähig, wenn Sie stark in sich selbst ruhen, durch sein negatives Verhalten also nicht abgeschreckt werden, und im Gegensatz zum diktatorischen Chef ein realistisches, aber ausgesprochen positives Menschenbild besitzen.

Zu c) Dieser diktatorische Vorgesetzte ist zutiefst davon überzeugt, daß er richtig handelt. Darin liegt Ihr Problem! Ihre Kritik muß deshalb wohl dosiert in kleinen Raten erfolgen und auch nicht in der Form der Kritik, sondern als Anfrage, zum Beispiel: „Haben Sie eigentlich beobachtet, daß Herr X in letzter Zeit immer häufiger das und das Verhalten zeigt? Ich habe herausgefunden, daß diese Verhaltensänderung nach folgendem Ereignis (Zusammenprall mit dem Chef) eingetreten ist. Wäre es nicht sinnvoll, das und das zu tun? Wenn Sie es nicht machen wollen, ich bin dazu bereit. Ich verstehe (= nicht billige) Ihre Verhaltensweise, aber . . ."

Zu d) Die Situation ähnelt in gewisser Hinsicht der Ausgangslage a. In beiden Fällen fürchtet der Diktator um seine Profilierung. Bei a will er sich zumindest im Betrieb durchsetzen, bei b seine angeblich dort erworbene Autorität behalten. Also müßten Ihre Reaktionen in beiden Fällen nicht zu stark voneinander abweichen: Der Vorgesetzte muß klar erkennen, daß er bei Ihnen und Kollegen an Ansehen gewinnt und nicht verliert, wenn er schrittweise beginnt, humaner aufzutreten.

● **Tip:**
Versuchen Sie herauszufinden, weshalb dieser Mensch sich so diktatorisch gebärdet. Dann können Sie entsprechend reagieren, indem Sie seine Autorität ohne Zwang anerkennen, ihm Loyalität beweisen und ihm so verdeutlichen, daß er der Machtmittel gar nicht bedarf, denn er muß sich bei Ihnen nicht mehr profilieren.

Verhalten bei autoritärem Vorgehen als Schwäche

Der Chef, der aus Schwäche bei Ihnen autoritär handelt, fürchtet Sie als Mitarbeiter. Er würde lieber anders führen, weil dieses Verhalten der wahren eigenen Gesinnung stärker entsprechen würde. Dann könnte er nämlich auf das „Schauspielern" Ihnen und Ihren Kollegen gegenüber verzichten. Aus dieser Erkenntnis ergeben sich einige Folgerungen, wie Sie durch Ihr Auftreten und Verhalten das zwischenmenschliche Verhältnis zu diesem Vorgesetzten verbessern könnten:

Sie erkennen den Chef als Person an

Es gibt keinen Menschen, der nicht liebenswerte Züge besitzt, also auch dieser Vorgesetzte hat sie, zumal er keinem etwas tun will, nur aus Notwehr autoritär handelt. Das „nur" wird Ihnen nicht gefallen. Wer unter seinem Chef zu leiden hat, dem fällt es schwer, ihn anzuerkennen. Ich verstehe diesen emotionalen Standpunkt – bleibe aber bei meiner Empfehlung, die der Vernunft folgt.

Sie akzeptieren ihn als Vorgesetzten

Er ist nun mal Ihr Chef, ob Sie wollen oder nicht. Sicher können Sie die Stellung dieses schwachen Vorgesetzten erschüttern, besonders wenn Sie selbst sehr souverän handeln, doch was hätten Sie davon? Vielleicht würde der Chef dann wirklich abgesetzt, und was kommt danach? Wahrscheinlicher ist aber, daß die nächste Führungsebene diesen schwachen Vorgesetzten mit allen Mitteln stützen wird; denn
- sie hat ihn eingesetzt und seine Ablösung wäre deshalb das Eingeständnis der eigenen Fehlentscheidung,
- es wäre revolutionär zuzulassen, daß ein Mitarbeiter oder eine Mitarbeitergruppe den Chef zwingt zu gehen, und das würde einen Präzedenzfall (= Beispiel, auf das sich andere berufen können) darstellen. Man würde also von oberer Stelle aus, setzten Sie sich durch, dafür sorgen, daß auch Ihnen Übles widerfährt, in diesem Fall zum Beispiel eine Umsetzung erfolgt. Ihr nächster Chef würde eine starke Persönlichkeit sein, damit Sie lernen, sich unterzuordnen. Das mag für Idealisten erschreckend klingen, es entspricht aber der Realität.

Sie gewinnen ihn als Freund/als Vertrauten

Ihr Vorgesetzter spürt, daß Sie ihm unauffällig (!) helfen, anders dürfen Sie nicht handeln, weil Sie sonst seine Führungsfunktion gefährden und die Notwehrsituation verschärft wird. Sie könnten sein älterer Freund und Ratgeber sein oder auch als Gleichaltriger stärker sein Kollege, aber in beiden Fällen ist zumindest nach außen klar, daß er der Chef ist. Damit ist das von ihm angestrebte Ziel erreicht.

Ich weiß, daß es Ihnen schwerfallen muß, jemanden über sich anzuerkennen, den Sie als Menschen, als Führungskraft, vielleicht auch als Fachmann nicht für geeignet halten. Aber welchen anderen Weg sehen Sie, es sei denn, sie ersuchen um Ihre Versetzung?

Akzeptieren Sie dagegen die schwache Führungskraft und geben Sie ihr das Gefühl der Überlegenheit, dann haben Sie nicht nur nichts von ihr zu fürchten, sondern Sie können sogar entscheidend auf ihr Führungsverhalten einwirken und haben zugleich ein menschlich angenehmes Verhältnis zu ihr.

Sie können auf seine Entscheidungen einwirken

Das kann natürlich nur aus dem Hintergrund geschehen, weil sonst genau das eintritt, was Ihr Chef am stärksten fürchtet: Das Offenkundigwerden seines Versagens.

Mit der Zeit kann er zum Beispiel als sehr junger/zu junger Vorgesetzter in seine Führungsfunktion hineinwachsen. Das wird dagegen bei dem Chef nicht eintreten können, den die Geschäftsleitung wegen seines Fachkönnens zum Vorgesetzten eingesetzt hat, und der weder die Begabung noch die Neigung zum Führen besitzt. Dieser Chef wird für jede Hilfe beim Führen dankbar sein. Sie aber als Mitarbeiter haben die Chance, nicht nur wenig gesteuert zu werden, weitgehend vom Vorgesetzten unbeeinflußt handeln zu können, sondern viel zu lernen, ist doch Ihr Chef fachlich ein hervorragender Mann.

Sie müssen mit für seine Ablösung sorgen

Es kann eine Situation eintreten – was glücklicherweise sehr selten vorkommt –, die Sie aus Geschäftsinteresse zwingt, gegen diesen Vorgesetzten vorzugehen. Das wird der Fall sein, wenn die Führungsschwäche des Chefs im Außenverhältnis deutlich wird, zum Beispiel gegenüber Kunden, Lieferanten, Behörden, und Sie trotz aller Geschicklichkeit im Umgang mit dem Chef verhängnisvolle Entwicklungen nicht verhindern können, wie viel zu schwache Verhandlungsergebnisse.

Etwas geschehen muß auch, wenn sich ein Unwetter gegen diesen Vorgesetzten zusammenbraut, die Kollegen Ihrer Arbeitsgruppe sich solidarisieren, um die Ablösung des Vorgesetzten zu erzwingen, weil inzwischen unhaltbare Zustände eingetreten sind. Der Chef hält zum Beispiel an einmal getroffenen falschen Entscheidungen fest, weil er aus Schwäche glaubt, nicht zugeben zu können, daß seine Mitarbeiter Recht haben. Jetzt ist es sogar Ihre Pflicht, an seiner Ablösung mitzuwirken. Sie handeln dann aus Loyalität zum Unternehmen.

● **Tip:**
Akzeptieren Sie diesen Vorgesetzten trotz seiner Führungsschwäche! Sie können ihn schlecht aussehen lassen, über ihn triumphieren, doch was haben Sie davon? Der nächsthöhere Vorgesetzte hat Ihren Chef eingesetzt und wird ihn deshalb zu halten suchen, und eher müssen Sie gehen. Häufig folgt dann ein autoritärer Nachfolger. Wollen Sie den lieber?

Standfestigkeit führt zum Erfolg

Autoritäre Vorgesetzte, abgesehen vom Typ des Patriarchen, verlassen sich darauf, daß Macht den Menschen zwingt, auch das zu tun, was er eigentlich nicht will. Sie besitzen kraft ihres Amtes als Chef die notwendige Macht. Seit Inkrafttreten des jetzigen Betriebsverfassungsgesetzes 1972 ist die Möglichkeit der willkürlichen Machtausübung durch die Kontrollrechte des Betriebsrates bedeutend geringer geworden. In der betrieblichen Praxis aber hängt die Beschränkung der Machtausübung entscheidend davon ab, ob sich die Mitglieder des Betriebsrates und auch das Gremium als Gesamtheit nicht selbst trotz der bestehenden Schutzrechte vom autoritären Chef einschüchtern lassen.

So wie der autoritäre Chef Macht einsetzt und auf ihre Wirkung vertraut, akzeptiert er auch für sich, daß der ihm Übergeordnete sie ihm gegenüber einsetzen wird. Er unterwirft sich deshalb bereitwillig der institutionellen Autorität über sich. Gelingt es Ihnen deshalb als Mitarbeiter, den Inhaber dieser Position für sich zu gewinnen, dann weicht der autoritäre Vorgesetzte Ihnen, weil er nicht Sie mehr sieht, sondern die Macht, die Sie für sich einsetzen können, obwohl Sie diese eigentlich nicht besitzen. Während nämlich der kooperative Vorgesetzte die Kompetenzen des ihm unmittelbar unterstellten Mitarbeiters mit Führungsfunktionen anerkennt, verfällt der autoritäre Chef häufig in den Fehler des Durchgriffs. Er gibt an Mitarbeiter über den Kopf ihres Vorgesetzten hinweg Anweisungen, weil sich dies angeblich als unabdingbar erwiesen hat, dann glaubt er dies einfach zu dürfen. Dabei lautet die Devise: *„ Wer die Macht hat, hat das Recht".*

Aus den Überlegungen ergibt sich als Folge:

Für das zwischenmenschliche Verhältnis im Betrieb ist allein entscheidend, wer mehr Macht besitzt. Das kann wegen guter Beziehungen nach oben auch der Mitarbeiter gegenüber dem Chef sein.

Die meisten Mitarbeiter verhalten sich gegenüber ihrem autoritären Vorgesetzten falsch. Sie glauben nämlich, dadurch richtig zu handeln, daß sie sich *bedingungslos* den Anweisungen von oben unterwerfen. Sie hoffen, glimpflich davonzukommen, und diese Überlegung ist falsch. Durch ihren absoluten Gehorsam dokumentieren sie, wie schwach ihre Position ist, über wie wenig Macht sie verfügen. Der autoritäre Vorgesetzte kann also gefahrlos bei ihnen den Druck verstärken und tut dies auch. Sie leiden mehr, nicht aber weniger unter ihm. Was ihre Situation verbessern würde, das wurde bereits angedeutet: Sie müssen sich auch Macht besorgen. Der eine Weg besteht darin, teilzuhaben an der Macht über Ihnen. Daneben könnte es noch zwei andere Wege geben:

1. Macht durch Solidarität zu erringen. Sie und andere betroffene Kollegen schließen sich zusammen und treten von nun an gegenüber dem Chef geschlossen auf.

2. Sie vertrauen auf die eigene Stärke, nämlich Ihr hohes, für die Firma unentbehrliches oder nur schwer ersetzbares Fachkönnen *und* Ihre stabile Persönlichkeit.

Der erste Weg ist fast immer zum Scheitern verurteilt. Ein einigermaßen cleverer Vorgesetzter wird die meist nur scheinbar bestehende Einigkeit schnell zerbrechen, ähnlich wie der Lehrer in der Schule die Solidarität einer Klassengemeinschaft. Er wird
- den Ängstlichen den Mut nehmen, ihm weiter Widerstand zu leisten, indem er sie einzeln unter Druck setzt, weil sie dann ihre individuelle Schwäche voll spüren,
- und durch stark unterschiedliche Behandlung den Egoismus des einzelnen für sich zu nutzen suchen. Er weiß, was der einzelne anstrebt und auch, was er nicht mag. So lockt er die einen durch Belohnungen und bestraft die anderen. Jetzt müßten seine Versuche an der Solidarität der Gruppe eigentlich scheitern. Das aber setzt voraus, daß sich die einen zuungunsten der anderen nicht bevorzugen lassen. Eine Gruppe wird also nur die nötige Stärke und damit Macht besitzen, wenn die Ängstlichen sich in ihr genügend geborgen fühlen und die Egoisten das Wohl der Gruppe über ihren augenblicklichen (!) Nutzen stellen.

Leider ist deshalb oft der Weg des starken Einzelgängers sicherer. Diese Haltung dürfen Sie aber nur wagen, wenn Sie
- keine Angst haben, diese zumindest verbergen können *und*
- ein hohes Fachkönnen besitzen, das in der Firma stark gefragt ist *und*
- bereit sind, Ihren jetzigen Arbeitsplatz zu verlieren und woanders neu anzufangen *und*
- Ausdauer und innere Stabilität besitzen, die es Ihnen ermöglichen, längeren Angriffen erfolgreich zu widerstehen *und*
- wissen, wie stark die Persönlichkeit des Vorgesetzten ist, nämlich daß er aus Nützlichkeitserwägungen – zum Beispiel Sie als Fachkraft nicht zu verlieren – oder aus eigener Schwäche – er täuscht nur Stärke vor – nachgeben wird.

Sind alle diese Faktoren zusammen gegeben, dann haben Sie als Mitarbeiter nach harten Auseinandersetzungen die große Chance, sich nach oben durchzusetzen und so den Freiraum zu erhalten, den Ihnen der kooperative Chef freiwillig einräumen würde. Ihr Ermessensspielraum kann sogar noch größer sein, weil der Vorgesetzte weiteren Auseinandersetzungen mit Ihnen ausweicht: *Er akzeptiert Ihre Macht,* also hat sich das Prinzip als richtig erwiesen: *Standhaftigkeit führt zum Erfolg.*

● **Tip:**

Sich dem autoritären Vorgesetzten bedingungslos zu unterwerfen, verschlimmert die Situation für Sie nur, der Druck von oben wird stärker. Versuche der Solidarität mit anderen scheitern meist am Eigennutz der Beteiligten. Verlassen Sie sich mehr auf Ihre Standfestigkeit, weil Sie ein vom fachlichen Können her berechtigtes Selbstbewußtsein besitzen!

8. Verhalten bei Kritik des Chefs

Aufgeschlossenheit statt Rechtfertigungsversuche 128
Geduldig zuhören statt sofort widersprechen ....:..... 131
Sachliches Nachfassen zur Klärung der Situation 134
Einsicht ist in der Regel ein Prozeß 137
Den Ernst der Situation erkennen 140
Klarheit über die möglichen negativen Konsequenzen 143

Aufgeschlossenheit statt Rechtfertigungsversuche

Ohne negative Kritik kann niemand von uns seine Leistung und sein Verhalten verbessern, und jeder ist daran interessiert, nicht zu stagnieren, sondern weiterzukommen. Dennoch fällt es uns allen schwer, negative Kritik aufzunehmen und zu ertragen. Manchmal sagen wir sogar zu einem Menschen, der uns wohlgesonnen ist, er möge uns einmal beurteilen und auf keinen Fall versäumen, auch unsere Schwächen zu nennen. Diese Aufforderung gibt es auch bei Vorgesetzten gegenüber ihren Mitarbeitern, mit dem gleichen Ergebnis: Die Chefs wollen gelobt und in ihrem Tun bestätigt werden. Kritisieren sie dann den Vorgesetzten wirklich, so kann es geschehen, daß dieser in wenigen Minuten den Spieß herumdreht und sie wegen Schwächen kritisiert. Ihre Reaktion auf negative Kritik wird verschieden ausfallen, weil sie von einigen Faktoren abhängig ist:

Von Ihrem grundsätzlichen Verhältnis zum Chef

Wenn Sie genau wissen, daß er Ihnen helfen, Sie fördern will, dann fällt es Ihnen bedeutend leichter, auch inhaltlich harte Kritik aufzunehmen.

Von Ihrem Selbstbewußtsein

Besitzen Sie ein gesundes (= Ihren Leistungen und Ihrem Verhalten angemessenes) Selbstbewußtsein, wissen Sie also, was Sie können und daß Sie Ihren Job im Betrieb bei allen Schwächen jederzeit meistern, dann können Sie negative Kritik bedeutend leichter ertragen, als wenn Sie in Notwehr handeln.

Von der Form der Kritik

Vielleicht hat Ihr Vorgesetzter eine sehr unglückliche Art zu kritisieren, zum Beispiel formuliert er viel härter als er inhaltlich sagen will, oder er zählt zu jenen autoritären Chefs, die nur kritisieren und nie loben, dann sträuben Sie sich offen oder verdeckt viel stärker als bei einem wohlwollenden Vorgesetzten.

Vom Zeitpunkt

Sie haben soeben in Ihrer Familie Ärger gehabt, in einem Verein, dem Sie angehören, überhaupt bei einem Hobby, oder im Betrieb durch einen Externen: Kunden, Lieferanten, eine Behörde, einen Auszubildenden oder Kollegen; dann kann es sein, daß die negative Kritik des Chefs, und sei sie noch so vorsichtig abgefaßt, das berühmte Faß zum Überlaufen bringt.

Vom Ort

Hiermit ist vor allem gemeint: In Gegenwart anderer. Sie fürchten eine Imageschädigung in der betrieblichen Öffentlichkeit und wehren sich deshalb gegebenenfalls sehr entschieden auch wider eigenes besseres Wissen gegen die Kritik des Chefs.

Die negativen Äußerungen des Vorgesetzten lösen den Abwehrmechanismus der Rechtfertigung aus mit berechtigten Argumenten oder Ausreden. Abwehren müssen Sie sicher negative Kritik, die unberechtigt ist, sie wird es aber nur selten *gänzlich* sein, sondern Teile werden stimmen. Dann ist es Ihre Pflicht, aber auch ein Zeichen geschickten zwischenmenschlichen Verhaltens, zuzugeben, was stimmt. Überlegen Sie einmal, was geschieht, wenn Sie stattdessen zu einer umfangreichen Rechtfertigung ansetzen:
- Es kommt zum Stellungskrieg zwischen Ihnen und dem Vorgesetzten.
- Die zwischenmenschliche Atmosphäre kann sehr unangenehm werden.

- Die negative Kritik des Chefs wird umfassender, weil er früher ähnlich gelagerte, gleiche, aber auch völlig andere Kritik heranzieht, um seine Position zu behaupten und auszubauen.
- Je nach Menschentyp wird der Vorgesetzte Sie nicht mehr direkt, sondern an dritter Stelle kritisieren, weshalb Sie von nun an einen Teil Ihrer Schwächen gar nicht mehr oder nur über Dritte erfahren.

Ihre richtige Haltung wäre, der negativen Kritik *aufgeschlossen* zu begegnen. Das fällt Ihnen am leichtesten, wenn die Kritik sachlich richtig und wohlwollend geschieht, muß aber auch auf andere Formen zutreffen bis zur extremsten Form, einer weitgehend unberechtigten Kritik in verletzender Form. Auch aus dieser Kritik können Sie noch lernen, zum Beispiel
- gibt es Teile, unter Umständen sehr wenige, die berechtigt sind und die Sie deshalb aus eigenem Interesse in Zukunft anders machen sollten,
- ist die Kritik nicht konstruktiv, so sollten Sie allein oder mit anderen überlegen, wie Sie die Schwachstelle möglichst bald beseitigen können, vielleicht hilft Ihnen auch ein Nachfragen beim Vorgesetzten selbst weiter,
- hat die Kritik eine Sie verletzende Form, wäre zu fragen: Handelt der Chef nur bei mir so oder auch bei Kollegen? Und wenn nur bei Ihnen, dann sollten Sie zunächst andere fragen, was sie als Ursache dafür ansehen und offen beim Vorgesetzten fragen, weshalb er gerade bei Ihnen so handelt. Das freilich nur, wenn dies die bereits bestehende schlechte Atmosphäre nicht weiter vergiftet.

● **Tip:**
Jede Kritik hilft uns weiter. Ohne Kritik gibt es keinen Fortschritt. Auch ungerecht harte Kritik enthält sachliche Bestandteile, aus denen Sie lernen können. Ist sie gänzlich unsachlich, dann müßten Sie überlegen, weshalb es bei Ihrem Chef zu diesen massiven negativen Emotionen kommen konnte.

Geduldig zuhören statt sofort widersprechen

Negative Kritik reizt leicht zum Widerspruch, auch wenn der Vorgesetzte sie ruhig und sachlich vorträgt, zum Beispiel weil
- Sie zunächst ein Lob erwartet haben,
- der Chef einen Sie entlastenden Gesichtspunkt übersehen hat,
- der begangene Fehler ein bedeutend geringeres Gewicht besitzt als nach den Worten des Chefs,
- der Vorgesetzte einen längeren Monolog hält.

Diese und andere Gesichtspunkte veranlassen Sie dazu, den Kritisierenden nicht ausreden zu lassen, Sie unterbrechen ihn in seinem Redefluß. Das wiederum verärgert den Chef ganz allgemein als Menschen, der ausreden will – was Sie als Gesprächspartner Ihnen gegenüber ebenfalls als unfair verurteilen würden –, aber erst recht als in der Hierarchie Übergeordneter, der sich das nicht gefallen lassen will. Aus den negativen Konsequenzen folgt, daß Sie sich diese Art des Verhaltens bei Kritik schnellstens abgewöhnen müssen. Dieser Schritt kann Ihnen aber nur gelingen, wenn Sie wissen, weshalb Sie so handeln:

Sie haben Ihr Tun zu wenig selbstkritisch hinterfragt

Die negative Kritik überrascht Sie nur deshalb, weil Sie die positiven Aspekte Ihres Tuns zu stark, die anderen dagegen zu wenig oder sogar nicht sahen. Wie kam es dazu?
- Sie waren mit Ihrer Leistung zu schnell zufrieden.
- Sie sind zu selbstbewußt.
- Sie wollten als relativ leistungsschwacher Mensch *endlich* einmal einen Erfolg sehen.
- Sie sind grundsätzlich zu optimistisch.

Sie sind generell zu voreilig

Das Zuhören, vor allem bei negativen Botschaften, fällt Ihnen sehr schwer. Sie glauben zu jedem negativen Gesichtspunkt einen viel überzeugenderen positiven Aspekt zu kennen, und den wollen Sie sofort loswerden. Wenn Sie dagegen etwas länger zugehört hätten, dann wäre der Chef

- auch auf Sie entlastende Aspekte zu sprechen gekommen,
- dazu übergegangen, Ihren Fehler in Ihre sonstigen Leistungen einzuordnen und ihm so die richtige Dimension zu geben,
- vielleicht in seiner Argumentation widersprüchlich geworden, und Sie hätten erfolgreich einhaken können,
- zur Begründung seiner Kritik gekommen, die Ihnen verdeutlicht hätte, weshalb zum Beispiel Ihr Fehlverhalten in einer bestimmten Situation viel schwerwiegendere Auswirkungen gehabt hat als sonst.

Sie können keine Kritik vertragen

Wir haben bereits gemeinsam darüber nachgedacht, daß Sie und jeder andere Mensch nur weiterkommen, wenn jeder weiß, wo seine Schwächen liegen und wie negativ sie sich auswirken. Sie aber sehen die negative Kritik als einen Angriff auf Ihre Person, den Sie sich nicht gefallen lassen wollen. Dabei will Ihnen der Vorgesetzte zum Beispiel gar nichts, sondern er erfüllt nur seine Pflicht. Diese Aufgabe aber fällt vielen Chefs sehr schwer, weil sie lieber loben wollen und aus eigenem Erleiden wissen, wie wenig Verständnis viele Menschen auch für wohlmeinende Kritik besitzen.

Sie sollten anders denken als bisher, zum Beispiel so:
a) Ich will die mir gestellte Aufgabe besonders gut erfüllen.
b) Die negative Kritik, die jetzt erfolgt, ist ein wichtiger Baustein auf diesem Weg, deshalb
c) muß ich möglichst genau herausfinden, worin mein Fehler besteht,
d) weshalb er mir unterlaufen ist,
e) wie ich seine gegenwärtigen negativen Auswirkungen minimalisieren kann und
f) wie ich ihn in Zukunft gänzlich verhindere.
Wer hat also den größten Nutzen aus negativer Kritik? Sie als der Betroffene selbst.

Sie besitzen zu wenig Geduld

Wenn Sie Ihren Chef bei seinen Ausführungen unterbrechen, dann nicht in erster Linie, weil er Sie negativ kritisiert, sondern zu umständlich handelt,
- bis er zum eigentlichen Thema kommt, Sie aber haben längst erkannt, was er von Ihnen will,
- indem er sich inhaltlich wiederholt,
- weil er seine Ausführungen zu breit anlegt, zum Beispiel zu viel Nebensächliches bringt und zu unpräzise formuliert.

Durch Ihr Unterbrechen wird der Zustand nicht verbessert, sondern sogar verschlimmert. Der Vorgesetzte hat vermehrte Schwierigkeiten, sich zu konzentrieren. Er beginnt durch Sie verunsichert von neuem, legt vielleicht seine Ausführungen noch breiter an, weil er meint, bisher nicht genügend überzeugt zu haben. Die Monologe werden noch länger.

Sie wollen unbedingt recht haben

Zählen Sie auch zur Gruppe jener schwierigen Menschen, die es nicht ertragen können, Fehler zu begehen, weil sie vollkommen sein wollen? Das könnte Sie dazu verführen, selbst wiederum in den kritischen Äußerungen Ihres Chefs Fehler zu entdecken, bei denen Sie sofort einhaken wollen nach der Devise: *„So wie Du mir, so ich Dir!"*

Jede kleinste Unklarheit in Sprache oder Formulierung wollen Sie *augenblicklich* zum Gegenangriff nutzen, um so die erfolgte Kritik zusehends kleiner und unbedeutender werden zu lassen. Was versprechen Sie sich davon? Fehler sind *sachliche* Gegebenheiten, objektiv feststellbar, auch wenn Sie diese subjektiv vom Tisch gefegt haben. Kritisiert Sie dieser Chef nicht, dann wird dies später ein anderer tun müssen, der höher in der Hierarchie steht und dessen Kritik schärfer ausfallen wird, weil sich die negativen Konsequenzen inzwischen beträchtlich verstärkt haben.

Sie mögen diesen Chef nicht

Grundsätzlich lassen Sie sich schon Kritik gefallen, aber nicht von diesem Menschen und nicht in dieser Form. Ihre negativen Emotionen sind so stark, daß jede Minute des Zuhörens und Schweigens Sie viel Kraft kostet. Durch das Unterbrechen können Sie sich davon entlasten, aber mit welchem Erfolg? Da Abneigung oft auf Gegenseitigkeit beruht, ist der Chef Ihnen gegenüber ebenso allergisch, und sofort verschlechtert sich die sowieso schon ungute Atmosphäre massiv. Es kommt zu einem unangenehmen Grabenkrieg. Was versprechen Sie sich davon? Ihr Fehler bleibt umso stärker im Gedächtnis des Chefs haften. Sie haben einige weitere Minuspunkte bei ihm erhalten.

● **Tip:**
Es gilt, die Kunst der Selbstbeherrschung immer wieder zu üben, beispielsweise den Chef bei seiner Kritik ausreden lassen und sich nicht voreilig zu verteidigen. Es geht um eine Verbesserung des Arbeitsergebnisses, nicht um Vergangenheitsbewältigung. Sicher sollen und müssen Sie sich wehren, wenn der Vorgesetzte Sie fälschlich kritisiert, aber warten Sie erst einmal ab!

Sachliches Nachfassen zur Klärung der Situation

Für Sie ergibt sich bei mehreren Situationen die Notwendigkeit, die negative Kritik Ihres Chefs zu hinterfragen:

Die Kritik ist zu pauschal

Der Chef spricht Ihnen allgemein ein bestimmtes Können ab oder er kritisiert generell Ihr Verhalten. Dabei kann diese pauschale Kritik sehr drastisch ausfallen und von daher klar übertrieben formuliert sein.

Wenn Sie in diesen Fällen nachfassen, dann nicht in erster Linie, um zu erfahren, was Sie falsch gemacht haben und wie Sie sich deshalb ändern sollten, sondern weil Sie annehmen, daß es der Kritik an der erforderlichen Basis fehlt. Es kann dann nicht selten geschehen, daß der Chef

- *die zunächst sehr harte Kritik verharmlost*
  und damit auf ihre richtige Dimension verkleinert. Sie war zunächst so „dahingeworfen", zum Beispiel weil er sich allgemein sehr über Sie geärgert hatte, grundsätzlich falsch generalisiert (= unzulässigerweise Einzelheiten als allgemeinen Tatbestand bezeichnet), drastisch kritisiert,
- *zwar Beweise anführt,*
  diese aber zu wenig überzeugend sind oder nur einen Teil dessen beweisen, was der Vorgesetzte zunächst behauptet hatte,
- *zu keiner näheren Kritik bereit ist,*
  sondern „keine Lust hat", jetzt darüber zu diskutieren, in Wirklichkeit niemals.

Die Kritik ist zu ungenau

Sie bezweifeln nicht — wie im zunächst geschilderten Fall — , daß der Chef Sie zu Recht kritisiert, aber wissen noch zu wenig über Ihre Schwächen, um sich bessern zu können, wozu Sie bereit sind. Durch die notwendigen gezielten, logisch aufeinander aufbauenden Fragen versuchen Sie, das Phänomen Ihrer Schwäche immer genauer zu erfassen. Dabei geht es Ihnen nicht nur um Fehlverhalten selbst, sondern auch um folgende Fragen:
- Wie konnte das Versagen entstehen? Wieweit waren andere Personen am Zustandekommen mitbeteiligt? Welche sachlichen (= personenunabhängigen) Gründe waren maßgeblich? Wieweit war das Eintreten des Problems unabwendbar, wie gut ließ es sich voraussehen?
- Welche negativen Konsequenzen hat es ausgelöst? Welche weiteren drohen? Was hätte noch geschehen können?
- Wie läßt sich die gegenwärtige unangenehme Situation meistern?

– Welche *grundsätzliche* Problemlösung ist für die Zukunft anzu-
streben?

Entscheidend für die Gesprächsatmosphäre ist, daß der Vorgesetzte
nicht den Eindruck gewinnt, Sie wollten sich über Ihre Fragen nur zu
rechtfertigen versuchen, zum Beispiel erreichen, daß er als Chef für
Ihr Versagen mitverantwortlich ist, Sie sogar planen, zur eigenen
Entlastung einen Gegenangriff zu starten. Deshalb müssen Sie Ihre
Fragen sachlich stellen und nicht stark emotional (= verärgert, auf-
geregt, deprimiert). Wenn Sie so vorgehen, dann begehen Sie auch
zahlreiche Fehler, unter anderem:
– *Sie formulieren keine W-Fragen*
  (= gezielte Fragen mit Fragewort zu Beginn), sondern Suggestivfragen, rhetorische Fragen (= Fragen mit Selbstantwort).
– *Sie stellen mehrere Fragen auf einmal,*
  statt sich jeweils auf eine einzige zu konzentrieren;
– *Sie hören nicht gut genug zu*
  und wiederholen deshalb eine Frage, die der Chef schon längst
  ausreichend beantwortet hat;
– *Sie unterbrechen den Vorgesetzten wiederholt,*
  weil Sie nicht mit seinen Ausführungen einverstanden sind und
  sich deshalb sofort rechtfertigen wollen;
– *Ihre gesamte Körpersprache* – nicht nur die Rhetorik, die sprachlichen Formulierungen und Sprechweise – dokumentiert, wie
  stark Sie die Kritik verletzt hat,
– *Ihre Formulierungen sind zu ungenau,*
  so daß der Chef teils nur erahnen kann, was Sie eigentlich wollen,
  oder Sie müssen Ihre Frage wiederholen, weil er sie nicht verstanden hat;
– *die Fragen sind zu breit angelegt,*
  indem Sie weit ausholen und statt echt zu fragen, sich grundsätzlich zur Kritik abwehrend äußern.
Sinnvoll und empfehlenswert kann das Nachfassen bei negativer Kritik nur sein, wenn es der *sachlichen* Klärung des Tatbestands gilt.

● **Tip:**
Fassen Sie bei pauschaler Kritik nach, damit Sie genau erfahren, was Sie falsch gemacht haben sollen; denn nur dann können Sie an die Ursachensuche gehen und damit konkret an die Lösung des gegenwärtigen Problems.

Einsicht ist in der Regel ein Prozeß

Wenn Sie bis zum Kritikgespräch durch Ihren Chef ein bestimmtes Verhalten gezeigt haben, das Sie jetzt als falsch ablegen und durch ein anderes von ihm gewünschtes, verlangtes ersetzen wollen, dann müssen Sie dazu erst umdenken. Es kann sein, daß Ihnen durch die Worte des Chefs urplötzlich klargeworden ist, daß Sie immer anders hätten handeln müssen, aber dieses Aha-Erlebnis – wie die Psychologen es nennen – ist äußerst selten. In der Regel beginnt mit dem Kritikgespräch, wenn es erfolgreich im Sinne des Chefs verlaufen ist, ein Umdenkprozeß von längerer Dauer, der diese Schritte umfaßt:
1. Mein Handeln hat zu negativen Konsequenzen geführt, weshalb der Vorgesetzte mich kritisieren mußte. Schwieriger liegt bereits der Tatbestand, wenn das Tun nur unangenehme Folgen hätte auslösen können, aber nicht wirklich ausgelöst hat. Dann sagen Sie sich nämlich: Es hat ja nicht geschadet! Und damit beruhigen Sie sich.
 Wir gehen einmal nicht vom psychologisch schwierigsten Fall aus, Sie seien mit dem Chef bereits darüber uneinig, daß die von ihm als negativ angesehenen Auswirkungen dies nach Ihrer Meinung gar nicht sind.
2. Sie sehen zwar ein, daß Sie falsch gehandelt haben, aber halten dies für unabwendbar, weil zum Beispiel
 – die Ihnen zugekommenen Informationen unvollständig, sachlich falsch oder zu spät erfolgt sind,
 – Sie arbeitsmäßig klar überfordert waren und niemanden hatten, dem Sie diese unrichtig ausgeführte Aufgabe hätten übertragen können,
 – andere, möglicherweise auch der Chef selbst, den Fehler mitverursacht haben und Sie deshalb höchstens eine Teilschuld tragen.

In diesem Fall ist Ihnen zwar klar, daß Sie in Zukunft anders vorgehen müssen, aber Sie können sehr verärgert sein, weil der Vorgesetzte Sie zu Unrecht beschuldigt hat.

3. Das von Ihrem Chef verlangte Verhalten halten Sie zwar theoretisch für richtig, aber nicht für praktikabel, wenn wir einmal nicht den sehr problematischen Fall annehmen, Sie wüßten jetzt zwar, was falsch war, aber noch immer nicht, wie Sie demnächst handeln sollen (= rein destruktive statt konstruktive Kritik).

Der hier beschriebene Fall tritt zumindest nach Meinung des kritisierten Mitarbeiters häufiger auf; denn

- der Chef kennt die genaue Situation an Ihrem Arbeitsplatz zu wenig (= Überlegung vom „Grünen Schreibtisch" aus). Sie nennen das „theoretisch", wobei dieser Begriff von vielen Menschen, zum Beispiel auch von Ihnen selbst in diesem Fall falsch verwandt wird. Nicht alles, was Sie und andere bisher nicht getan haben, ist deshalb unrealisierbar. Sie halten es zunächst nur einmal dafür.
- Das neue Verhalten verlangt von Ihnen eine starke Umstellung. Das ist Ihnen unbequem und deshalb wehren Sie sich dagegen, zum Beispiel mit der These: „Das haben wir alles schon einmal versucht. Das ist damals auch schief gegangen!" (= sogenannte Killerphrase). Verhalten Sie sich Ihrem Chef gegenüber ebenso fair, wie Sie es von ihm erwarten! Damit ist gemeint, daß man jede Anweisung scheitern lassen kann, wenn man dies will, womit noch lange nicht bewiesen ist, daß sie falsch (= unausführbar) ist.

Es ist verständlich, daß man gerne auf ausgetretenen Pfaden läuft. Das ist sicher und bequem, aber zugleich der Zustand der absoluten Stagnation und damit langweilig und folglich alles andere als wirklich motivierend. Rechts und links des Pfades – wenn wir bei diesem Bild bleiben – kann eine wunderschöne Landschaft liegen, an deren Pracht Sie vorbeigehen. Sollten Sie die Anweisung des Chefs nicht besser als Herausforderung für sich betrachten?

- „Ich will als älterer Mensch beweisen, daß ich noch immer sehr flexibel bin."
- „Es ist reizvoll, einmal zu sehen, ob der Chef recht hat."
- „Ich habe in meinem Leben viel gemeistert, weshalb nicht auch dies."

Da plötzliche Einsicht sehr selten ist, muß Ihr Vorgesetzter damit rechnen, daß Sie Einwände gegen seine Kritik vorbringen. Ihre Bedenken können grundsätzlicher Natur sein oder sich nur gegen bestimmte Behauptungen wenden. Ein „vernünftiger" Chef wird sich mit Ihren Einwänden ernsthaft beschäftigen und Ihnen deshalb die Chance zum Dialog einräumen.

Schwierigkeiten können Sie mit ihm nur bekommen, wenn Sie sich psychologisch falsch verhalten, zum Beispiel unsachlich reagieren. Das haben Sie sich dann selbst zuzuschreiben!

Anders sieht die Situation bei einem Vorgesetzten aus, der keine Widerrede duldet und Sie nur als Befehlsempfänger betrachtet, oft auch nicht bereit ist, seine negative Kritik und das nach seiner Meinung richtige Verhalten im einzelnen zu begründen. Bei einem derart autoritären Vorgesetzten müssen Sie genau überlegen, wieweit Sie ohne Gefahr für sich hinterfragen dürfen; denn:

- Bezweifeln Sie die Wichtigkeit seiner Kritik und/oder seines Lösungsweges, dann können Sie in seinen Augen als Rebell erscheinen.
- Fragen Sie etwas zur Lösung, zum Beispiel im Hinblick auf deren Präzisierung, so hält er Sie für begriffsstutzig oder widerspenstig.
- Versuchen Sie darzustellen, daß Sie nicht allein verantwortlich sind, gilt dies als Abschieben der Schuld auf andere.

Was sollten Sie also tun?

1. Klären Sie zunächst, ob der Chef bei seiner autoritären Kritik nur unter besonderem Zeitdruck so gehandelt hat. Dann können Sie nämlich bei einer zeitlich günstigeren Situation auf bestimmte Punkte noch einmal zu sprechen kommen, die nicht unkorrigiert bleiben dürfen. Sonst entsteht beim Vorgesetzten der falsche Eindruck, er habe mit seiner Kritik Ihre volle Zustimmung gefunden.

2. Ist der Chef stets derartig autoritär, dann ist es wichtig zu wissen, zu welchem Typ er zählt: Ist er Diktator, Patriarch oder unsicher?

Es gelten die bereits dargestellten, allgemein gültigen Verhaltensregeln. Auf jeden Fall aber müssen Sie so viel nachfragen, daß Sie genau genug wissen, wie Sie zukünftig handeln sollen. Verzichten Sie nämlich darauf, dann wird die nächste Kritik nicht lange auf sich warten lassen, und sie wird sicher härter ausfallen als die erste. Wichtig ist, daß Sie sich trotz der Streßsituation bedingt durch das autoritäre Führungsverhalten des Chefs, stark genug konzentrieren, um nichts Wesentliches zu überhören. Dann nämlich müssen Sie vermeidbare Rückfragen stellen, die den Vorgesetzten zu Recht verärgern.

● **Tip:**
Verurteilen Sie nicht alles vorschnell als Theorie, was Sie noch nicht versucht haben oder in Ihrem Betrieb noch nicht geschehen ist; denn was nicht ist, das kann noch kommen. Lassen Sie sich nicht zu Killerphrasen verleiten, sondern betrachten Sie Kritik als Herausforderung!

Den Ernst der Situation erkennen

Vielen Vorgesetzten fällt es schwer, ihre Mitarbeiter zu kritisieren, vielleicht auch Ihrem Vorgesetzten. Deshalb formuliert er viel weicher, als er es eigentlich tun müßte und von der Sache her auch wirklich meint. Typisch dafür sind:

**Formulierungen in Bitteform, die in Wahrheit
eine klare Anordnung darstellen**

Der Chef sagt zum Beispiel: „Ich möchte, daß Sie . . .“ Oder: „Bitte, erledigen Sie . . .“
   Er meint aber: „Ich erwarte, daß Sie . . .“ Wenn seine Aussagen nämlich eine Bitte beinhalten würden, dann könnten Sie seinen Wunsch erfüllen, aber dies auch sein lassen. In diesem Fall aber müßten Sie unter Umständen sogar mit einer Sanktion (= Strafmaßnahme) rechnen.

Verniedlichungen im Hinblick auf das zu ändernde Verhalten

Der Vorgesetzte verwendet Worte, die das Ausmaß der von Ihnen ver-
langten Verhaltensänderung viel zu gering erscheinen lassen, wie:
- ein bißchen oder süddeutsch „ein bissel",
- etwas,
- ein wenig.

Die wirkliche Abweichung können Sie dennoch leicht herausfinden,
weil er sie inhaltlich nennt. Danach müßte es oft heißen: „beträchtlich" oder „wesentlich".

Konjunktiv statt Aussagen

Der Chef schlägt etwas vor und sagt: „Ich möchte . . ." statt „Ich
schlage vor . . ." oder „Ich möchte meinen", statt daß er meint, oder
„Ich würde das soundso machen" statt „Ich erwarte, daß . . ."

Der Konjunktiv ist sachlich unrichtig; denn der Vorgesetzte beabsichtigt nicht, erst etwas zu tun, zum Beispiel vorzuschlagen, sondern
er handelt bereits. Er verniedlicht außerdem die kritische Situation;
denn die Konjunktivformulierung weist auf einen Wunsch hin und
auf dessen Erfüllung in fernerer Zukunft, während der Vorgesetzte
wirklich eine sofortige Umstellung verlangt.

Zusammenfassend:

Sprachliche Formulierung und Wirklichkeit liegen weit auseinander. Dadurch können Sie sich über den Ernst der Lage täuschen, vor
allem, wenn Sie
- ein optimistischer Mensch sind,
- von sich selbst überzeugt oder
- negative Kritik zu wenig ernst nehmen.

Es hilft Ihnen später nichts, sich bei Nichtbefolgen der „Anweisung"
des Chefs auf dessen vorsichtige Formulierungen zu berufen; denn
nach einem ungeschriebenen Gesetz nimmt der Chef einfach an, daß
Sie wissen, wie ernst er seine negative Kritik gemeint hat.

Ähnliche „Mißverständnisse" wie durch die zu weichen Formulierungen können entstehen, weil Ihr Chef als Stilmittel die Ironie einsetzt. Die Situation kann sich dadurch verschärfen, daß der Vorgesetzte eine so feine Ironie anwendet, daß Sie nur schwer erkennen können, ob er etwas ironisch oder wirklich so meint. Dieses Problem dürfte aber nur entstehen, wenn Sie den Chef von seinem Charakter her noch zu wenig kennen; denn sonst müßten Sie wissen, wie er etwas meint.

Den Ernst der Situation können Sie auch dadurch erkennen, daß Sie den Vorgesetzten in seinem Gesamtverhalten genau beobachten:

- Er kritisiert Sie nicht zwischen Tür und Angel, sondern ruft Sie zum Gespräch besonders zu sich.
- Mimik und Blickkontakt deuten Ärger oder Entschlossenheit an.
- Die Gestik ist eindringlich, wirkt sogar drohend.
- Der Chef „zitiert" Sie vor seinen Schreibtisch, statt sich mit Ihnen an seine Besprechungsecke zu setzen.
- Er will beim Gespräch auf keinen Fall gestört werden.
- Das Gespräch findet ohne die sonst übliche floskelhafte oder wirklich die Atmosphäre verbessernde Einleitung statt, der Chef beginnt sofort und unvermittelt mit seiner Kritik.

Viele Kritikgespräche enden wie auch zahlreiche Beurteilungsgespräche ohne die klare Festlegung von Maßnahmen oder zumindest eine knappe, nachdrückliche Fixierung der Gesprächsergebnisse. Das darf Sie aber nicht darüber hinwegtäuschen, wie der Chef seine Kritik gemeint hat, nämlich daß Sie sofort entsprechend seinen Vorstellungen Ihr Auftreten und Verhalten ändern.

Wissen Sie zum Beispiel noch zu wenig über Ihren Chef, dann sollten Sie bei Unklarheiten einen Menschen fragen, der ihn genau kennt, zum Beispiel seine Sekretärin oder seinen Assistenten. Das sollten Sie aber nur tun, wenn die Deutlichkeit der negativen Kritik inhaltlich zu wenig klar ist, nicht wenn er nur weich formuliert hat.

● **Tip:**
Täuschen Sie sich nicht über den Ernst der Situation! Seien Sie vor-

sichtig, wenn Ihr Vorgesetzter Kritik zu weich formuliert und Sie von sich wissen, daß Sie sehr optimistisch sind.

Klarheit
über die möglichen negativen Konsequenzen

Im letzten Kapitel haben wir uns mit Problemen befaßt, die dadurch entstehen, daß Sie als Mitarbeiter nicht deutlich genug erkennen konnten, ob der Chef Sie kritisieren wollte und wenn ja, wie stark; in diesem geht es um die Schwierigkeit, daß Sie nicht wissen, welche negativen Folgen eine Nichtbeachtung der Anweisung des Vorgesetzten hat. Es wäre unsinnig zu erwarten, daß der Chef jede negative Kritik mit einer „Drohung" schließt, um ihr so mehr Nachdruck zu verleihen.

Es kann sich deshalb nur darum handeln, daß
1. der Vorgesetzte von Ihrer Seite aus Ungehorsam erwartet,
2. ein Wiederholungsfall vorliegt – Sie hatten zwar vor, sich richtig zu verhalten, aber es gelang Ihnen nicht,
3. Ihr Fehlverhalten schwerwiegende negative Folgen für den Betrieb hatte oder hätte haben können.

In allen Fällen kommen die Äußerungen des Chefs einer Drohung gleich, nur ergibt sich entweder diese Konsequenz aus der Sache selbst wie bei Beispiel 3, oder der Vorgesetzte benutzt dieses Mittel, um Sie einzuschüchtern.

Beabsichtigt er dieses Ziel, dann können Sie seine Drohung nur ernstnehmen, wenn der Chef die entsprechenden Machtmöglichkeiten besitzt *und* auch wirklich bereit ist, sie einzusetzen.

Sie sollten nicht wie ein ungezogenes Kind danach fragen, es sei denn, Sie wollen einen Konflikt planmäßig eingehen; denn durch Ihr Verhalten kündigen Sie bereits deutlich Ihren Ungehorsam an. Das verärgert den Chef verständlicherweise und kann bei ihm zu ähnlichen kindlichen Reaktionen führen wie die Äußerung: „Das werden Sie schon sehen!"

In der Regel können Sie sich ohne Diskussion mit dem Vorgesetzten denken, was er tun wird, zumal Sie ihn gut genug kennen und deshalb wissen, wie ernst er eine eigene Anweisung nimmt und welche Persönlichkeitsstärke er besitzt.

Mögliche Folgen:

Es geschieht gar nichts

Der Chef wollte Ihnen nur sagen, wie er sich eine bessere Lösung der Aufgabe vorstellt. Es gibt aber auch nach seiner Meinung mehrere gangbare Wege. Sie sollten sich überlegen, ob Sie nicht besser der Empfehlung des Vorgesetzten folgen, da es sich auch für Sie nicht um eine Grundsatzfrage handeln kann.

Der Chef ist verärgert

Der Vorgesetzte hält Ihr „Fehlverhalten" nicht für so schwerwiegend, daß er etwas Besonderes unternimmt, sondern es entstehen in ihm negative Emotionen gegen Sie, oft ohne daß er diese Entwicklung deutlich werden läßt. Er merkt sich Ihren „Ungehorsam" und Sie sammeln so Minuspunkte auf Ihrem Konto. Sie müßten deshalb äußerst genau beobachten, wie der Vorgesetzte reagiert, auch wenn er nach außen hin Gelassenheit signalisiert, zum Beispiel durch die Äußerung:

„Dann lassen Sie es eben!"

Mehr als Worte sagen über die wirkliche Stimmung eines Menschen aus
– die Sprechweise
   und erst recht
– seine Körpersprache, zum Beispiel
   – die Härte des Gesichtsausdrucks,
   – ein drohender Blick,
   – nachhaltige Gestik.

Das Entstehen negativer Emotionen wirkt sich auf Dauer viel verhängnisvoller aus als eine sofort vollzogene „Bestrafung", mit der für den Chef die Sache abgeschlossen ist.

Beschwerde beim nächsthöheren Vorgesetzten

Dieses Risiko gehen Sie ein, und Sie müssen sich deshalb *vorher* genau überlegen, was Ihnen die Eskalation der Angelegenheit (= Steigerung der Auseinandersetzung) einbringt und ob der Streitfall sich für Sie lohnt. Vor allem müssen Sie sich klar darüber sein, wie der nächsthöhere Vorgesetzte reagieren wird. Zunächst muß er den ihm unmittelbar unterstellten Chef gegen Sie schützen. Das verlangt das Gebot der Loyalität (= des Eintretens für den Mitarbeiter, der Identifizierung mit ihm). Davon darf der Chef nur abrücken, wenn der Mitarbeiter (= Ihr Vorgesetzter) sich so klar ins Unrecht gesetzt hat, daß er (= der Vorgesetzte Ihres Vorgesetzten) nicht mehr hinter ihm (= Ihrem Vorgesetzten) stehen kann, will er seine Glaubwürdigkeit und damit Autorität bei Ihnen und den anderen Mitarbeitern erhalten.

Es kann auch die andere Situation bestehen: Ihr unmittelbarer Chef und sein nächsthöherer Vorgesetzter tragen Streitigkeiten untereinander aus. Deshalb ist dieser froh, neues Material in der Auseinandersetzung mit seinem Mitarbeiter zu erhalten, vielleicht hat er Sie sogar dazu aufgefordert. Dann wird sich Ihr Chef trotz Ihrer Weigerung nicht bei seinem Vorgesetzten über Sie beschweren können. Sie werden leicht zum Spielball der beiden sich Streitenden:
– Der nächsthöhere Vorgesetzte benutzt Sie gegen seinen Mitarbeiter.
– Dieser wiederum rächt sich und schlägt Sie statt seinen Chef, den er eigentlich treffen will.

Eine weitere Alternative wäre, daß der nächsthöhere Vorgesetzte seine Ruhe haben möchte und ärgerlich ist, sowohl über den unmittelbar unterstellten Mitarbeiter (= Ihren Chef) als auch über Sie, und Sie beide das deutlich spüren sollen.

Einleitung oder Verhängung einer Disziplinarmaßnahme

Hier ist nicht der Ort, im einzelnen arbeitsrechtlich zu erörtern, welche Fehlhandlungen von Ihrer Seite eine Disziplinarmaßnahme auslösen können. Abmahnungen gibt es juristisch nur bei schwerwiegenden Verletzungen der arbeitsvertraglichen Pflichten, ausgenommen, Sie hätten Ihren Vorgesetzten als Vertreter des Unternehmens und damit auch dieses so stark in seinem Vertrauen hintergangen, zum Beispiel durch Betrug, daß man Sie nur kündigen kann, oder die Sache auf sich beruhen lassen muß.

Die leichteste Form der Disziplinarmaßnahme stellt die Ermahnung dar: Sie werden mündlich oder schriftlich eindringlich darauf hingewiesen, daß Sie gegen Ihre arbeitsvertraglichen Pflichten verstoßen haben und das in Zukunft nicht mehr tun dürfen, Sie auch demnächst strenger kontrolliert werden, um so festzustellen, ob Sie sich jetzt richtig verhalten. Wie alle Formen der Disziplinarmaßnahmen kommt es zu einem Vermerk in Ihrer Personalakte, gegen den Sie schriftlich protestieren können. Diese Stellungnahme wird der Ermahnung beigefügt. Haben Sie schwerwiegend gegen die zwischen Geschäftsleitung und Betriebsrat vereinbarte Betriebs- oder Arbeitsordnung verstoßen, dann kann der Arbeitgeber gegen Sie – jedoch nur mit Zustimmung der Arbeitnehmervertretung – eine Strafe verhängen (Fachausdruck: Betriebsbuße).

Ebenfalls nur mit dem Ja des Betriebsrates ist es möglich, daß Sie mit der schwersten Form der Disziplinarmaßnahme belegt werden, der sogenannten Abmahnung. Diese besitzt echten Bestrafungs-Sanktionscharakter. Darunter versteht man, daß die Abmahnung mit einer klaren Bedrohung verbunden ist, wie

„Im Wiederholungsfall müssen Sie mit der Kündigung rechnen" oder juristisch einwandfreier, weil vorsichtiger:

„Bei Fortsetzung Ihres Fehlverhaltens müssen Sie mit der Gefährdung Ihres Arbeitsverhältnisses rechnen."

Aus den harten Formulierungen wird deutlich, daß die Abmahnung die letzte Stufe vor der Entlassung darstellt.

Je nach Schwere Ihres Fehlverhaltens müssen Sie auch ohne die Vorwarnung durch eine Disziplinarmaßnahme mit einer Kündigung rechnen.

146

● **Tip:**

Wie ernst Ihr Vorgesetzter eine harte Kritik meint, das können Sie am sichersten aus seiner Körpersprache ablesen. Beschweren Sie sich nur beim nächsthöheren Vorgesetzten, wenn Sie sicher sein können, nicht in deren Streit mithineingezogen zu werden. Prüfen Sie, ob man Sie nur ermahnt oder schon abgemahnt hat. Beide Disziplinarmaßnahmen sollten Sie zur Vehaltensänderung veranlassen.

9. Das Kritikgespräch mit dem Chef

Überlegungen statt offener Kritik 150
Hieb- und stichfeste Kritik 152
Negative Kritik nur mit Verbesserungsvorschlägen 155
Negative Kritik, ein Risiko für Sie als Mitarbeiter 158

Überlegungen statt offener Kritik

Können Sie als Mitarbeiter Ihren Chef in der gleichen Form kritisieren, wie er es bei Ihnen tut? Nein, in der Regel nicht! Der Grund dafür liegt in der unterschiedlichen hierarchischen Stellung und den damit verbundenen Funktionen. Es zählt zu den Pflichten eines Vorgesetzten, einen Mitarbeiter zu kritisieren, wenn dieser sich nicht so verhält, wie er sich verhalten müßte. Eine ähnliche Aufgabe gibt es für den Mitarbeiter gegenüber seinem Vorgesetzten nicht, wohl die Pflicht, Schaden vom Unternehmen abzuwenden. Das aber muß nicht unbedingt durch negative Kritik am Chef geschehen.

Zwar gibt es Fälle, bei denen der Mitarbeiter seinen Chef ebenso kritisieren kann wie umgekehrt, weil der Vorgesetzte dies akzeptiert, dabei handelt es sich aber klar um Ausnahmen. Dessen müßte sich der Mitarbeiter stets gewiß sein.

Wie kritisiert man nun üblicherweise den Chef?

Zum richtigen Zeitpunkt

Zwar muß auch der Chef diese Frage Ihnen gegenüber erwägen, aber nicht so wie Sie. Einzige Ausnahme:

Es muß sofort etwas geschehen, weil sonst ein zu großer Schaden entsteht. Sie müssen nämlich überlegen, ob *jetzt* der richtige Augenblick zur Kritik ist. Spontane und damit emotional bedingte Kritik übersieht diesen wichtigen Faktor oft.

Beispiel:

Eine Sekretärin erlebt mit, wie Ihr Chef einen Kollegen so massiv kritisiert, bis dieser mit den Nerven völlig fertig ist, wobei weder die Form noch der Inhalt (= Bedeutung des Fehlverhaltens) angemessen sind. Es wäre von der Sekretärin äußerst unklug, in ihrer verständlichen Erregung *sofort* den Chef zu kritisieren. Dieser ist noch selbst erregt und würde eine Kritik in dieser Stunde als illoyalen Akt seiner Sekretärin ansehen. Kritisieren dürfte sie ihn erst, wenn der Vorgesetzte sich wieder voll abreagiert hat, wenn er in einer ruhigen Minute in guter Stimmung ist.

In der richtigen Form

Bleiben wir bei unserem Beispiel. Die clevere Sekretärin würde ihren Chef nicht offen kritisieren, sondern sein falsches Verhalten gegenüber dem Mitarbeiter hinterfragen. Sie hat zumindest das Ergebnis des Gesprächs miterlebt. Davon kann sie legitimerweise ausgehen und in etwas neugieriger Form, mit dem starken Ausdruck des Mitgefühls, sich nach der Ursache der Auseinandersetzung erkundigen, wenn sie diese noch nicht kennt. Die Reaktion des Chefs kann vom völligen Abblocken über die emotional negative Färbung des Geschehens bis hin zur sachlichen Darstellung, vielleicht sogar mit selbstkritischen Bemerkungen, reichen. Jede nichtsachliche Reaktion auf ihre Frage sagt der Sekretärin, daß jetzt noch nicht die richtige Stunde zur Kritik gekommen ist.

Weiß die Sekretärin dagegen, daß der Vorgesetzte für Kritik empfänglich ist, dann sollte sie sein Verhalten hinterfragen, indem sie sich erklären läßt, weshalb er so und nicht anders vorgegangen ist. Damit charakterisiert sie, ohne das deutlich zu sagen, ihren eigenen Standpunkt.

In ihr Gespräch kann die Sekretärin negative Auswirkungen einfließen lassen, dies können Folgen sein, die bereits eingetreten sind, ohne daß die Sekretärin eingreifen konnte, oder Konsequenzen, die in Kürze drohen. So kann der Mitarbeiter nach der überaus harten Kritik absolut demotiviert sein, während der Chef fälschlicherweise annimmt, sein Mitarbeiter werde das Verhalten in positiver Hinsicht verändern.

Nur punktuelle Kritik

Manche Mitarbeiter gehen in ihrem missionarischen Drang, das Beste für ihren Chef zu erreichen, zu weit. Dann weitet sich das Gespräch zu grundsätzlichen Erörterungen aus. Dabei handelt es sich aber um Entscheidungen, die allein der Chef trifft und auf die der Mitarbeiter nur zu sprechen kommen darf, wenn der Vorgesetzte ihn dazu auffordert, weil es sich um eine ureigene Aufgabe, zum Beispiel des Abteilungsleiters, handelt. Die Kritik des Mitarbeiters sollte deshalb in der Regel punktuell bleiben.

Einsicht genügt

Der Chef hat einen Fehler begangen. Das sieht er inzwischen deutlich ein, vielleicht schon vor Ihrem Gespräch mit ihm, unter Umständen endgültig erst durch Ihre Überlegungen als Ergänzung und Vertiefung. Er will aber sein Fehlverhalten nicht offen vor Ihnen als seinem Mitarbeiter zugeben, zum Beispiel weil er einen Imageverlust fürchtet. Wenn der Vorgesetzte also formuliert: „Das hätte man auch so machen können", dann stellt das bereits ein Eingeständnis des Fehlverhaltens dar. Es wäre von Ihnen sehr unklug, sich damit nicht zu begnügen, sondern stattdessen unbedingt zu erreichen, daß der Vorgesetzte Ihnen gegenüber bekennt:
„Ja, da habe ich falsch gehandelt!"
Statt dessen wird er immer ärgrlich werden, und sein zunächst für Ihre Kritik aufgeschlossene Haltung wandelt sich immer mehr in eine Abwehrgesinnung um.

● **Tip:**
Sie müssen den hierarchischen Unterschied beachten. Deshalb empfiehlt sich das Hinterfragen, nicht die offene Kritik. Versuchen Sie außerdem nicht, den Chef zum offenen Eingeständnis seines Fehlverhaltens zu veranlassen. Es genügt, wenn er nachdenkt. Warten Sie für Ihre kritischen Worte den richtigen Zeitpunkt ab.

Hieb- und stichfeste Kritik

Wenn Sie sich gegen eine negative Kritik Ihres Chefs verteidigen, dann müssen Sie, um erfolgreich zu sein, sachlich überzeugend und psychologisch geschickt auftreten. Es ist verständlich, daß Sie besonders in sachlicher Hinsicht starke Argumente für sich haben müssen, wollen Sie den Chef kritisieren. Deshalb ist es erforderlich, daß Sie bei der gründlichen Vorbereitung Ihres Kritikgesprächs mit dem Chef bestimmte Punkte beachten.

Ist Ihre Information gut abgesichert?

Unter „Absicherung" wird hier verstanden, daß Ihre Beweise hieb- und stichfest sind und der Vorgesetzte sie deshalb akzeptieren müßte. Es darf Ihnen nicht passieren, daß Ihre Argumentation unter den harten Angriffen des Vorgesetzten wie ein Kartenhaus zusammenbricht. Ein klassisches Beispiel dafür stellen Hinweise von Mitarbeitern, Kollegen oder Geschäftspartnern dar, deren Richtigkeit Sie nicht überprüfen können. Im entscheidenden Augenblick nämlich, wenn es darum geht, daß der Betroffene in Gegenwart des Chefs seine Behauptungen wiederholen soll, kommt es zu teilweisen oder sogar gänzlichen Rückzügen. Geschieht Ihnen dies nur ein einziges Mal, so ist Ihre Glaubwürdigkeit beim Chef entscheidend und auf Dauer gefährdet.

Besitzen Sie genügend Information?

Eine negative Kritik kann in sich zusammenbrechen, sogar wenn sie gut abgesichert ist, weil der Kritisierte beweisen kann, daß der Kritisierende wesentliche Informationen nicht berücksichtigt hat, die er hätte beachten müssen. Einige Beispiele für eine zum Scheitern verurteilte negative Kritik am Vorgesetztenverhalten:
- Der Chef konnte wegen des Drucks von oben oder vom Kunden her keine andere als die getroffene Entscheidung fällen.
- Sie kennen übergeordnete Gesichtspunkte nicht, wie bestimmte zu erreichende Ziele oder auf jeden Fall zu vermeidende Ergebnisse.
- Es ist Ihnen entgangen, daß maßgebliche andere Einzelpersonen oder Personengruppen an der Entscheidung oder deren Ausführung beteiligt waren.

153

- Die von Ihnen als optimal betrachtete Lösung hätte sich nicht verwirklichen lassen.

Ist das Fehlverhalten wirklich so schwerwiegend gewesen?

Es besteht für jeden Menschen und damit auch für Sie die Gefahr, daß Sie sich zusehends in eine Sache hineinsteigern. So kann ein angebliches oder auch wirkliches Fehlverhalten Ihres Chefs immer größere Dimensionen annehmen und in seinen negativen Konsequenzen verhängnisvoller werden. Wenn Sie nicht fair genug ihm gegenüber sind und kritisch den eigenen Standpunkt hinterfragen lassen, dann gehen Sie mit Ihrem Problem nur zu Menschen, die Ihnen zustimmen werden. Außerdem sorgen Sie durch einseitige und damit verfälschende Information dafür, daß die um ihr Urteil Gefragten manipuliert werden. Gehen Sie so vor, dann wird niemand die kritisierte Entscheidung in ihren richtigen Dimensionen sehen, sondern in der von Ihnen gewünschten Bedeutung.

Sind Sie fähig, den Chef zu kritisieren?

Dieses Problem kann auftreten, wenn Sie zum Beispiel Ihr Fachgebiet verlassen und Ihre Kritik sich auf ein Gebiet bezieht, auf dem Sie nicht Spezialist sind. Dann wird es überhaupt schwierig sein, zu kritisieren, weil Sie zur Absicherung Ihrer Kritik einen oder mehrere Fachleute heranziehen müssen, die aber nicht beim Gespräch mit dem Chef dabeisein können (Regel für Kritik: unter vier Augen). Dennoch kann sich Ihre Kritik von der Sache her als notwendig erweisen. Sie muß aber bedeutend vorsichtiger abgefaßt sein als andere Kritik und deshalb noch stärker den Charakter einer Anfrage besitzen.

Was wird der Chef erwidern?

Wie bei einer Schachhängepartie müssen Sie sich nicht nur den nächsten möglichen Zug des Vorgesetzten mit seinen Alternativen überlegen, sondern auch weitere darauf aufbauende. Im Rahmen seiner Selbstverteidigung könnte der Chef zum Gegenangriff antreten. Sie müssen deshalb genau überlegen, welche Fehler Sie in letzter Zeit begangen haben, die der Vorgesetzte noch nicht kritisiert hat, oder die trotz seiner Forderung nach Änderung geblieben sind. Es könnte nämlich gut sein, daß der Chef Ihre Kritik schon bald abbricht, um zur eigenen Entlastung eine Gegenoffensive zu starten, eine Technik, die Sie sicher als Mitarbeiter auch schon angewandt haben. Da der Chef und Sie nicht auf einer hierarchischen Ebene stehen, ist es für Sie schwieriger, seine Kritik abzublocken, um Ihre eigene fortzusetzen. Sie müssen sich in der Regel deshalb zunächst mit seiner überraschenden Kritik auseinandersetzen und können dann erst die eigene an seinem Verhalten fortsetzen.

Sie dürfen nicht den Fehler begehen, die eigene Stellung bei Ihrer Kritik als unangreifbar anzusehen und damit den Chef und seine Argumentation zu unterschätzen.

● **Tip:**
Kritisieren Sie Ihren Vorgesetzten erst, wenn Sie Ihre Beweisführung gut genug abgesichert haben. Ihre Kritik muß einen realistischen Verbesserungsvorschlag enthalten, und Sie müssen sicher wissen, daß Ihr Chef anders hätte handeln können. Bedenken Sie auch, ob Ihr Vorgesetzter zum Gegenangriff antreten kann und wenn ja, weshalb das möglich ist.

Negative Kritik
nur mit Verbesserungsvorschlägen

Sie erwarten vom Chef eine aufbauende (= konstruktive) Kritik. Diese Forderung stellt der Vorgesetzte zu Recht auch an Sie. Oft weiß man als Mensch, daß man etwas tut, was schwerwiegende Mängel aufweist, dennoch handelt man so, weil man zumindest zur Zeit keinen anderen Weg kennt. Vielleicht gibt es sogar keinen besseren, nicht nur in Ihren eigenen Augen. Unsere Welt wird stets unvollkommen bleiben, was vielleicht sehr gut ist. Kehren wir zu unserem Thema Kritik zurück. Es kann sein, daß Sie etwas am Verhalten des Chefs kritisieren müssen, obwohl Sie noch keine Lösung wissen. Das darf aber nur die wohl begründete Ausnahme sein! Die Angelegenheit muß so problematisch sein, daß etwas geschehen muß, möglichst bald und grundlegend. Nicht nur Sie und der Chef, sondern auch weitere in- und externe Personen müssen sich mit der Frage befassen, um durch den Einsatz von viel Fachkönnen und Intelligenz den Fehler für die Zukunft zu vermeiden.

Bei Ihrer konstruktiven Kritik müssen Sie diese Aspekte beachten:

Die Lösung muß machbar sein

Wenn der Vorgesetzte bisher nicht den Weg eingeschlagen hat, den Sie für die Lösung halten, dann wird es dafür meist schwerwiegende Gründe geben, es sei denn, er habe diese Art der Problembewältigung bisher überhaupt nicht erkannt. Das kann der Fall gewesen sein, weil er sich auf eine bestimmte Denk- und Verhaltensrichtung einseitig festgelegt hat.

Der Chef könnte ihren Lösungsweg mit der Bemerkung abblocken: „Das habe ich mir schon längst überlegt" oder „Das habe ich bereits versucht, aber es geht nicht."

Vor Ihrer Kritik müssen Sie deshalb erwägen, ob die nötigen Rahmenbedingungen für die Lösung vorliegen:

– Sind die finanziellen Mittel vorhanden?
– Gibt es Mitarbeiter, die die Lösung realisieren können?
– Ist mit einem Ja des nächsthöheren Vorgesetzten anderer zuständiger Stellen zu rechnen?

Es kann auch sein, daß zwar Widerstände bestehen, sie sich aber überwinden lassen, Ihr Chef jedoch zu vorzeitig resigniert hat. Er müßte einen neuen Anlauf nehmen, dazu fehlt ihm die Kraft, die er aber durch Ihre Überzeugung jetzt gewinnt.

Die Lösung muß ausgewogen sein

Es gibt die sogenannte Problematik der Übermotivation. Darunter versteht man, daß ein Mensch zu sehr von einer Sache überzeugt ist, um darüber noch ausgewogen nachdenken zu können. Er sieht nur noch den eigenen Lösungsweg, und alle zu beachtenden Einwände schiebt er als belanglos zur Seite. Bringt der andere Einwände, dann sieht er nicht mehr in erster Linie deren sachlichen Gehalt, sondern das Nein zu sich selbst, einen persönlichen Angriff und er reagiert entsprechend allergisch. Sie müssen deshalb bei der Vorbereitung Ihrer Kritik alle nur möglichen Einwände und deren Berechtigung prüfen, sich mit ihnen ernsthaft auseinandersetzen und das auch bei solchen Argumenten, die Sie zunächst (= auf den ersten Blick) als unberechtigt ansehen.

Wichtig ist, daß Sie sich selbst gut genug kennen und deshalb wissen, wie schnell Sie sich auf eine bestimmte Lösung als einzig mögliche festlegen. Ist es ein typischer Charakterzug von Ihnen, so sollten Sie *auf jeden Fall* einen möglichst neutralen Berater einschalten.

Die Lösung muß opportun sein

Ihr Weg könnte sowohl machbar als auch abgesichert sein. Dennoch wäre es *zu diesem Zeitpunkt* inopportun (= politisch/psychologisch ungeschickt), ihn anzugehen. Das kann sogar der Grund sein, weshalb der Vorgesetzte, der ihn ebenso wie Sie erkannt hat, nicht die von Ihnen favorisierte Lösung eingeschlagen hat. Ursachen für eine solche Inopportunität können sein:
- Das Image Ihres Vorgesetzten bei seinem Chef oder anderen zuständigen Stellen ist gegenwärtig schlecht.
- Es hat Mißerfolge gegeben bei als besonders fortschrittlich geltenden anderen Lösungen, die zu der Entscheidung geführt haben: *Keine Experimente mehr!*
- Es gibt Richtungskämpfe in der Firma, so daß Ihre Lösung nicht unter sachlichen Gesichtspunkten erwogen würde, sondern als Vorschlag der Gruppe X, der schon deshalb von der Gruppe Y ab-

gelehnt wird. Aus diesem Tatbestand wird deutlich, daß es Ihnen vielleicht am nötigen Hintergrundwissen fehlt, vielleicht blockt der Vorgesetzte Sie aber auch nur damit ab, indem er die Situation in unzulässiger Weise durch sein Nein verschärft.

● **Tip:**
Kritik ohne Verbesserungsvorschlag dürfen Sie nur üben, wenn die Lage sehr kritisch geworden ist. In diesem Fall muß Ihr Vorgesetzter spüren, daß Sie mit ihm an einem Strang ziehen. Steigern Sie sich nicht in Ihre Kritik hinein, sondern fragen Sie kluge Unbeteiligte, wenn Sie stark emotional reagieren!

Negative Kritik, ein Risiko für Sie als Mitarbeiter

Wenn Sie einen Chef noch nicht genau kennen, dann müssen Sie wie nach der Übernahme einer neuen Funktion in den ersten Wochen zunächst einmal abwarten und sorgfältig beobachten, wie der Vorgesetzte auf Mißerfolge, Einwände und Kritik seines Chefs, seiner Kollegen und anderer Mitarbeiter reagiert:
- Steht für ihn die Sache im Mittelpunkt, also die Verbesserung einer Lösung, oder die eigene Person, die des Kritisierenden?
- Handelt er stark emotional oder geht er mehr sachlich an die Angelegenheit heran?
- Wie stark ist sein Bestreben, dem bei passender Gelegenheit eins „auszuwischen", der ihn zu kritisieren gewagt hat? Wie sehr trägt er also nach?
- Diskutiert er mit Ihnen offen Probleme, oder dienen seine Gespräche mit Ihnen mehr der Selbstdarstellung? Wie stark ist also sein Profilierungsdrang, der ihn auf jede Kritik heftig reagieren läßt?

Als Risiko bezeichne ich in diesem Kapitel mehr oder weniger massive negative Folgen für Sie als Mitarbeiter, nur weil Sie gewagt haben, „seine Majestät, den Chef" zu kritisieren. Aus meiner Zeit als junger Assistent an der Universität ist mir bis heute ein Gespräch mit meinem damaligen Chef, dem zuständigen Professor, in äußerst unangenehmer Erinnerung. Er sprach mich von sich aus an und bat mich um eine Beurteilung seiner Vorlesung mit der aufmunternden Bemerkung: „Selbstverständlich können Sie mich auch kritisieren!"

Der Schlußsatz hätte mich bereits stutzig machen sollen. Weshalb hatte der Professor sich überhaupt so geäußert, wo es doch selbstverständlich sein müßte, daß jede abgewogene Beurteilung auch negative Aspekte enthält und deshalb diese Möglichkeit gar nicht erwähnt werden muß? Da er wie üblich seine Vorlesung völlig improvisiert hatte – worauf er stolz war, wovon aber die Studenten weniger hielten –, war sie zu wenig durchdacht und zu unsystematisch. Ich kritisierte also die Gliederung allein, nicht auch den zweiten Aspekt, das Durchdenken eines Lehrstoffes, weil mir dies zu gefährlich schien. Dennoch hatte ich mein Risiko unterschätzt. Kaum hatte ich die ersten kritischen Worte geäußert, da wurde der Professor bereits scharf und ging zum massiven Gegenangriff über. Danach war ich einer der unfähigsten Assistenten der Hochschule, und es war nur seiner Langmut zu verdanken, daß ich überhaupt noch dort war, und da wagte ich so undankbar zu sein, ihn als meinen Wohltäter anzugreifen.

● **Tip:**
Überlegen Sie vor Ihrer Kritik, wie kritikfähig Ihr Chef ist! Handelt er üblicherweise sehr emotional, dann wird er dies auch jetzt zu stark tun. Er wird negative Emotionen gegen Sie entwickeln und Ihnen Ihre Kritik bei Gelegenheit heimzahlen.

10. Die Bitte um Gehaltserhöhung

Der gut überlegte Zeitpunkt 162
Der geschickte Einstieg 164
Typische Reaktionen voraussehen 167
Überzeugendes eigenes Auftreten 169
Das stichhaltige Argumentieren 172
Die Glaubwürdigkeit der Chefreaktion 175
Falsche Reaktionen beim Mißerfolg 178

Der gut überlegte Zeitpunkt

Wenn Sie um eine Gehaltserhöhung bitten wollen, müssen Sie den Zeitpunkt für Ihre Bitte unter zwei Aspekten sehen:

1. Als Augenblick zur Gehaltsforderung innerhalb eines Jahresablaufs und

2. als geeigneter Zeitpunkt für das Gespräch.

Innerhalb eines Jahresablaufs ist der Zeitpunkt auszuwählen, zu dem das Unternehmen am ehesten finanziell Ihr Einkommen erhöhen könnte:

a) Es ist in der Firma üblich oder sogar vorgeschrieben, daß die Vorgesetzten einmal jährlich alle Gehälter danach überprüfen, ob sie noch unter Arbeitsmarktgesichtspunkten angemessen sind. Die Geschäftsleitung will so verhindern, daß die Mitarbeiter einzeln Gehaltsforderungen stellen, weil sie sich unterbezahlt fühlen. In diesem Fall ist der Sinn Ihres Gesprächs weniger die Forderung nach der Gehaltserhöhung, als darauf aufmerksam zu machen, was Sie für das Unternehmen leisten, damit Ihr Chef bei seiner Gehaltsüberprüfung daran denkt.

b) Das Unternehmen insgesamt oder der übergreifende Arbeitsbereich, zu dem Sie zählen, hat ein gutes Jahresergebnis erwirtschaftet, vor allem im Vergleich zur vorhergehenden Zeitperiode.

c) Sie haben mehrere Jahre hindurch keine Gehaltsforderung gestellt, aber vorzüglich gearbeitet, das heißt negativ gesehen: Ohne wesentliche Kritik.

Die genannten Zeitpunkte, abgesehen von c), sollen verhindern, daß Ihr Chef Ihnen entgegenhält, Sie hätten zwar mit Recht Ihre Gehaltsforderung gestellt, aber zum falschen Augenblick. Sie müßten nämlich einsehen, daß keine verteilbaren Geldmittel vorhanden seien. Bis dahin könnten Sie an eine Gehaltserhöhung nicht denken. Es handelt sich dabei um den in letzter Zeit klassischen Ablehnungsgrund für eine Gehaltsforderung. Müssen Sie mit einem Nein dieser Art rechnen, dann sollten Sie in Ihrer Gesprächsvorbereitung als Argumente bedenken:

162

1. Sind Ihnen Ausnahmen von der Regel bekannt? Kein Unternehmen, zumindest ab einer bestimmten Größenordnung, was die Zahl der Mitarbeiter betrifft, kann erreichen, daß der Leitsatz: *„In diesem Jahr wird kein Gehalt erhöht"*, sich konsequent durchhalten läßt. Es kommt also darauf an, wie gut Ihr Informationsstand ist.

2. Wer eine nachweisbar gute Leistung vollbringt (= mit seinem Arbeitsergebnis klar über der Norm liegt), der kann mit Fug und Recht die entsprechende Gegenleistung verlangen. Gibt es dafür angeblich kein Geld mehr, dann muß der Chef überlegen, woher er durch Einsparungen an anderer Stelle die finanziellen Mittel beschafft, oder Sie selbst müssen ernsthaft darüber nachdenken, ob Sie in dieser Firma bleiben sollen. Die Geschäftsleitung wertet nämlich Ihre Leistung entschieden zu gering oder akzeptiert das Leistungsprinzip allgemein nicht. Das ist meist der Fall, wenn die finanzielle Situation einen bestimmten Krisenpunkt erreicht hat. Dann gilt es für Sie als fähigen Mitarbeiter, das sinkende Schiff rechtzeitig zu verlassen.

3. Ihr Vorgesetzter verwendet die Begründung als bloße Floskel zum Abblocken. Die Begründung stimmt sachlich nicht, was sich unschwer beweisen lassen müßte.

Der „richtige Zeitpunkt" muß unabhängig von der bisher behandelten Firmensituation auch individuell (= von Ihrer persönlichen Situation aus) gesehen werden. Richtig ist der Zeitpunkt in folgenden Fällen:

– In den letzten Wochen und Monaten ist das zwischenmenschliche Verhältnis zum Chef ausgesprochen gut gewesen, sonst hätten sich nämlich in ihm negative Emotionen gegen Sie gebildet, die bei ihm gefühlsmäßig zu einem Nein führen, ohne daß er unter Umständen offen darüber mit Ihnen spricht (= psychologisch richtige oder falsche Situation).

– Ihre Leistungen haben sich klar verbessert und liegen deutlich über dem, was als Norm an Ihrem Arbeitsplatz erwartet wird. Haben Sie dagegen erst jetzt die Anforderungen der Stelle erfüllt, dann erhalten Sie von nun an Ihr Gehalt zu Recht und können deshalb keine Forderungen stellen.

– Sie haben über längere Zeit, zum Beispiel sechs Monate, zusätzliche Aufgaben von beträchtlichem Umfang, aber ohne höhere,

163

qualifizierte Anforderungen, erfüllt (= quantitatives Argument). Die gleiche Begründung liegt vor, wenn sich die Zahl der Aufgaben oder Vorgänge bei Ihrer eigentlichen Tätigkeit deutlich erhöht hat, z.b. wegen des Ausscheidens eines Kollegen oder beträchtlicher Umsatzausweitung.

– Die inhaltlichen Anforderungen sind klar gestiegen. Es wird von Ihnen bei Ihrer Tätigkeit bedeutend mehr Können verlangt. Deshalb mußten Sie sich durch Trainings on oder/und off the job und durch eigenes Literaturstudium entsprechend weiterbilden (= qualitatives Argument).

– Sie haben eine neue, bisher ungewohnte Aufgabe übernommen und sich dabei bewährt. Das muß ebenfalls je nach Anforderung drei bis sechs Monate hindurch geschehen sein. Beachten Sie bei diesem Punkt, was in Ihrem Manteltarifvertrag steht, weil dort oft vorgeschrieben ist, ab welchem Zeitpunkt der Arbeitgeber Ihre Bezahlung erhöhen muß.

– Sie haben vorübergehend eine bedeutend schwerere oder/und verantwortungsvollere Aufgabe übernommen. Ihre Forderung kann sich dann nur auf eine Zulage für diesen Zeitraum beziehen.

● **Tip:**
Gehaltsforderungen müssen mit klar erkennbaren Leistungen im Betrieb begründet werden, beispielsweise mit bedeutend mehr Arbeit oder mit höherwertiger Tätigkeit, nicht mit privaten Anliegen, wie zu wenig Geld für den von Ihnen angestrebten Lebensstil.

Der geschickte Einstieg

Eine alte Regel besagt: „Man soll nicht mit der Tür ins Haus fallen." Dieses Prinzip gilt auch beim Gehaltsgespräch von Ihrer Seite als Mitarbeiter aus. Es gibt einige Haupteinstiegsmöglichkeiten:
1. Sie bitten Ihren Chef um ein Gespräch und sagen, daß Sie mit ihm über Ihr Gehalt sprechen wollen, oder er veranlaßt Sie, den Grund

zu nennen, weil er kein Mitarbeitergespräch führt, ohne den wesentlichen Inhalt zuvor zu wissen.

2. Innerhalb eines routinemäßigen Gesprächs mit dem Chef sprechen Sie das Thema von sich aus an.

3. Sie unterhalten sich mit ihm möglichst unauffällig über Ihre Leistungen und seine Zufriedenheit damit.

Zu 3: Bevor Sie Ihr Gehaltsgespräch eröffnen, müssen Sie zunächst einmal wissen, wie der Chef Ihre Leistungen und Ihr Verhalten einstuft. Das wissen Sie sicherlich auch allgemein, ohne daß Sie jetzt gesondert mit ihm darüber sprechen. Dennoch sollten Sie dies tun; denn Sie kennen in diesem Fall den neuesten Stand und haben bei einem positiven Ergebnis eine glänzende Überleitung zum Hauptteil des Gesprächs, der Forderung nach Gehaltserhöhung.

Zu 2: In diesem Fall fehlt die Eröffnung. Sie beginnen Ihr Gehaltsgespräch unvermittelt, üblicherweise mit Worten wie: „Ich habe lange keine Gehaltserhöhung mehr gehabt." Oder: „Ich möchte, daß Sie mein Gehalt erhöhen, weil . . ."

Anders als beim Einstieg über das allgemeine Lob Ihrer Leistung als Mitarbeiter oder eine wichtige spezielle Anerkennung, müssen Sie Ihren Antrag begründen. Beim geschickteren Gesprächseinstieg dagegen können Sie auf das zurückgreifen, was der Chef positiv über Ihre Arbeitsergebnisse gesagt hat. Ist Ihr Chef clever, dann wird er Sie kommen lassen, das heißt schweigen und Sie so zu zwingen versuchen, erst einmal alle Argumente zu bringen, um dann Ihre Beweisführung von der schwächsten Seite her aufzurollen. In diesem Falle dürfen Sie nicht gehen, sondern sollten stattdessen die wichtigen Leitsätze beachten:

a) Nicht mit Argumentenketten arbeiten, sondern Argument für Argument bringen. Zunächst wird das eine Argument zu Ende diskutiert, dann bringen Sie das nächste. Bei einer Argumentenkette dagegen kommt es zu mehreren negativen Folgen:

– Der Chef beginnt am schwächsten Punkt.
– Sie können kein Argument mehr nachschieben.
– Ihre Argumente entwerten Sie selbst; denn Sie gehen nach der Devise vor: „Die Masse muß es machen."

– Argumente gehen unter, bewußt, indem der Chef von sich aus nicht über Ihre starken Beweise spricht, oder sie werden im Eifer des Gefechts vergessen, unter Umständen auch von Ihnen selbst.

b) Sie sollten eine bestimmte Argumentenfolge einhalten:
– mittelstarkes,
– schwaches,
– stärkstes Beweismittel.

Beginnen Sie mit dem stärksten Argument, so ist Ihre Beweisführung damit zu Ende. Leiten Sie dagegen das Gespräch mit dem schwächsten ein, so können Sie keine starke Ausgangsposition aufbauen.

Das zweite Argument sollte Ihr schwächstes sein. Es geht von der Lage im Gesprächsverlauf am schnellsten unter und täuscht Ihr Gegenüber: Der Chef meint nämlich, daß Sie mit Ihrem Rückzugsgefecht beginnen und ist dann überrascht, sich jetzt mit Ihrem stärksten Beweis auseinandersetzen zu müssen.

Zu 1: Das ist die für Sie unangenehmste Ausgangssituation. Ihr Vorgesetzter kann sich in aller Ruhe, unterstützt durch Fachleute, meist aus der Personalabteilung, auf das Gespräch mit Ihnen gründlich vorbereiten. Er wird deshalb von Beginn an viel stärker argumentieren können.

Freilich kann ein cleverer Chef diese Situation immer schaffen, auch wenn Ihr Gespräch in Situation 2 oder 3 beginnt. Jedoch kann er bei Gesprächsbeginn 3 nicht mehr negativ mit Ihnen über Ihre Leistung argumentieren, sondern zum Beispiel behaupten, daß die Geschäftslage *gegenwärtig* zu schlecht sei, oder daß er sich erst einmal einen Gehaltsvergleich besorgen müsse. Die Versuchung für Ihren Vorgesetzten ist aber groß, sofort zu reagieren.

● **Tip:**
Sie müssen sicher sein, daß der Chef positiv über Ihre Leistungsstärke denkt. Verfallen Sie nicht darauf, eine Fülle von Argumenten auf einmal zu bringen! Sie sollten Punkt für Punkt diskutieren und vom mittelstarken über das schwächste zum stärksten Argument gelangen.

166

Typische Reaktionen voraussehen

Wie beim Schachspiel gilt es wieder zu überlegen: Mit welchem ersten Zug müssen Sie rechnen, und mit welchen weiteren wird Ihr Chef wahrscheinlich fortsetzen?

Der faire Chef

Der Vorgesetzte setzt sich ernsthaft mit Ihren Argumenten auseinander, ist Ihnen gegenüber offen und zeigt Verständnis.

Ist Ihr Chef fair, so handelt es sich für Sie um die menschlich und sachlich angenehmste Situation, auch wenn der Chef Ihnen keine Gehaltserhöhung genehmigt; denn Verständnis dürfen Sie nicht mit Akzeptanz gleichsetzen. Sie wissen jedenfalls nach diesem Gespräch, woran Sie sind, kennen die genauen Gründe für eine Ablehnung, wissen, wann Sie mit welcher Argumentation wiederkommen können, um dann mehr Erfolg als jetzt zu haben.

Der abblockende Chef

Er will mit Ihnen nicht über die für ihn unangenehme Gehaltsfrage diskutieren. So erklärt er den Gesprächszeitpunkt für ungünstig und versucht mit aller Geschicklichkeit, die Verschiebung auf unbestimmte Zeit zu erreichen.

Versucht Ihr Chef, abzublocken, so dürfen Sie sich nicht einfach vertrösten lassen und schon gar nicht auf unbestimmte Zeit. Zu einem klar festgelegten Zeitpunkt, zum Beispiel dem Ende einer Art von Bewährungszeit, müssen Sie Ihre Forderung erneut stellen können. Versuchen Sie auch, nicht autoritär, sondern kooperativ eine Begründung dafür zu erhalten, weshalb trotz Ihrer gegensätzlichen Auffassung *jetzt* kein Gespräch möglich ist, sondern erst später, und warum dann zu diesem und nicht jenem Zeitpunkt. Es wäre rechtlich und psychologisch gleichermaßen ungeschickt zu drohen, zum Beispiel mit verminderter Motivation und als Folge davon schwächerer Leistung, aber Sie müssen Ihrem Chef deutlich und nachhaltig genug klarlegen, wie stark Sie die Frage Ihrer Gehaltserhöhung bewegt und daß Ihre entscheidende Begründung nicht lautet, Sie benötigten dringend mehr Geld.

Was Sie mit Ihrem Einkommen machen und wie Sie damit auskommen, das ist ganz allein Ihre Sache. Sie dürfen auch sachliche, auf Ihren Arbeitsplatz bezogene Argumente bringen, wie wir sie im Kapitel „Der gut begründete Zeitpunkt" erörtert haben.

Kein Mensch will den Makel als Vorgesetzter tragen, er handle ungerecht. Deshalb müssen Sie, gibt es entsprechende Anhaltspunkte dafür, versuchen, sich überzeugend über vermeintliche Ungerechtigkeit zu beklagen. Diesen Vorwurf wird der Vorgesetzte also nicht hinnehmen und sich zu verteidigen beginnen, obwohl er ursprünglich das Gespräch ganz abblocken wollte. Nicht er läßt Sie kommen, sondern Sie ihn, vor allem wenn Sie geschickt, gezielt und logisch aufbauend fragen. Jetzt befinden Sie sich nicht mehr in der Defensive, sondern der Chef, dem – zumal erregt – leicht Argumentationsfehler unterlaufen können, die seine zunächst starke Lage gefährden.

Der gemeine Chef

Dieser Vorgesetzte geht zu einem unangenehmen Gegenangriff über. Er beginnt, Sie – für Sie unvermittelt und oft erschreckend – scharf zu kritisieren. Dabei ist seine grundlegende Aussage: „Wie kommen Sie eigentlich dazu, trotz Ihrer schwachen Leistungen eine Gehaltserhöhung zu fordern?" Er will Sie so demoralisieren, daß es Ihnen für einige Zeit vergeht, ihn mit einer solch unangemessenen Forderung zu belästigen.

Diese ad-hoc-Argumentation (= spontane Beweisführung) ist gemein, weil sie unsachlich ist. Wäre Ihr Chef wirklich seit einiger Zeit mit Ihnen so unzufrieden, wie er es jetzt dokumentiert, dann hätte er Sie längst und mit gleicher Schärfe negativ kritisieren müssen. Sicher müssen Sie sich jetzt vor allem verteidigen und seine Beweisführung zu erschüttern suchen, aber gleichzeitig *ganz energisch* darauf hinweisen, daß Sie menschlich vom Vorgesetzten sehr enttäuscht sind. Dabei sollten Sie auch einfließen lassen, daß Sie seine Beweisführung für hochkonstruiert ansehen. Hätten Sie nämlich jetzt Ihre Gehaltsforderung nicht gestellt, dann wäre das Thema auch heute unausgesprochen geblieben. Das allein beweist bereits, daß seine negative Kritik bei weitem sachlich nicht so massiv sein kann, wie der Chef sie jetzt vorgetragen hat.

● **Tip:**
Lassen Sie sich nicht abblocken! Veranlassen Sie den Chef zu einem klaren Ja oder Nein, zumindest aber einem terminierten (!) Jein. Reagieren Sie menschlich enttäuscht, wenn Ihr Vorgesetzter plötzlich gänzlich neue Kritikpunkte auf den Tisch bringt. Das Verhalten des Chefs ist unfair!

Überzeugendes eigenes Auftreten

Bevor wir uns mit den Signalen der Sicherheit beim Auftreten befassen, müssen wir uns zunächst einmal mit den Gründen für Unsicherheit beschäftigen. Wenn Sie sich äußerlich erkennbar unsicher verhalten, dann nicht, weil Sie noch bestimmte Techniken erlernen müssen, sondern weil Sie sich unsicher fühlen. Gewinnen Sie innerlich die nötige Sicherheit, so werden Sie entweder automatisch auch nach außen hin Sicherheit dokumentieren oder/und schnell angebotene Techniken erfolgreich einsetzen.

Was führt bei Ihnen gegenüber dem Chef zu Unsicherheit?

Sie fühlen sich diesem Vorgesetzten allgemein unterlegen

Im fachlichen Sektor hat der Chef ein bedeutend umfangreiches Wissen, im Können besitzt er bedeutend mehr Erfahrung oder auch Begabung. Dieser Tatbestand darf Sie nicht verunsichern, es sei denn, der Vorgesetzte ist Ihnen auch im eigenen Spezialgebiet überlegen.

Bedeutend problematischer erweist sich das massive Gefühl der Unterlegenheit dagegen im zwischenmenschlichen Bereich; denn davon wird Ihr Verhältnis zu ihm stark im negativen Sinne für Sie beeinflußt. Eine entscheidende Ausnahme von dieser Regel stellt die Tatsache dar, daß Sie eine noch sehr junge Führungskraft sind, die vom älteren Chef lernen will und deshalb ganz bewußt in Kauf nimmt, ihm klar unterlegen zu sein.

Sie haben Angst vor Ihrem Vorgesetzten

Es handelt sich zum Beispiel um einen ausgesprochen autoritären Menschen, zu dessen Führungsmittel maßgeblich das Drohen gehört. Sie müssen sich fragen:

a) Kann dieser Vorgesetzte seine Drohungen überhaupt wahrmachen?

Rechtlich ist Ihre Stellung als Mitarbeiter oft viel stärker, als Sie selbst es wegen mangelnder juristischer Kenntnisse annehmen. Wenn Sie gegen Ihre arbeitsvertraglichen Pflichten nicht schwerwiegend verstoßen, müssen viele unglückliche Umstände zusammenkommen, um Ihre Entlassung zu ermöglichen.

b) Ist der Chef von seiner Persönlichkeitsstruktur her dazu fähig?

Bedrohen ist die eine Seite; Härte und Konsequenz zu besitzen, die Drohung zu realisieren, ist eine andere. Viele Vorgesetzte schrecken nämlich vor dem Konflikt zurück, den sie eingehen müssen, wenn Sie als Mitarbeiter zäh und gekonnt Ihre Position vertreten.

Autoritäre Vorgesetzte haben ein feines Empfinden für Macht, da für sie Stärke und Schwäche entscheidend die zwischenmenschlichen Beziehungen beeinflussen. Ihr Chef wird also abwägen, ob Sie für ihn ein zu harter Gegner sind, also dürfen Sie kein Gefühl der Schwäche zeigen, oder er bedrängt Sie noch stärker.

Wie treten Sie überzeugend auf?

1. *In der Körpersprache* durch
   - steten Blickkontakt,
   - freundliche, aber zugleich auch energische Mimik,
   - ausdrucksstarke Gestik,
   - lockere Körperhaltung und -bewegung.
2. *In der Sprechweise* durch
   - eine der jeweiligen Situation angemessene Lautstärke,
   - flüssige Sprechweise, auch in für Sie kritischen Situationen,
   - deutliche Aussprache ohne Rückfall in Dialekttonfärbung. Auch wenn das Gespräch schwierig für Sie wird, verwenden Sie keine Dialektausdrücke.
3. *Im sprachlichen Ausdruck* durch
   - knappe, klare Sätze,
   - vollständige Formulierungen,
   - präzise Darstellungen.

Negativ dürfen Sie keine Verlegenheit signalisieren durch
   - Verlegenheitslaute wie „äh",
   - Verlegenheitswörter wie „an sich" und „eigentlich",
   - Verlegenheitshandlungen wie dem Spielen mit Gegenständen.

Es ist nicht tragisch, wenn Sie allgemein leise sprechen, aber es fällt dem sorgfältigen Beobachter sofort auf, werden Sie plötzlich noch leiser. Sie können relativ langsam reden, das kann Ihrem Temperament entsprechen, jedoch wird bei Ihnen Unsicherheit offenkundig, sprechen Sie auf einmal stockend.

● **Tip:**
Wie sicher ist Ihre Persönlichkeitsstabilität? Haben Sie Angst vor Ihrem Chef oder wissen Sie nur, daß Sie ihm unterlegen sind, sei es in der sprachlichen Gewandtheit, im Fachkönnen, in der Lebenserfahrung?

Das stichhaltige Argumentieren

Zunächst muß ein weit verbreitetes Mißverständnis ausgeräumt werden. Beispiele beweisen nichts, sondern veranschaulichen nur etwas, sie sind kein Bestandteil der Argumentation aus der Beweisführung. Wenn Sie erfolgreich argumentieren, dann beweisen Sie damit von Ihnen aufgestellte Behauptungen. Wie müssen Sie nun argumentieren, um den Chef überzeugen zu können?

Sachlich

Sie dürfen nur von sich aus in ein Gespräch mit Ihrem Vorgesetzten gehen, wenn Sie sicher sein können, Ihre Emotionen zu beherrschen, und das nicht nur zu Gesprächsbeginn, sondern auch in möglichen für Sie kritischen Situationen während der Begegnung. So müssen Sie abschätzen, wie Sie sich verhalten werden, wenn der Chef Sie zum Beispiel provoziert.

Engagiert

Zwischen der Forderung nach Sachlichkeit und nach gleichzeitigem Engagement besteht kein Widerspruch. Engagement bedeutet, daß Sie im Dialog mit Ihrem Vorgesetzten Dynamik beweisen müssen, daß er klar erkennt, wie sehr Sie das Gesprächsthema bewegt. Wie wollen Sie ihn sonst überzeugen, bewegen = motivieren?

Logisch

Ihre Beweisführung muß widerspruchsfrei sein und bleiben, in erster Linie von der Sache her, aber auch nach dem Augenschein. Sie können sonst zwar erfolgreich argumentieren, sind aber gezwungen, eigentlich vermeidbare Mißverständnisse wieder zu beseitigen. Diese Probleme

172

treten auf, handeln Sie zu spontan und sprechen Sie etwas aus, was Sie noch nicht genügend durchdacht haben.

Personenbezogen richtig

Ein sachlich zutreffendes Argument kann personenbezogen (= im Hinblick auf Ihren individuellen Chef) ohne Wirkung bleiben. Besitzt Ihr Vorgesetzter ein zu geringes Kostenbewußtsein, dann zieht eine entsprechende Beweisführung bei ihm nicht, während sie einen wie Sie denkenden Chef sofort überzeugt. Je besser Sie also Ihren Vorgesetzten und seine Motive kennen, desto mehr Chancen besitzen Sie, den Beweggrund in ihm anzusprechen, der ihn zu der für Sie gewünschten Handlungsweise veranlaßt.

Bleiben wir bei unserem Spezialthema „Gehaltsforderung": Ein frustrierter und damit demotivierter Chef mit innerer Emigration (= Kündigung) wird kaum dadurch motiviert werden können, daß Sie ihm nachweisen, welche Neuerungen Sie fähig und bereit wären, in seinem Arbeitsbereich einzuführen. Er will seine Ruhe haben! Anders sieht die Sache dagegen für ihn aus, erklären Sie ihm, sich wegzubewerben, wenn er Ihr Gehalt nicht aufbessert. Dann würde er nämlich gezwungen sein, manche Ihrer Arbeiten zumindest zunächst zu übernehmen und zudem einen neuen Mann zu suchen und einzuarbeiten.

Mit Lösungsvorschlägen (= Alternativen)

Ein gut abgesicherter Beweis allein hilft Ihnen noch nicht. Sie beweisen zum Beispiel, daß eine bestimmte Handlungsweise geändert werden müßte, aber wissen auch keinen Weg einer erfolgversprechenden Änderung. Dann kann der Chef Ihnen entgegnen, daß das bisherige Vorgehen so lange beibehalten wird, bis eine eindeutig bessere Lösung gefunden ist.

Die stichhaltigste Argumentation besteht darin, nicht nur einen einzigen Lösungsvorschlag zu unterbreiten, sondern Alternativen vorzulegen, zwischen denen der Chef frei wählen kann. Es muß sich jedoch um echte Alternativen handeln, das heißt, Sie müssen die Lösungswege gleichberechtigt in Ihrer Argumentation nebeneinander stellen und dürfen nicht beim Vorlegen bereits eine klare Wertung vornehmen. Außerdem müssen die Alternativen auch objektiv – nicht nur subjektiv (= nach Ihrer persönlichen Meinung) – eine gewisse Gleichrangigkeit besitzen. Bezogen auf das Beispiel Gehalt, könnte es diese Wege geben:

1. Eine die zuständigen Stellen überzeugende Argumentation, daß Sie im Hinblick auf Ihre *jetzige* Tätigkeit eine Gehaltsklasse zu niedrig eingestuft sind. Es sind bei Ihrer ursprünglichen Eingruppierung noch nicht vorhandene Aufgaben inzwischen hinzugekommen.

2. Es könnte Widerstände gegen die Eingruppierung geben, deshalb schlagen Sie eine Leistungszulage vor, auch eine widerrufliche, sind Sie sicher, Ihr heutiges Können auch weiterhin zu beweisen.

3. Sie wissen, daß sich gegenwärtig unter Umständen die gewünschte Gehaltsaufbesserung nicht erreichen läßt und schlagen deshalb vor, daß Sie sich noch ein halbes Jahr bewähren, dann aber die Aufbesserung kommen müßte. Es könnte der jetzige Zeitpunkt allgemein unglücklich sein – mitten in einer Sparwelle – oder an oberer Stelle die feste Meinung bestehen, daß ein Mitarbeiter erst eine Gehaltsaufbesserung erhält, hat er seine Leistungsstärke einige Zeit bewiesen.

Keine stichhaltige Argumentation liegt vor, wenn Sie folgendes zu beweisen suchen:

a) Sie benötigen ein höheres Gehalt, weil Sie bedeutend mehr Ausgaben haben, zum Beispiel durch
– einen Hausbau,
– die bedeutende Steigerung Ihrer Miete,
– die Krankheit eines Familienangehörigen,
– die Berufsausbildung Ihrer Kinder.

Es handelt sich zwar in jedem Fall um ein ehrenwertes Argument, anders als das Abbezahlen von Spielschulden oder von riskanten Geschäften, die aber den Chef als Vertreter des Arbeitgebers nicht überzeugen können; denn es handelt sich um rein private Probleme. In einem sehr sozialen Unternehmen könnten sie dazu führen, daß man Ihnen Geld zu günstigen Konditionen leiht.

b) Ein Kollege verdient im Verhältnis zu Ihnen zu viel, oder besser, Sie ihm gegenüber zu wenig, es sei denn, Sie belegen exakt, daß Sie
- eine gleichwertige Tätigkeit verrichten *und*
- diese ähnlich gut erfüllen.

Da Sie damit rechnen müssen, daß der Chef dies bezweifelt, müssen Sie sich vor dem Gespräch noch einmal genau erkundigen, ob Ihre Vermutung abgesichert ist. Häufig scheitert die Argumentation daran, daß Sie die Arbeit des Kollegen zu oberflächlich kennen und deshalb unterschätzen. Sein höheres Gehalt kann auch darauf beruhen, daß der Kollege

- in dieser Firma bedeutend länger als Sie arbeitet oder viel mehr Berufserfahrung besitzt. Dabei kann es sich um eine soziale Komponente bei der Gehaltsfindung handeln, nicht um eine leistungsbezogene.
- sich bei seinem Eintritt in Ihre Firma sehr gut „verkauft" hat, zum Beispiel in einer Zeit des leergefegten Arbeitsmarktes, und sein Gehalt nicht bis zur Höhe des Ihren „eingefroren" werden konnte. Darunter versteht man die Anrechnung freiwilliger übertariflicher Zulagen auf eine tarifliche Gehaltserhöhung. Der Kollege könnte zum Beispiel eine *nicht widerrufliche* Leistungszulage erhalten.

● **Tip:**
Beispiele veranschaulichen, aber beweisen nichts. Sie dürfen auch keine Vermutungen bringen, sondern müssen sich auf Tatbestände konzentrieren. Beherrschen Sie Ihre Emotionen? Gehen Sie logisch vor? Sind Sie flexibel und deshalb nicht auf einen einzigen Lösungsweg fixiert?

Die Glaubwürdikgkeit der Chefreaktion

Bei der Ablehnung Ihrer Gehaltsforderung kann sich Ihr Chef in einer menschlich schwierigen Situation befinden. Nach seiner eigenen Überzeugung besteht Ihr Antrag zu Recht. Er könnte ihn deshalb ruhigen Gewissens befürworten, wüßte er nicht, daß die dafür zuständige Stelle ihn konsequent ablehnen wird, zum Beispiel mit dem Argument:

„Wir haben jetzt kein Geld, wir müssen sparen!"

Ihren Chef überzeugt diese Beweisführung ebensowenig wie Sie selbst; denn sie beinhaltet den Standpunkt:

1. In diesem Jahr erhält *niemand* eine Gehaltserhöhung. Ihr Vorgesetzter kennt aber Beispiele für das Gegenteil – wie Sie sicherlich auch.

2. Auch für hervorragende Leistungen gibt es kein entsprechendes finanzielles Entgelt, was bei vielen guten Mitarbeitern zur Frustration und damit zum Nachlassen ihrer Anstrengungen führen wird.

Er glaubt aber, das Ihnen gegenüber nicht deutlich ausdrücken zu dürfen, weil er sonst illoyal gegenüber seinem Vorgesetzten handeln würde. Es wäre unfair von Ihnen und zugleich auch psychologisch ungeschickt, ihn zur Solidarisierung mit Ihnen und damit zugleich zur Distanzierung von oben *offen* zu veranlassen. Aus seinen Andeutungen erkennen Sie klar, wo er steht, zum Beispiel sagt er:

– „Das ist nun mal ein Prinzip!" Damit meint er, daß keine Gehaltserhöhung erfolgen darf.

– „Sie wissen, im Augenblick muß an allen Ecken und Enden massiv gespart werden, auch an den Gehältern. Sie sehen das als Betroffener verständlicherweise anders."

– „Ich weiß sehr gut, wie erfolgreich Sie arbeiten, aber dennoch läßt sich nichts für Sie machen! "

Das, was über Rhetorik und Kinesik (= Körpersprache) als Zeichen für Sicherheit und Unsicherheit gesagt wurde (Seite 171), gilt auch für das Chefverhalten. Die fehlende oder zumindest geringe Glaubwürdigkeit können Sie daran erkennen, daß der Chef

– Sie bei seiner Argumentation nicht ansieht,

– resignierend die Achseln zuckt,

– mit vielen Verlegenheitslauten (öh's) spricht, eine stockende Redeweise entwickelt, zahlreiche Verlegenheitswörter verwendet wie „vielleicht", „etwas", „ein bißchen", „eigentlich", Sätze abbricht, Verlegenheitsgesten zeigt.

Sie sollten so lange argumentieren, bis Sie klar erkennen, daß der Chef Ihnen in irgendeiner Weise zustimmt, aber nicht unbedingt versuchen, von ihm ein unzweideutiges Ja zu erhalten.

Es gibt auch Situationen, in denen Sie fest annehmen, der Chef müsse erkannt haben, daß Sie im Recht sind, aber er hat mit klarer Überzeugung den Gegenstandpunkt der Geschäftsleitung vertreten. Dann stehen Sie in der Gefahr, daß Sie einzelne Beobachtungen der Sprache oder/und der Körpersprache falsch interpretieren. Verlegenheitslaute und -wörter kann der Chef auch verwenden, weil es ihm schwerfällt, Ihren Wunsch abzulehnen, weil er Ihnen nicht wehtun will, Ihnen wohlgesonnen ist. In diesem Fall würden Sie die wahre Gesinnung Ihres Vorgesetzten herausfinden, wenn Sie
- noch bedeutend mehr Signale von Sprache und Körpersprache heranziehen und
- eingehend die Argumentation des Chefs prüfen.

Unglaubwürdig ist das Nein des Chefs auch, wenn er Ihnen urplötzlich klarzumachen versucht, wie schlecht Ihre Leistungen sind. Dabei handelt es sich um eine sogenannte ad-hoc-Argumentation (= um eine Beweisführung aus dem Augenblick heraus). Wäre dies nämlich anders, dann hätte Ihr Vorgesetzter Sie schon längst kritisieren müssen. Auf diesen Widerspruch sollten Sie ihn klar hinweisen und ihm damit verdeutlichen, daß Sie seine unglaubwürdige Argumentation durchschauen. Er muß Sie ernster nehmen.

● **Tip:**
Beobachten Sie Ihren Chef genau, wenn er Ihre Gehaltsforderung ablehnt! Achten Sie darauf, ob sprachliche Formulierungen und Signale der Körpersprache zeigen, daß Ihr Vorgesetzter Ihnen zustimmen würde, wenn er könnte, doch er will loyal gegenüber der Geschäftsleitung sein. Bringen Sie ihn nicht in Verlegenheit, weil Sie erkannt haben, daß er mit seiner Loyalität gegenüber der Geschäftsleitung ringt! Was hilft Ihnen das, die Feststellung sollte genügen!

Falsche Reaktionen beim Mißerfolg

Wenn Sie fest mit einer Gehaltserhöhung gerechnet haben und nun das unerwartete Nein erleben, dann sind Sie sehr frustriert (= enttäuscht). Bei diesem Entstehen negativer Emotionen geschieht es leicht, daß Sie spontan wie ein Kind reagieren, und das bedeutet in diesem Fall trotzig. Klassische Formulierungen für diesen Zustand sind:

- „Hier wird ja Leistung sowieso nicht anerkannt!"
- „Sie müssen nicht denken, daß ich mich weiter so einsetzen werde wie bisher!"
- „So wird also gute Leistung belohnt!"

Aus allen zitierten Äußerungen wird klar: Sie sind sehr enttäuscht und haben keine Lust mehr!

Das lähmt Ihre Arbeitsfreude und muß deshalb auch zu schlechteren Leistungen führen.

Ihre Trotzreaktion dokumentiert das, und verwirklichen Sie diese Haltung, dann nehmen Sie sich auch für die Zukunft die Chance der Gehaltserhöhung. In Wirklichkeit müßten Sie genau gegenteilig handeln. Ihre beständig gute Leistung sollte den Chef immer wieder daran erinnern, daß Ihr Problem noch ungelöst ist:

Die entsprechende Gegenleistung der Firma für Ihre Leistung steht noch aus. Selbstverständlich sollten Sie dem Chef eindringlich verständlich machen, wie enttäuscht Sie sind und wie schwer es Ihnen deshalb fällt, Ihre alte Leistung trotz bedeutend geringerer Motivation weiter zu erbringen.

Falsch ist auch eine andere typische Reaktion bei Mißerfolgen: Sie sind persönlich beleidigt, und deshalb verschlechtert das Nein auf Ihre Gehaltsforderung Ihr zwischenmenschliches Verhältnis. Das dürfte aber nur der Fall sein, wenn Sie *genau* wissen, daß die fehlende Gehaltserhöhung *entscheidend* durch das Verhalten Ihres Chefs ausgelöst ist, zum Beispiel indem er

- Ihre Stärken zu wenig hervorgehoben hat, über Ihre Schwächen aber viel gesprochen wurde,

- Ihren Antrag auf Gehaltserhöhung zwar an zuständiger Stelle vortrug, aber mit zu geingem Engagement, weshalb er sich schnell mit einem Nein abspeisen ließ,
- bei seinem Vorgesetzten und an anderer höherer Stelle beweisen wollte, wie ernsthaft und vorbildlich seine Sparbemühungen sind.

Ihr Problem liegt oft darin, daß Sie das, was Sie wissen, nicht auf offiziellem Wege erfahren haben und deshalb zum Beispiel auch die Gewährsmänner nicht preisgeben können. Sie müssen darauf vertrauen, daß Ihre Argumentation wirkt und der Chef weiß, daß Sie Recht haben, auch wenn Sie es nicht endgültig beweisen können. Dazu wird Ihr Vorgesetzter vor allem bereit sein, wenn er bei seinem Nein ein ausgesprochen schlechtes Gewissen hat, weiß, wie unglaubwürdig seine Beweisführung wirklich ist und von Ihnen auch erkannt wurde.

Je besser Ihr zwischenmenschliches Verhältnis trotz der Ablehnung Ihrer Gehaltsforderung geblieben ist, desto mehr will sich Ihr Chef in Zukunft für eine Aufbesserung Ihres Einkommens einsetzen. Das wird besonders der Fall sein, wenn er ein schlechtes Gewissen hat und sich so mit Ihrem Anliegen identifizieren muß. Eine Trotzreaktion von Ihnen führt zum Gegenteil: Er läßt im Vorgesetzten einen Widerwillen gegen Sie entstehen, genau das, was Ihnen schadet und was Sie deshalb auf keinen Fall erzeugen wollten.

● **Tip:**
Die Ablehnung der Gehaltsforderung darf bei Ihnen zwei Fehlhaltungen nicht auslösen: Trotz und Ärger über den Chef. Diese Reaktionen würden das zwischenmenschliche Verhältnis sehr verschlechtern. Ihre besonderen Anstrengungen und guten Leistungen sollten dem Chef verdeutlichen, daß Sie mehr Geld verdient haben.

11. Auftreten im Beurteilungsgespräch

Begriffserklärung 182

Die Rechte des Mitarbeiters nach dem
Betriebsverfassungsgesetz 185

Typische Beobachtungs- und Beurteilungsfehler 188

Bereitschaft zur Selbstbeurteilung 191

Was stimmt: Die schriftliche oder
die mündliche Beurteilung? 193

Folgen einer Beurteilung 195

Begriffsklärung

Das Beurteilungsgespräch stellt den Dialog dar, in dem Ihr Vorgesetzter Ihnen den Inhalt Ihrer Beurteilung mitteilt und mit Ihnen darüber spricht. Damit unterscheidet sich das Beurteilungsgespräch von der Selbstbeurteilung oder besser der Selbsteinschätzung, die darin besteht, daß Sie bei jedem Kriterium die Stufe kennzeichnen, bei der Sie sich von Ihrer Leistung her sehen. Bei der „Selbstbeurteilung" ist die Beurteilung formell noch nicht erfolgt, beim Beurteilungsgespräch dagegen legt Ihr Chef Sie Ihnen vor. Deswegen entsteht die Frage: „Wieweit ist Ihr Chef bereit, seine Entscheidung noch zu überdenken?"

Die einzelnen Vorgesetzten handeln in der Situation des Beurteilungsgesprächs sehr unterschiedlich:

1. Die meisten Beurteiler verteidigen verständlicherweise ihre Beurteilungsentscheidungen, weil sie davon überzeugt sind, daß sie recht haben. Das tun sie jedoch nicht starr, um sich auf keinen Fall korrigieren zu müssen, sondern sind dazu bereit, wenn Sie die entsprechenden sachlichen Beweise vorlegen.
2. Einige Beurteiler sind nicht bereit, auch bei guter sachlicher Begründung, irgendetwas an ihrer Beurteilung zu ändern. Sie sind autoritär strukturiert und wissen deshalb allein, wie Sie zu beurteilen sind. Eine zweite Gruppe von Chefs ist sehr unsicher und davon überzeugt, daß jede Korrektur einen Verlust an unentbehrlicher Autorität bedeutet. In beiden Fällen sind Ihre Überzeugungsversuche zum Scheitern verurteilt. Sie müssen sich deshalb überlegen, ob es sinnvoll ist, sich bei der nächsthöheren Instanz zu beschweren. Bevor Sie diesen Weg gehen, müssen Sie überlegen:
a) Sind die Unterschiede zwischen Selbst- und Fremdbeurteilung zu schwerwiegend? Dabei handelt es sich um
– die Häufigkeit der Abweichungen,
– das Ausmaß der Abweichungen und
– die Kriterien, bei denen die Unterschiede vorliegen.

Unterschiede im Arbeitsergebnis, besonders bei der Beurteilung der Qualität, sind am wichtigsten.

b) Wie ist das Verhältnis des Stelleninhabers der Beschwerdeinstanz zu Ihrem Chef? Ist es betont sachlich? Gibt es enge persönliche Bindungen zwischen ihnen? Freut sich der nächsthöhere Vorgesetzte über jeden Fehler seines Mitarbeiters?

Je nach Schwere der Beurteilungsabweichungen und der fehlenden Aussichten auf eine Änderung der erfolgten Entscheidungen, müssen Sie überlegen, ob Sie den Betriebsrat als Beschwerdeinstanz einschalten wollen.

Hin und wieder versuchen Vorgesetzte, Streitigkeiten zwischen ihrem Mitarbeiter und sich dadurch zu verhindern, daß sie die Beurteilung für unwichtig erklären, etwa mit der Bemerkung, die Beurteilung sei nur eine Formsache und gehe ungelesen in die Personalakte. Das kann sogar stimmen. Dennoch bleibt die Beurteilung sehr wichtig; denn sie ist schriftlich dokumentiert und Sie wissen deshalb heute noch nicht, was spätere mögliche Leser Ihrer Beurteilung denken und welche Folgerungen sie daraus ziehen.

Lassen Sie sich deshalb auf keinen Fall „abwimmeln".

3. Es gibt Vorgesetzte, die das Beurteilungsgespräch wie einen orientalischen Teppichhandel betrachten, also mit sich handeln lassen. Ich kann verstehen, daß Sie diese Chance nutzen und ein möglichst gutes Ergebnis bei allen Kriterien für sich erzielen wollen. Die Grenze dieser legitimen Bestrebungen liegt da, wo ein sachlich viel zu gutes Ergebnis für Sie entsteht, es sei denn, auch die Beurteilungen der Kollegen sind viel zu gut, so daß die Relationen wieder stimmen. Ansonsten kann sich eine viel zu hohe Beurteilung für Sie negativ auswirken, wenn die Instanz, die sie später liest, die Ergebnisse für sachlich hält und Sie dementsprechend einsetzt. Damit kommen Sie nämlich früher oder später in die Situation der absoluten Überforderung.

Welchen Sinn sollte das Beurteilungsgespräch eigentlich haben?

a) Sie sollten mündlich erfahren, wie Ihr Vorgesetzter Sie schriftlich beurteilt hat.

b) Sie sollten seine Begründungen für jede einzelne Entscheidung erfahren.

c) Sie sollten sich dazu äußern können, ein echter Dialog und eine möglichst objektive Beurteilung sollten entstehen.

d) Sie sollten erfahren, welche Verhaltensweisen Sie zukünftig ändern sollen

e) und wie dies geschehen soll.

Die Punkte d und e sind sehr wesentlich, deshalb sprechen immer mehr Firmen nicht mehr von Beurteilungs-, sondern von Personalförderungs- und -entwicklungsbogen. Das Beurteilungsgespräch, das Ihr Chef mit Ihnen führt, darf nicht wie ein „Kaffeekränzchen" verlaufen, sondern muß für Sie mit konkreten Ergebnissen enden, zum Beispiel:

- Ist sofort die Möglichkeit zu einer Gehaltserhöhung gegeben? Wenn nicht bereits zu diesem Augenblick, dann zu welchem späteren? Was müssen Sie noch tun, damit Sie sich genügend bewährt haben?

- Welche Chancen haben Sie, um in Ihrer hierarchischen Position und damit prestigemäßig und finanziell aufzusteigen?

- Gibt es aufgrund der Beurteilung eine Möglichkeit für Sie, eine andere Tätigkeit zusätzlich oder noch besser statt der bisherigen zu übernehmen, die Ihren Anlagen und Neigungen besser entspricht?

- Welche konkreten Möglichkeiten bestehen für Sie, on the job (= an einem anderen Arbeitsplatz im Betrieb) und/oder off the job (= über Seminare firmenintern oder -extern) weitergebildet zu werden?

- Wie ernst zu nehmen ist die negative Kritik, die Ihr Vorgesetzter an Ihrem Verhalten geübt hat? Müssen Sie Ihr Tun sofort und grundlegend ändern? Gefährden Sie sonst Ihr Arbeitsverhältnis oder handelt es sich um Kleinigkeiten, und Ihr Chef wollte Ihnen nur gute Ratschläge erteilen? Stehen objektive, in Ihrer Firma absolut geltende Normen hinter seinen Ausführungen oder allein seine subjektive Meinung zu einer Problemlösung?

Auch wenn der Chef behauptet, der Beurteilung komme keine Be-
deutung bei, sollten Sie um Gerechtigkeit dabei kämpfen. Eine zu gu-
te Beurteilung, die Sie beispielsweise durch geschicktes Verhandeln
erreichen, hilft Ihnen letztlich nicht. Früher oder später kommt doch
die Wahrheit an den Tag.

Die Rechte des Mitarbeiters
nach dem Betriebsverfassungsgesetz

Wenn es in Ihrem Unternehmen keine systematische Beurteilung gibt
mit Bogen – die Bogen können Kriterien und Beschreibungen von
Verhaltensweisen enthalten, die der Beurteiler nur ankreuzen muß; es
gibt auch Bogen, bei denen Einstufungen nach Buchstaben oder Zah-
len erfolgen oder bei denen der Vorgesetzte frei formulieren kann –,
können Sie dennoch von Ihrem Chef verlangen, daß er Sie beurteilt.
Dazu müssen Sie keinen besonderen Grund nennen (Paragraph 82,
2 des Betriebsverfassungsgesetzes).

Der Vorgesetzte muß Sie aber nicht nur beurteilen, sondern mit Ihnen auch die Beurteilung Ihrer Leistungen und die Möglichkeiten Ihrer beruflichen Entwicklung im Betrieb erläutern (Paragraph 82, 2).
Damit besitzen Sie den Rechtsanspruch auf ein Beurteilungsgespräch; denn welcher Chef wird Ihnen die Erörterungen schriftlich
geben?

Daß der Gesetzgeber an ein Gespräch denkt, das wird auch durch
den Nachsatz deutlich: „Er (= der Mitarbeiter) kann ein Mitglied des
Betriebsrates hinzuziehen."

Vor dem Inkrafttreten des heutigen Betriebsverfassungsgesetzes im
Jahr 1972 gab es nicht die Vorschrift, daß Sie als Mitarbeiter Ihre ei-
gene Beurteilung einsehen durften. Seitdem ist die Situation anders:
Sie haben einen Rechtsanspruch auf Einsicht in Ihre Beurteilung.

Dieses Recht leitet sich ab aus der Vorschrift des Gesetzgebers, daß
Sie Ihre Personalakte einsehen dürfen (Paragraph 83, 1). Dazu zählt
aber nach Auffassung aller Juristen auch die Beurteilung. Üblicher-

weise befindet sich heute auf den Beurteilungsbogen bereits ein Text, der lautet: „Ich habe die Beurteilung eingesehen. Sie wurde mit mir besprochen."

Dann folgt in der Regel die Spalte „Unterschrift", damit ist eindeutig nur gemeint, daß Sie sowohl Ihre Beurteilung gesehen haben als auch mit Ihnen das Beurteilungsgespräch stattfand, nicht aber, daß Sie mit dem Inhalt der erfolgten Beurteilung einverstanden sind.

In Paragraph 82 steht nicht, welche Rechte das von Ihnen zum Beurteilungsgespräch „hinzugezogene Betriebsratmitglied" besitzt, auch nicht, welche Funktionen es bei der Einsicht der Personalakten besitzt. In beiden Fällen hält der Gesetzgeber nur eine besondere Verschwiegenheitspflicht des Betriebsratsmitgliedes fest:

„Das Mitglied des Betriebsrates hat über den Inhalt der Verhandlungen bzw. den Inhalt der Personalakte (Paragraph 82, 2 bzw. 83, 1) Stillschweigen zu bewahren, soweit es vom Arbeitnehmer nicht im Einzelfall von dieser Verpflichtung entbunden ist."

Welches Mitglied des Betriebsrates Sie hinzuziehen wollen, darüber bestimmen Sie ganz allein.

Der Arbeitgeber muß Ihnen Einblick in Ihre Beurteilung geben, wenn Sie es wollen. Der Gesetzgeber sieht weder vor, daß Sie Ihr Verlangen begründen müssen, noch wann oder wie oft der Arbeitgeber ihm nachkommen muß. Er kann aber den Ort der Einsicht bestimmen. Außerdem kann der Arbeitgeber bestimmte Regeln aufstellen, an die Sie sich halten müssen.

Der Gesetzgeber spricht nämlich nicht von einem Mitbestimmungs- oder Mitwirkungsrecht des Betriebsrates. Eine Mitbestimmung nach Paragraph 87, 1, 1 des Betriebsverfassungsgesetzes (= Fragen der Ordnung des Betriebes und des Verhalten der Arbeitnehmer im Betrieb) liegt nicht vor, weil nur das Verhalten zwischen Ihnen und dem Arbeitgeber geregelt wird.

Nach dem genauen Gesetzestext kann das Betriebsratsmitglied Ihre Beurteilung nur in Ihrer Gegenwart einsehen; denn es heißt: „Hinzuziehen".

Wenn Sie mit Ihrer Beurteilung nicht einverstanden sind, dann können Sie dazu eine schriftliche Erklärung abgeben. Ob Ihr Arbeitgeber es will oder nicht, diese Erklärung muß er Ihrer Personalakte beifügen, wenn Sie es verlangen (Paragraph 83, 2). Dieser Fall ist in Unternehmen mit einem systematischen Beurteilungswesen fast immer so gelöst, daß auf dem Beurteilungsbogen Raum für Ihre Gegenstellungnahme vorgesehen ist. Das ist der ideale Zustand; denn so kann Ihre Erklärung nicht verlorengehen.

Wenn Sie die Spalte ausfüllen, was in der Betriebspraxis bisher sehr selten vorkommt, dann sollten Sie diese Aspekte beachten:

Stellen Sie die Situation rein sachlich dar,

also ohne Ihre subjektive Wertung, wie Sie die Verhaltensweise Ihres Chefs beurteilen. Beispiel: Nicht: „Herr X antwortete arrogant . . .", sondern: „Er sagte wörtlich (oder dem Sinn nach) zu mir . . ."

Ihre Behauptungen sollten Sie sofort belegen

Zum Beispiel: „Ich habe mich als zuverlässig erwiesen; denn ich habe stets mir übertragene terminierte Aufgaben rechtzeitig erledigt. Im Winter bin ich zweimal unerheblich, also etwa 10 bis 15 Minuten, zu spät gekommen. Mein altes Auto sprang bei der großen Kälte nicht sofort an."

Beschränken Sie sich auf das Wesentliche

Sie sollten nur das aufführen, was sich auf den von Ihnen beanstandeten Punkt unmittelbar bezieht, und deshalb auf Grundsatzerklärungen verzichten oder auf weitschweifige Begründungen. Eine solche Möglichkeit sehen die Beurteilungsbogen auch nicht vor.

Wenn Sie mit Ihrer Beurteilung unzufrieden und davon überzeugt sind, das beweisen zu können, haben Sie das Recht,
- sich bei der zuständigen Stelle des Betriebes zu beschweren (Paragraph 84, 1) oder/und
- Ihre Beschwerde an den Betriebsrat einzureichen (Paragraph 85, 1).

In beiden Fällen ist der Arbeitgeber gezwungen, die Beschwerde zu bearbeiten und dem Beschwerdeführer, im ersten Fall Ihnen, im zweiten dem Betriebsrat mitzuteilen, was daraus geworden ist.

Nach dem Gesetzestext darf Ihnen aus Ihrer Beschwerde kein Nachteil entstehen (Paragraph 84, 3). Offiziell wird das nicht der Fall sein, da der Arbeitgeber den Passus kennt. Eine andere Frage ist aber, wie er inoffiziell handelt, jetzt oder später, ohne daß Sie ihn juristisch fassen können.

● **Tip:**
Laut Betriebsverfassungsgesetz können Sie verlangen, beurteilt zu werden, Ihre Beurteilung einsehen, erzwingen, daß diese Ihnen erörtert wird, eine Gegenstellungnahme als Teil der Personalakte abgeben. Diese sollte sachlich, knapp, klar und gut belegt sein.

Typische Beobachtungs- und Beurteilungsfehler

Es ist wichtig, sich vor einer Beurteilung durch den Vorgesetzten noch einmal klar darüber zu werden, welche typischen Beurteilungsfehler in für Sie negativer Hinsicht Ihr Chef begehen kann. Eine bedeutend zu gute Beurteilung kann ebenso bei Stellen, die Ihre Beurteilung ernstnehmen, zu Fehlentscheidungen führen, aber verhängnisvoll würde sie sich erst auswirken, wüßten Sie nicht, wie Ihre wirkliche Leistungsstärke aussieht. So sind Sie vor Überforderung mit entsprechenden negativen Konsequenzen geschützt, weil Sie rechtzeitig nein zu einer für Sie zu schweren Aufgabe sagen werden. Einige typische Beurteilungsfehler:

Der Strengefehler

Der Vorgesetzte geht von sich selbst und seiner Leistung als Maßstab aus. Diese Fehlentscheidung ist verständlich, weil es naheliegt, bei der Suche nach einem Maßstab von dem Nächstliegenden auszuge-

hen, ein Fehler, den besonders egozentrische Menschen leicht begehen.

Der Chef vergleicht Unvergleichbares miteinander, nämlich seine
Stelle mit der Ihren.

Sie sollten beim Beurteilungsgespräch immer wieder auf Ihre eigene Stelle und die sich bei ihr ergebenden Anforderungen zurückkom-
men. Bei einer Tätigkeits- oder Stellenbeschreibung ist dies viel leichter, als wenn diese Führungsinstrumente nicht bestehen.

Der Korrekturfehler

Ihr Vorgesetzter hat Sie zu Recht in der letzten Beurteilung bei einem
oder mehreren Kriterien relativ niedrig eingestuft. Inzwischen aber
haben Sie durch starke Anstrengungen von Ihrer Seite eine klare Verbesserung erzielt. Ihr Chef jedoch geht fälschlicherweise davon aus,
daß sich nichts geändert habe, weil er eine Verbesserung der Beurteilung als Korrektur an der früheren eigenen Entscheidung ansieht. Legen Sie nun exakte Beweise vor, wie sehr Sie sich *wirklich* verbessert
haben, dann kann er mit ruhigem Gewissen die bessere Beurteilung
geben. Nicht er muß sich korrigieren, sondern Sie haben durch Ihre
Leistung Ihr Beurteilungsergebnis positiv korrigieren können.

Falsche Generalisierung

Zu einem bestimmten oder sogar zu mehreren Zeitpunkten haben Sie
schlechte Leistungen vollbracht oder Fehlverhalten gezeigt. Das wollen und können Sie auch nicht bestreiten, aber dabei handelte es sich
nicht um für Sie typische Verhaltensweisen. Ihr Chef jedoch hat seine
wichtigen Beobachtungen fälschlicherweise generalisiert (= verallge-
meinert). Dazu neigen viele Menschen, vielleicht Sie selbst auch, weil
man mit der Beurteilung bedeutend schneller fertig ist. Sie müssen im
Gespräch eine Fülle von positiven Beobachtungen des Chefs vorbringen, von denen Sie wissen, daß er sie gemacht hat, zum Beispiel

durch bestimmte mündliche oder schriftliche Äußerungen. Diese Argumente sollten Sie zu ergänzen suchen durch positive Beurteilungen von anderer Seite, wie durch Kunden, den nächsthöheren Vorgesetzten Ihres Chefs oder/und andere Vorgesetzte.

Vorurteile

Darunter versteht man, daß ein Mensch bereits ein Urteil fällt, ohne daß er das dazu erforderliche Beobachtungsmaterial gesammelt hat. Er selbst ist aber fest davon überzeugt, daß sein Urteil abgesichert und damit gerecht sei. Der erste Schritt zur Besserung besteht schon darin, das erkannt zu haben, weil nur wenige Menschen trotz besserer Einsicht an ihrem Vorurteil festhalten. Das Problem ist somit, das eigene Vorurteil zu erkennen. Dazu gibt es zwei Möglichkeiten:
a) *Einen objektiven Maßstab*
Diese Meßlatte kann bestehen in einer Stellenbeschreibung, einer Tätigkeitsbeschreibung, beide mit klaren Anforderungen, oder in bestimmten Einzelaufgaben mit exakter, meßbarer Zielstellung.
b) *Hinweise durch andere Menschen*
Das können Sie selbst als beurteilter Mitarbeiter, aber auch der Vorgesetzte Ihres Chefs, seine oder Ihre Kollegen, Kunden oder Lieferanten sein.

Am leichtesten und überzeugendsten können Sie die Unrichtigkeit der Beurteilung anhand des objektiven Maßstabs nachweisen. Dagegen muß Ihr Chef beim Fall b aufgeschlossen sein für kritische Hinweise dieser anderen Menschen; denn er könnte deren Beobachtungen und daraus geschlossene Beurteilungen einfach zur Seite schieben. Deshalb können Sie auch nur Personen zitieren, die Ihr Chef akzeptiert, wobei dieser Gesichtspunkt für ihn viel wichtiger ist als deren Beurteilungen selbst.

Überstrahlungsfehler

Aus bestimmten Beobachtungen, die Ihr Chef selbst gemacht und für eine Beurteilung bei einem bestimmten Kriterium zu Recht herangezogen hat, schließt er, daß Sie deshalb bei einem anderen Kriterium ebenso schlecht beurteilt werden müßten. Diese Vermutung ist dann richtig, wenn zwischen beiden Kriterien ein klarer Zusammenhang besteht (= Korrelation). So ist ein freundlicher Mensch auch kontaktfreudig und sozial, ein tüchtiger intelligent. Oft handelt es sich aber um einen falschen Rückschluß. Das können Sie nachweisen, wenn Sie Beispiele bringen, die Sie beide gut genug kennen, und die belegen, daß ein Mensch, der die eine Fähigkeit aufweist, noch lange nicht auch die zweite besitzen muß.

● **Tip:**
Es gibt den Strengefehler, den Korrekturfehler (= Beharren auf einem früheren Urteil), die falsche Verallgemeinerung, das Vorurteil und den Überstrahlungsfehler (= gute oder schlechte Ergebnisse bei einem Kriterium überstrahlen andere, so daß Ihr Chef sich dort zu Unrecht für die gleiche Einstufung entscheidet).

Bereitschaft zur Selbstbeurteilung

Heute geschieht es immer häufiger, daß der Vorgesetzte seinen zu beurteilenden Mitarbeiter auffordert, sich schriftlich anhand des Beurteilungsbogens bei den einzelnen Kriterien einzuschätzen oder sich mündlich zu äußern. Oft gibt der Chef für diese Aufforderung keine vernünftige Begründung an. Er sagt einfach zu Ihnen:
„Beurteilen Sie sich doch einmal selbst!"
Stattdessen sollte er die dafür maßgebliche Begründung nennen. Nach dem bisherigen Vorgehen beim Beurteilungsgespräch können Sie als Mitarbeiter nun reagieren. Der Chef nennt Ihnen seine Entscheidung und begründet sie in der Regel auch sofort, teilweise fragt er noch nicht einmal den Mitarbeiter nach seiner Meinung, sondern hofft darauf, daß dieser durch Schweigen zustimmt. So nimmt das sogenannte Beurteilungsgespräch häufig den Charakter eines Monologs an und ist deshalb auch viel zu schnell beendet.

Es ist grundsätzlich sinnvoll, sich in Verhalten und Leistung selbst einzuschätzen. Autoritäre Vorgesetzte kommen aber nicht auf den Gedanken der Selbsteinschätzung des Mitarbeiters, weil sie ihn für überfordert halten. Wenn in Ihrem Betrieb kooperativ geführt wird, wenn der Chef nicht einfach Anweisungen erteilt, sondern vom Mitarbeiter ein Ja oder Nein dazu erwartet, ob sich dieser die Erfüllung einer neuen Aufgabe zutraut, ist es unabdingbar, daß der Mitarbeiter richtig abwägen kann. Traut er sich nämlich die Bewältigung einer Aufgabe nicht zu, dann kann er daran scheitern, obwohl er in leistungsmäßiger Hinsicht nicht überfordert war. Besonders wichtig ist die angemessene Selbsteinschätzung bei Führungskräften:

1. Je höher sie in der betrieblichen Hierarchie eingeordnet sind, um so mehr bedroht sie die Gefahr, daß ihre Mitarbeiter ihnen fast nur eine klar zum Positiven gewandte Rückmeldung geben. Sie müssen dann selbst wissen, wo sie wirklich stehen.

2. Wer die Aufgabe hat, andere Menschen zu beurteilen, der wird diese schwierige Funktion nur erfolgreich erfüllen können, weiß er sich selbst richtig zu beurteilen und die Auswirkungen des eigenen Verhaltens auf andere Menschen angemessen einzuschätzen.

Ihre positive Einstellung zur Selbstbeurteilung sollte davon abhängen, welchen Zweck Ihr Vorgesetzter damit befolgt. Will er Ihnen helfen, eine immer genauere Selbsterkenntnis zu erlangen, dann sollten Sie ein klares Ja zur Aufforderung geben. Anders sieht die Situation aber aus, versucht Ihr Chef, die schwierige und auch unangenehme Aufgabe des Beurteilers „an Sie loszuwerden". Das offizielle Beurteilen ist und bleibt stets seine alleinige Pflicht. Bei einem fairen Vorgesetzten werden Sie sehen, daß er bereits seine Beurteilung vorläufig in allen Punkten vorgenommen hat und nun nur mit der Ihrigen vergleichen will.

Sind Sie ein leistungsbereiter und leistungsstarker Mitarbeiter, dann haben Sie hohe Ziele, aber realistische (= erreichbare). Sie neigen deshalb dazu, sich strenger zu beurteilen, als es sachlich richtig ist. Der faire Chef wird Sie darauf hinweisen und Ihre Selbstbeurteilung entsprechend anheben. Ein anderer Vorgesetzter wird auf die notwendige Korrektur verzichten und froh sein, daß Sie sich etwas unterschätzt haben, weil er

a) Geld spart, ist das Beurteilen unglücklicherweise mit der Festlegung der Höhe von Zulagen verbunden,

b) weniger fürchtet, daß Sie ihn in seiner Stellung bedrohen, „an seinem Stuhl sägen".

Beim unfairen Vorgesetzten sollten Sie sich deshalb planmäßig etwas höher einschätzen, als Sie es von der Sache her eigentlich tun würden.

● **Tip:**
Nutzen Sie die Chance zur Selbsteinschätzung! Nur wenn Sie wissen, wo Ihre Stärken und Schwächen liegen, werden Sie auch andere Menschen richtig beurteilen können und sich klar darüber sein, welche Aufgabe Sie allein, mit Hilfe oder nicht meistern können.

Was stimmt: Die schriftliche oder die mündliche Beurteilung?

Der Vorgesetzte hat die gesetzliche Pflicht zu erfüllen, Ihnen Ihre Beurteilung zu erörtern. Das geschieht in der Form des Beurteilungsgesprächs. Es fällt wenigen Menschen schwer zu loben, aber vielen, dem anderen von Angesicht zu Angesicht deutlich zu sagen, was ihnen am Gegenüber nicht gefällt, noch schwerer, was der andere möglichst bald und grundlegend ändern müßte. Sie fürchten bei einer gerechten, aber negativen Beurteilung den massiven Widerstand des Mitarbeiters. Deshalb versuchen sie alles zu tun, um die Situation zu vermeiden. Das geschieht vor allem auf zweifache Weise:

1. Sie verfälschen die Beurteilung ihres Mitarbeiters positiv durch viel zu gute Entscheidungen. Welcher Mitarbeiter wird schon dagegen protestieren?

2. Sie formulieren Beurteilungen, die negativ oder durchschnittlich ausgefallen sind, im Gespräch nach oben hin, also „positiv". Einige Beispiele:

– Der Vorgesetzte beurteilt den Mitarbeiter genau in der Mitte seiner Skala, also durchschnittlich. Da die meisten Menschen aber
heute, nicht zuletzt veranlaßt durch zu gute Noten in der Schule
– falsch verstandene Humanität – verwöhnt sind, halten sie eine
mittlere (= durchschnittliche) Einschätzung bereits für negativ.
Deshalb erwartet der Chef Widerstand, er charakterisiert folglich
im Beurteilungsgespräch seine Einschätzung nicht als Durchschnitt, sondern spricht vom guten Durchschnitt. Das wäre aber
eindeutig eine Einstufung besser.
– Die Kritik im Beurteilungsgespräch und damit auch die Aufforderung, das Verhalten zu ändern, formuliert der Vorgesetzte sachlich völlig unzutreffend viel zu weich. So redet er davon, daß
● der Mitarbeiter *vielleicht etwas* ändern *könnte,*
● *bitte* dieses oder jenes machen *sollte,*
● es *gut wäre,* wenn er . . .
In Wirklichkeit handelt es sich auf keinen Fall um eine Bitte, weil es
nicht in das Ermessen des Mitarbeiters gelegt ist, sein bisheriges Verhalten beizubehalten oder zu korrigieren.

Sowohl die mündlichen Formulierungen im Hinblick auf die Beurteilung als auch das künftige Verhalten stellen Verharmlosungen dar.
So sagt der Chef häufig, daß der Mitarbeiter sein Verhalten „etwas"
oder „ein bißchen" ändern „sollte". Richtig müßte es dagegen heißen:

„Ich erwarte, daß Sie Ihr Verhalten eindeutig ändern."

Wenn Sie als Mitarbeiter die Situation harmloser sehen, dann werden Sie Ärger bekommen, weil der Vorgesetzte von der Sache her –
und die ist entscheidend, nicht die Formulierung – eine Änderung
Ihres Verhaltens bewirken muß.

Es kann sein, daß Ihr Vorgesetzter die Bedeutung der Beurteilung,
vor allem wenn sie nicht besonders gut ausgefallen ist, herunterspielt,
zum Beispiel als ein Papier, das ungesehen in die Personalakte
kommt. Das mag sogar traurigerweise im Augenblick der Fall sein,
wird und muß aber nicht so bleiben; denn entscheidend ist, wer später mit Ihren Beurteilungen arbeitet, was Sie heute noch nicht abse-
hen können. Jede Beurteilung stellt eine offizielle Dokumentation
dar und darf deshalb von Ihnen auf keinen Fall unterschätzt werden.

● **Tip:**
*Die wahre Beurteilung ist die im Beurteilungsbogen schriftlich nie-
dergelegte. Viele Vorgesetzte haben nämlich nicht die Kraft, in Gegenwart des Mitarbeiters so hart zu kritisieren, wie dies eigentlich geschehen müßte.*

Folgen einer Beurteilung

Wenn es in Ihrem Hause ein Beurteilungssystem gibt, dann sollten
die Ergebnisse auch zu Konsequenzen führen, zumindest auf Dauer.
Typische Auswirkungen von Beurteilungen sind:

Die individuelle Personalentwicklung

Ergibt die Beurteilung bei bestimmten wichtigen Kriterien zu schwache Ergebnisse oder sehr hohe, dann müßten in beiden Fällen Personalentwicklungsmaßnahmen einsetzen: On the job und/oder off the
job.

Manche Unternehmen haben Beurteilungssysteme entwickelt und
eingeführt, ohne sich für Personalentwicklungsmaßnahmen entschieden zu haben. In diesen Fällen sollten Sie zumindest für sich persönlich eine gezielte Personalentwicklung zu erreichen suchen. Dabei
können Sie vom Nutzen für das Unternehmen aus argumentieren;
denn jede Verbesserung Ihrer Leistungsfähigkeit macht Sie für Ihren
Arbeitgeber wertvoll.

Nicht versteifen sollten Sie sich aber auf eine bestimmte Art von
Personalentwicklung, zum Beispiel einen Kursus. Entscheidend ist,
a) was Ihre Firma für Sie investieren kann und
b) will, zum Beispiel von Ihrer Vorbildung und Position her.

Eine Gehaltsaufbesserung

Ein Unternehmen ist gut beraten, wenn es mit der Beurteilung keine
Änderung der Bezahlung *unmittelbar* verbindet. Haben Sie eine *besonders gute* Leistung vollbracht, dann wird die Firma sie früher
oder später honorieren müssen. Die direkte Verbindung von Beurteilung und Bezahlung führt zu Folgen, die den Wert von Beurteilungssystemen massiv herabsetzen. Wesentlich ist nicht mehr das Beurteilungsergebnis, sondern Ihr Verhandlungsgeschick als Mitarbeiter.
Ihr Vorgesetzter verfügt bei einem tariflichen Beurteilungssystem
über einen bestimmten Fonds für die zusätzliche Mitarbeiterbezahlung, beispielsweise vier Prozent der Lohn- und Gehaltssumme. Davon bezahlt er Zulagen für seine Mitarbeiter. Bekommt ein Kollege
also eine relativ hohe Zulage, dann müssen Sie sich zwangsläufig mit
weniger begnügen. Deshalb erstellen viele Chefs ihre Beurteilungen
nicht in erster Linie nach der Leistung des Mitarbeiters und den Voraussetzungen dafür, sondern den Bezahlungsmöglichkeiten. Da dieses Verhalten des Vorgesetzten fast unvermeidbar ist, müssen auch
Sie als Mitarbeiter den Beurteilungsanlaß als Zeitpunkt Ihrer Gehaltsüberprüfung sehen.

Die Änderung von Stellung und Aufgaben

Die Beurteilung stellt eine wichtige Bilanz zu Leistung und Verhalten
von Ihnen als Mitarbeiter dar. Es geht um die Überprüfung der Frage:
„Ist der richtige Mitarbeiter am richtigen Arbeitsplatz?"
Sowohl Ihr Chef aus Firmengesichtspunkten heraus als auch Sie
selbst im Hinblick auf Ihre eigenen Interessen − Neigung, Begabung, Aufstieg, Gesundheit − werten diese Bilanz aus. Die Beurteilung stellt den Anfang für ein Grundsatzgespräch dar, das Sie für
sich nutzen sollten. Über das Beurteilungsergebnis können Sie versuchen, sofort oder auf Zeit eine andere Stellung zu erreichen oder andere oder zusätzliche Funktionen an Ihrem bisherigen Arbeitsplatz.
Als Gründe dafür sind möglich:

- Besondere Leistungen, die aufgefallen sind und die das Unternehmen an einer anderen Stelle bedeutend besser nutzen könnte,
- Schwächen, die auf Überforderung am gegenwärtigen Arbeitsplatz zurückgehen, zum Beispiel
  - daß es Ihnen dafür an der erforderlichen Berufs- und/oder Lebenserfahrung mangelt,
  - an bestimmten Kenntnissen und Fertigkeiten,
  - an der notwendigen psychischen oder/und physischen Belastbarkeit,
  - an der Begabung im Umgang mit Menschen,
  - an genügend Zeit zur gewissenhaften Erfüllung aller für Sie vorgesehenen Aufgaben, die stets zu umfangreich waren oder erst seit der letzten Beurteilung, weil der Chef Ihnen Zusatzaufgaben übertragen hat.

Es müßte in diesen Fällen überlegt werden und zwar mit möglichst *baldigen* Konsequenzen, ob die Situation bewältigt werden kann durch
- zusätzliche Fortbildungs- und/oder Weiterbildungsmaßnahmen,
- die Entlastung von Aufgaben oder *nur*
- die Versetzung vom bisherigen Arbeitsplatz.

Ebenso klar muß sein, wann und wie sich Ihr Chef Ihren Aufstieg vorstellt.

Das Beurteilungsgespräch darf nicht den Charakter eines unverbindlichen „Kaffeekränzchens" annehmen, wie dies leider in vielen Firmen noch immer üblich ist, sondern es müssen Entscheidungen gefällt, zumindest vorbereitet werden. Der Zeitpunkt der Realisierung der gemeinsamen Überlegungen sollte schriftlich fixiert sein. Lassen Sie sich auf keine unverbindlichen Versprechungen ein, bohren Sie deshalb lange genug nach. Die Gelegenheit zu einem solchen Grundsatzgespräch ist selten und darf deshalb von Ihnen nicht vertan werden!

● **Tip:**
Die Beurteilung dient in erster Linie der Personalentwicklung, damit auch der Bestärkung oder Änderung menschlichen Verhaltens. Bei

der Personalentwicklung achten Sie im eigenen Interesse darauf, daß der Chef mit Ihnen Termine ausmacht und nicht alles im Unverbindlichen bleibt.

12. Beschwerde über Kollegen

Der Gang zum Chef als Ausnahmesituation 200
Das Vorgehen bei der Beschwerde 202
Mögliche Reaktionen des Vorgesetzten 204
Das richtige Verhalten während des Schlichtungsversuchs 206
Nach dem Streit: Verhalten bei Sieg oder Niederlage 210

Der Gang zum Chef als Ausnahmesituation

Ihr Chef hat die Aufgabe, mit Ihnen und Ihren Kollegen zusammen bestimmte Ziele innerhalb der Globalziele des Unternehmens zu einem bestimmten Zeitpunkt zu erfüllen. Damit sind Informations-, Kommunikations- und Koordinationsaufgaben verbunden. Zwischenmenschliche Probleme und Auseinandersetzungen bringen Sand in das Getriebe und gefährden massiv die Zielerreichung. Man muß erwarten können, daß Mitarbeiter immer wieder einmal auftretende Unstimmigkeiten und Auseinandersetzungen unter sich möglichst schnell und unauffällig lösen, vor allem auch so, daß der Chef und erst recht Kollegen aus anderen Abteilungen, noch schlimmer Kunden, die Streitigkeiten nicht mitbekommen. Ihr Gang zum Chef darf deshalb nur erfolgen, wenn alle ernsthaften Bemühungen fehlgeschlagen sind.

Das erste Problem stellt bereits die Tatsache dar, daß nicht eine gleichberechtigte Person als Schlichter auftreten soll, sondern der gemeinsame Vorgesetzte. Deshalb können der Mitarbeiter und der Chef Ihre Information als „Petzen" verurteilen. Man unterscheidet zwei Formen der Unterrichtung des Chefs über zwischenmenschliche Probleme:

1. Die pflichtgemäße Berichterstattung
2. Das Petzen

Wenn Sie als Mitarbeiter Ihnen Unterstellte führen, dann haben Sie die Pflicht, von Ihnen nicht lösbare Streitigkeiten oder zwar bewältigte, aber dennoch verhängnisvolle, nach oben zu melden.

Beim Petzen oder Denunzieren dagegen informieren Sie als Kollege über einen Kollegen Ihren Chef negativ. Das dürften Sie, müßten Sie sogar, wenn konkreter, massiver Schaden vom Kollegen her auf das Unternehmen zukommt. Je höher Sie in der Hierarchie des Betriebes stehen, desto größer wird Ihre Pflicht. Den Gang zum Chef dürfen Sie folglich bei einem Streit mit einem Kollegen erst antreten, wenn sie *keinerlei* Möglichkeit mehr sehen, auch nach sehr ernsthaften Bemühungen, unter sich klarzukommen. Ihr Vorgesetzter wird Sie nämlich sehr nachhaltig, oft auch ärgerlich, danach fragen.

Er wird auch untersuchen, ob die negativen Auswirkungen des Streits so schwerwiegend sind, daß er sich als Chef damit beschäftigen muß. Es kann gut sein, daß er nichts anderes tut, als Ihnen und Ihrem Kollegen ins Gewissen zu reden, an bestimmte Normen erinnert, die befolgt werden müssen, zum Beispiel Grundsätze bei einer Auseinandersetzung über die zeitliche Lage des Urlaubs, und Ihnen eine Frist setzt, bis zu deren Ende Sie ihm die Lösung des Problems melden müssen. Es kann sogar noch schlimmer kommen. In seiner Verärgerung beschäftigt sich Ihr Chef nicht weiter mit der Angelegenheit, sondern entscheidet schnell und autoritär.

Bevor Sie zum Chef gehen und die Angelegenheit offiziell werden lassen, sollten Sie mit dem Kollegen gemeinsam versuchen, einen Schlichter auf gleicher Ebene zu finden.

Es ist auch nicht ratsam, schon jetzt den Betriebsrat einzuschalten; denn

a) dieser Schritt kann Ihren Vorgesetzten verärgern, weil eine Stelle außerhalb seiner Führungsverantwortung bereits eingeschaltet worden ist, bevor er schlichten konnte,

b) die Anrufung des Betriebsrates läßt die Angelegenheit ebenfalls offiziell werden und Sie können nicht schnell wieder versuchen, sie zurückzunehmen, hat der Beriebsrat bereits begonnen, sich mit ihr zu befassen.

Die Einschaltung Ihres Chefs kann in Zukunft dazu führen, daß er sich häufiger als bisher um Sie, Ihre Aufgaben und Leistungen kümmert, so daß Sie einen Teil jener Freiheiten verlieren, die Sie besaßen.

Zusammenfassend muß also gesagt werden, daß Sie den Chef als Schlichter erst einschalten sollten, wenn

- der Streitfall schwerwiegend ist im Hinblick auf die weitere Zusammenarbeit,
- alle ernsthaften Versuche einer Einigung untereinander gescheitert sind,
- dabei zu beachtende Gesichtspunkte wie Regeln, Grundsätze und Normen berücksichtigt worden sind,
- auch Schlichtungsversuche durch einen gemeinsamen Kollegen erfolglos blieben.

Wegen eines Streits mit einem oder mehreren Kollegen sollten Sie erst zum Chef gehen, wenn Sie nach ernsthaften Bemühungen glauben, die Auseinandersetzung nicht ohne fremde Hilfe schlichten zu können. Bei Ihrer Information oder Beschwerde sollten Sie auch über Ihre Kontrahenten sachlich urteilen und sich auf Tatbestände konzentrieren.

Das Vorgehen bei der Beschwerde

Bei der Bundeswehr gilt ein Leitsatz, den Sie sich auch als Mitarbeiter in der Privatwirtschaft zu eigen machen sollten:
Eine Nacht darüber schlafen.

Viele Angelegenheiten sehen weniger dramatisch aus und gewinnen erst den richtigen Stellenwert, wenn man in Ruhe darüber nachdenkt und keine Entscheidung in einer Situation starker emotionaler Bewegtheit trifft.

Es kann maßgeblich dazu beitragen, daß der Chef im Streit zu Ihren Gunsten entscheidet, wenn Sie Ihren Fall sehr sachlich bei ihm vortragen, sicher engagiert, aber das bedeutet, mit gesteuerten Emotionen.

Sie müssen vor der Unterrichtung des Chefs bedenken:

1. Welche Informationen sind unabdingbar, weil Ihr Chef sonst nicht entscheiden kann?

Zwei Extreme müssen Sie vermeiden:

a) Sie sollten nicht viel zu weit ausholen und so Ihrem Vorgesetzten nicht nur Zeit stehlen, sondern auch mehr verwirren als zur gewünschten Klarheit beitragen. In diesem Fall werden auch wichtige Informationen in der Datenfülle untergehen.

b) Sie sollten Ihren Chef nicht unzureichend unterrichten, so daß er sich zusätzliche Informationen bei Ihrem Kontrahenten einholt oder sich von der Angelegenheit ein unzutreffendes Bild entwickelt.

2. Was halten Sie menschlich von Ihrem Kontrahenten?
Wenn Ihr Chef nur ein wenig Fähigkeiten im Beobachten von Menschen besitzt, dann wird er aus
- Ihren sprachlichen Formulierungen,
- Signalen Ihrer Körpersprache,
- dem, was Sie sagen und was Sie weglassen,
erkennen, wieweit Sie fähig und willens sind, den vorliegenden Streitfall sachlich zu sehen.

Ein kluger Vorgesetzter wird Ihre Ausführungen hinterfragen, zum Beispiel danach,
- was Sie generell von Ihrem Kontrahenten denken und
- speziell über dessen Motive und
- Verhaltensweisen in diesem Streitfall.

Sie sollten deshalb unbedingt vermeiden,
- bei sich selbst ehrenwerte Motive anzunehmen, Ihrem Kontrahenten aber solche mit negativem Gehalt zu unterstellen,
- ihn generell als Persönlichkeit negativ zu sehen,
- sein Verhalten im Streitfall abzuqualifizieren.

3. Welchen Lösungsweg sehen Sie?
Der Chef soll als Neutraler bei der Auseinandersetzung eine für beide Seiten akzeptable Lösung finden. Geht er geschickt vor, dann wird er seine Kompromißformel nicht in einsamer Entscheidung konzipieren, sondern vorher so mit den Streitenden abstimmen, daß er mit deren *echten* Zustimmung rechnen kann. So wird er Sie nach Ihrem Kompromißvorschlag fragen. Sie müssen sich also möglichst schnell einen Lösungsweg überlegen und dieser darf *nicht einseitig* zu Ihren Gunsten ausfallen. Er muß die Belange der anderen Seite so ausreichend berücksichtigen, daß diese zustimmen kann, ohne zu kapitulieren und so ihr Gesicht zu verlieren. Dieser Fall darf noch nicht einmal eintreten, wenn das Recht hundertprozentig auf Ihrer Seite steht. Der andere sähe dann zu schlecht aus!

● **Tip:**
Sie sollten Ihre Information so knapp wie möglich abfassen, aber nicht in einer zu Ihren Gunsten manipulierenden Weise. Außerdem müssen Sie sich einen auch für Ihre Gegner akzeptablen Lösungsweg überlegen; denn danach wird Sie der kluge Chef fragen.

Mögliche Reaktionen des Vorgesetzten

Ihr Chef kann bereits ohne detaillierte Kenntnisse über den Streitfall negativ reagieren:
Er will in Ruhe gelassen werden
und hat deshalb kein Verständnis dafür, wie ein Erzieher unter zankenden Kindern zu schlichten.

Er wird von diesem verständlichen Standpunkt – vor allem bei starker Arbeitsüberlastung – erst abgehen, wenn Sie ihn von der Bedeutung der Angelegenheit überzeugt haben.

Der Vorgesetzte reagiert eindeutig zugunsten des Kontrahenten. Das kann zwei Gründe haben:

Einen sachlichen Grund

Der andere befindet sich eindeutig im Recht. Das hätten Sie vorher merken sollen, es sei denn, Sie hätten sich zu stark in Ihre augenblickliche Position verrannt.

Einen persönlichen Grund

Der Chef mag Sie nicht oder Ihr Kollege ist ihm bedeutend sympathischer als Sie. Dann dürften Sie die Angelegenheit selbst auf keinen Fall zu diesem Vorgesetzten tragen, sondern nur reagieren auf die Beschwerde des Kollegen über Sie. Was kann zu diesem sehr mißlichen Zustand geführt haben?
    Versuchen Sie nicht, sofort davon auszugehen, daß
– der andere auf heimtückische Weise den Vorgesetzten für sich gewonnen hat oder
– dieser Chef von Natur aus ungerecht Ihnen gegenüber ist, sondern fragen Sie sich ernsthaft und hart:
    Was habe ich falsch gemacht, daß es dazu kommen konnte?

Manche Vorgesetzte versuchen dem Schlichten des Streits dadurch zu entgehen, daß sie
a) die Lösung herausschieben oder
b) die Problematik als unwichtig abtun.
Dahinter kann eine richtige Überlegung stehen:
Wenn sich die Gemüter etwas beruhigt haben und wenn ich selbst nicht eingreife, dann finden beide vielleicht selbst noch eine Lösung.

Das kann so geschehen, aber dieses Vorgehen ist risikoreich: Ebenso ist eine Verschärfung des Streits möglich.

Fragen Sie Neutrale nach einer möglichst sachlichen Darstellung der Problematik, ohne Nennung des Namens der Beteiligten, fragen Sie, ob sie den Streitfall für gewichtig halten. Kommt von mehreren Personen unabhängig voneinander ein klares Ja, dann drängen Sie Ihren Chef zu einer Entscheidung. Weigert er sich direkt oder schiebt das Problem weiter vor sich her, dann kündigen Sie an, daß Sie den nächsthöheren Vorgesetzten einschalten werden.

Die sachlich richtige und menschlich angenehmste Lösung besteht darin, daß der Chef *fair* das Problem zu bewältigen versucht. Dieser Vorgesetzte bemüht sich, ein wahrer Schlichter zu sein, der ohne Ansehen der Person nur der Wahrheit und der Gerechtigkeit dienen will. Bei ihm befinden Sie sich beide in guten Händen. Der sonst übliche Streß für Sie als Streitender entfällt, auch das Theaterspielen vor dem Schlichter, um ihn für sich zu gewinnen. Dieser Vorgesetzte, der eine sachlich gerechtfertigte Harmonie wünscht und sicher auch weitgehend in seiner Arbeitsgruppe erreicht hat, kann aber menschlich von Ihnen enttäuscht werden. Er hat geglaubt, daß vernünftige Mitarbeiter auch ohne Eingreifen von ihm als Chef eine beiderseits akzeptable Lösung gefunden hätten. Wäre Ihnen das nicht möglich gewesen?

Es kann selbstverständlich auch ein sehr problematisches Harmoniestreben geben, nämlich den Versuch, sogar gerechtfertigte Auseinandersetzungen zu verhindern. Das geht letztlich nie; denn der Konflikt schwelt unter der Decke weiter und kann bei späterer Gelegenheit zu einem Vulkanausbruch führen.

Sie sollten in diesem Fall nach Verbündeten suchen, die bei dem Streitfall selbst unbeteiligt geblieben sind, aber aus sachlichen Gründen wie Sie auf eine baldige Lösung des Problems drängen.

Ist Ihr Chef autoritär strukturiert, dann wird er ein Machtwort sprechen. Damit ist für ihn die Angelegenheit erledigt. Für Sie auch, wenn Sie der Benachteiligte sind? Autoritär kan ein Vorgesetzter aber auch vorgehen, weil es ihn sehr ärgert, sich trotz seiner starken Arbeitsüberlastung als Schlicht bestätigen zu müssen. Dieser Chef geht dann oft bewußt schmerzlich für die Beteiligten vor. Er will ihnen für die Zukunft ihn noch einmal mit einem Streitfall zu behelligen.

Autoritäre Chefs handeln in der Sache oft willkürlich, nicht aber, was ihre Motive betrifft. Mitarbeiter, die ihnen nützlich sind oder menschlich angenehm, werden bevorzugt. Ihr autoritärer Vorgesetzter wird sich also für Sie entscheiden, wenn Sie

– als einflußreich gelten, für ihn ist Macht ein wesentliches Lebenselement,
– ihm schon Vorteile gebracht haben und er damit rechnet, daß er auch in Zukunft „etwas von Ihnen haben wird",
– ihm sympathisch sind, weil Sie ihm stets die nötige Achtung entgegengebracht haben.

● **Tip:**
Bevor Sie zu Ihrem Chef gehen, müssen Sie Ihre Chancen realistisch abwägen. Hat er eine Vorliebe für Sie oder die andere Seite? Wird er autoritär entscheiden, eine gemeinsame Lösung erarbeiten, den Streit vor sich herschieben, sich weigern, überhaupt einzugreifen?

Das richtige Verhalten während des Schlichtungsversuchs

Die generelle Notwendigkeit der sachlichen Darstellung wurde bereits behandelt. Hin und wieder geht ein Vorgesetzter so vor, daß er, nachdem der Beschwerdeführer sein Anliegen vorgetragen hat, sofort den Kollegen holt. Er will dabei sehen, wie Sie reagieen, zum Beispiel ob Sie die Begegnung fürchten, weil Sie in Ihrer Beschwerde weiter gegangen sind, als Sie es hätten tun dürfen. Sie sollten auch aus diesem Grunde Ihre Beschwerde sachlich und abgewogen formulieren. Besonders autoritäre Chefs neigen zur sofortigen Gegenüberstellung, um dann in einer „Hauruck-Entscheidung" das sie ärgernde Problem des Streits aus der Welt zu schaffen. Eigentlich dürfte der Chef nur zu diesem Mittel greifen, wenn es sich um eine rein sachliche Auseinandersetzung handelt. Andernfalls könnte sich der Konflikt nämlich zunächst verschärfen und die gewünschte baldige Lösung verzögern. Viel besser wäre es, wenn der Vorgesetzte zunächst einmal ausloten würde, welche Chancen zu einer Problembewältigung entstehen, was sich in Einzelgesprächen viel leichter vorbereiten läßt.

Welche Gefahren drohen Ihnen im Laufe der Auseinandersetzung?

Mangelnde Beherrschung der eigenen Emotionen

Es mag sein, daß Sie sich zu Beginn des Streits noch gut beherrschen konnten, aber mit zunehmender Dauer immer schwerer. Die psychische Belastung nimmt zu. Wenn Sie in dieser Hinsicht immer mehr Probleme haben, sollten Sie versuchen, möglichst bald zu einer Lösung zu kommen; denn die mangelnde Selbstbeherrschung bringt Sie sonst in eine für Sie immer unvorteilhaftere Situation. Es kann sogar sein, daß Ihr „Gegner" Ihre Schwäche ausnutzt und Sie bewußt provoziert.

Verrennen in eine bestimmte Haltung mit Kompromißunfähigkeit

Es entsteht im Laufe der Zeit eine Art von Stellungskrieg. Die Positionen verfestigen sich immer stärker. Jedes Nachgeben empfindet man dann zu Unrecht als eine Art von Kapitulation, als massiven Gesichtsverlust. Die Argumente bleiben auf beiden Seiten inhaltlich unverändert, längst ist alles Wesentliche gesagt, neu ist nur die Verpackung, sind die Formulierungen. Da gibt es immer wieder Variationen.

In diesen festgefahrenen Situationen sollten Sie den Mut zum ersten Schritt besitzen, sonst wartet der andere darauf und es bewegt sich nichts.

Vielleicht sind Sie nicht zum Kompromiß*vorschlag* bereit, weil Sie das Wort mißverstanden haben. Sie verwechseln Kompromiß mit Kapitulation, mit für Sie unverantwortlichem Nachgeben. In Wirklichkeit bedeutet Kompromiß Entgegenkommen, aber *stets ein beiderseitiges Aufeinanderzugehen.*

Sie müssen also nur dann Ihr Entgegenkommen realisieren, wenn die andere Seite für ihren Teil das gleiche tut. Kompromiß heißt nicht, daß beide Parteien sich von ihrer ursprünglichen Ausgangsposition gleich weit entfernen müssen. Für den Grad des Entgegenkommens gibt es keine allgemeine Regel. Das ist ganz von der jeweiligen Situation abhängig.

Aus sachlichen Gegensätzen werden zwischenmenschliche

Zunächst bestehen nur Auseinandersetzungen über ein sachliches Problem, zum Beispiel unterschiedliche Konzeptionen zu der Lösung einer Aufgabe. Die Positionen versteifen sich, der Streit zieht sich hin. Jetzt droht eine bedauerliche Ausweitung des Konflikts. Mit zunehmender Dauer nimmt die Auseinandersetzung persönliche Züge an. Die Formulierungen werden schärfer. Es kommt zu ersten Ausfällen (= Aggressionen), auf die der andere, statt sie zu ignorieren, mit Gegenaggressionen antwortet.

Sachliche Gegensätze müssen aber nicht zu persönlichen führen, wie manche Menschen fälschlich annehmen, weil dies hin und wieder geschehen ist. Harte sachliche Verhandlungen können ohne weiteres in einer vernünftigen zwischenmenschlichen Atmosphäre stattfinden.

Bedenken Sie immer, daß Sie ein *Sach*problem gelöst haben wollen.

Bleibt ein Teil ruhig und abgewogen, dann hat dieser die größeren Chancen, sich durchzusetzen, weil der Schlichter — ist er wirklich neutral – auf ihn zugehen muß; denn vom emotional schlechter Gesteuerten wird er keine Lösung erwarten können. Freilich kann sich daraus auch eine Schwierigkeit für Sie ergeben:

Der Schlichter mutet Ihnen zu viel Entgegenkommen zu nach der Devise: „Sie sind doch der Vernünftigere." Darauf dürfen Sie sich aus *sachlichen* und *psychologischen* Gründen nicht einlassen. Unvernunft würde nämlich belohnt und das unbeherrschte Gegenüber geradezu ermuntert, im Wiederholungsfall ebenso unvernünftig zu handeln.

Zu starkes Nachgeben als Resignation

Mit zunehmender Dauer des Streits erlahmen Ihre Kräfte. Das geschieht besonders leicht, wenn Sie sich geistig-seelisch auf eine kurze Auseinandersetzung eingestellt hatten und nun erleben müssen, wie sich der „Kampf" immer länger hinzieht, breitere und tiefere Dimensionen annimmt und ein Ende nicht absehbar erscheint. In dieser Situation müssen Sie sich noch einmal überlegen, welchen Stellenwert Sie dem Streitgegenstand beimessen. Handelt es sich um einen, auch nach Ihrer jetzigen Einschätzung, hohen, dann müssen Sie durchhalten, sich selbst motivieren (= Durchhalteparolen) und andere zur Unterstützung heranziehen, die noch unverbraucht sind. Ansonsten sollten Sie möglichst rasch, wenn auch auf keinen Fall für die anderen Betroffenen (= Gegner, Schlichter) auffällig, zu einem Kompromiß kommen. Das Ergebnis zu einem späteren Zeitpunkt kann nur schlechter als jetzt aussehen.

● **Tip:**
Wie gut können Sie Ihre negativen Emotionen steuern? Wie reagieren Sie in kritischen Augenblicken und wenn Sie provoziert werden? Sind Sie bereit zum Kompromiß oder verfechten Sie starr Ihren Standpunkt? Überlegen Sie, worauf der jetzige Streit wirklich zurückgeht. Liegen die wahren Gegensätze nicht auf sachlicher, sondern emotionaler Ebene?

Nach dem Streit:
Verhalten bei Sieg oder Niederlage

Es kann beim Streit zu einem Kompromiß kommen, der so fair ist, daß beide damit leben können. Die Auseinandersetzung ist damit glücklicherweise ausgestanden. Zwischenmenschlich wird es in Zukunft keine Probleme geben.

Anders kann die Situation aussehen, wenn Sie – zu Recht oder Unrecht – das Gefühl des Siegers oder des Besiegten haben.

Triumphieren führt zu neuem Streit

Von Natur aus ist es bereits problematisch, wenn es in einer Auseinandersetzung klare Sieger und Besiegte gibt. Der Besiegte empfindet sein Schicksal als abwendbar, vielleicht nicht im Augenblick, aber auf Dauer. Er wird deshalb auf eine für ihn günstigere Gelegenheit warten, um nach der Niederlage in einer Schlacht dennoch den Feldzug für sich zu entscheiden.

– Sie sollten deshalb darauf achten, daß diese Situation erst gar nicht entsteht, also durch Ihr Entgegenkommen dazu beitragen, im anderen dieses Gefühl nicht aufkommen zu lassen. Ein Nachgeben jetzt kann die nächste Auseinandersetzung verhindern, und ob die ebenso gut ausgeht wie die jetzige? Es stellt eine menschlich wertvolle und zugleich nützliche Tugend dar, Selbstbescheidung zu üben.
– Sie sollten Ihren Sieg gegenüber dem Verlierer nicht selbst auskosten oder an anderer Stelle, so daß es der Gegner mit einiger Sicherheit erfahren wird.

Kein Verlierer ohne zweite Runde

Es stellt stets hohe Anforderungen an einen Menschen, ein guter Verlierer zu sein. Können Sie es sein oder streiten Sie immer wieder, bis

Sie ein für Sie günstigeres Ergebnis erzielt haben? Man muß klar unterscheiden zwischen
a) der sachlichen Notwendigkeit, ein besseres Resultat zu erzielen mit der entsprechenden sachlichen Auseinandersetzung und
b) dem persönlichen Ehrgeiz, aus einer Niederlage noch einen Sieg zu machen.

Das Verhalten b ist zwar menschlich gut verständlich, aber in mehrfacher Hinsicht problematisch:
- Es verlängert und verschärft die Auseinandersetzung; denn häufig wird die andere Seite mit dem gleichen Fehlverhalten reagieren.
- Wertvolle psychische und physische Energie wird nicht für das Unternehmen und seine Ziele investiert, sondern für den „Privatkrieg".
- Immer mehr Personen werden in die Auseinandersetzung miteinbezogen.

Früher oder später wird ein Machtwort gesprochen werden müssen mit negativen Folgen für die Betroffenen, zum Beispiel einer Versetzung. Das geschieht in der Hoffnung, daß die Mitarbeiter wieder zum kooperativen Arbeiten zurückkehren, wenn sie keine weitere Möglichkeit haben, zu streiten.

Ganz anders sieht der Fall a aus, auch in psychologischer Hinsicht. Diese Auseinandersetzung würde rein sachlich ausgetragen mit einem Minimum an persönlichen Kontroversen. Am Stil können der Schlichter, aber auch die Beteiligten selbst erkennen, was sie *wirklich* bewegt. Es gibt nämlich, besonders unter Männern, auch angeblich rein sachliche Divergenzen, die in Wahrheit stark persönliche sind.

● **Tip:**
Es darf in dieser Auseinandersetzung keine Sieger und Besiegte geben. Sind Sie Sieger, dann zeigen Sie Ihre Größe in der Selbstbescheidung. Unterliegen Sie, dann beweisen Sie, daß Sie auch mit Anstand verlieren können!

13. Das Einschalten des Betriebsrates

Drohen mit dem Betriebsrat? 214
Der Weg zum Betriebsrat, ein Gang in die Öffentlichkeit? 215

Drohen mit dem Betriebsrat?

In den Branchen, in denen die Betriebsräte stark sind, das sind solche mit einem hohen gewerkschaftlichen Organisationsgrad unter den Belegschaften, setzt zumindest ein Teil der Mitarbeiter die Ankündigung, zur Arbeitnehmervertretung zu gehen, als Druckmittel, sogar als Drohung ein. Der Betriebsrat hat von seiner gesetzlichen Funktion her die Aufgabe, den Mitarbeiter gegen alle unberechtigten Maßnahmen und Verhaltensweisen zu schützen, und das entsprechende Recht sollten Sie als Mitarbeiter auch wahrnehmen. Dennoch müßten Sie sich genau überlegen, wann (Zeitpunkt) und weshalb (Grund) Sie bei Problemen mit Ihrem Chef zum Betriebsrat gehen sollten, um bereits durch die Drohung erfolgreich zu sein:

Ist schon alles versucht worden?

Gehören Sie zu den Menschen, deren besondere Stärke nicht darin liegt, in der Auseinandersetzung mit einem anderen Menschen Geduld zu haben? Ganz selten gibt es bei einem Menschen eine plötzliche Einsicht, in der Regel aber handelt es sich dabei um einen Prozeß, der eine gewisse Dauer beansprucht. Billigen Sie diese Zeit Ihrem Chef zu?

Wie stark sind Sie geneigt, Rechtspositionen zu vertreten und zu verteidigen, ohne dabei ausreichend zu berücksichtigen, welche negativen Folgen sich daraus für das zwischenmenschliche Verhältnis ergeben können?

Zunächst der Weg zum nächsthöheren Vorgesetzten

Die erste Beschwerdeinstanz ist normalerweise nicht der Betriebsrat, sondern der Vorgesetzte Ihres Chefs. Damit bleibt die Auseinandersetzung noch klar auf die ursprüngliche Umgebung beschränkt und der Vertraulichkeitscharakter wird gewahrt.

Einschüchterung, ein Mittel zum Erfolg?

Wenn Sie selbst eingeschüchtert werden, dann können Sie situationsbedingt zwei Verhaltensweisen zeigen:
a) Resignation und sich damit in das Schicksal fügen
b) Keine offene, aber eine verdeckte Auflehnung durch
  – das Warten auf eine bessere Gelegenheit, der Chef zeigt dann zum Beispiel nicht juristisch angreifbare, aber dennoch für Sie unangenehme Verhaltensweisen wie die Art des persönlichen Umgangs, die Verteilung von Aufgaben, die Ihnen unlieb sind;
  – das Sammeln von Hilfstruppen. Für den Chef dürfte das sein eigener Vorgesetzter sein.

Diese Risiken sollten Sie nur überlegt eingehen. Darunter ist zu verstehen, daß Sie sogar drohen und damit einschüchtern müssen, wenn dies das einzige Mittel ist, um dem Chef seine Grenzen zu zeigen. Es gibt ja leider noch immer Vorgesetzte, die den „Herrn-im-Hause-Standpunkt" vertreten. In diesem Fall würde es sich auch im Interesse Ihrer Kollegen um eine notwendige Maßnahme handeln.

● **Tip:**
Gehen Sie erst dann zum Betriebsrat, wenn wiederholte Versuche beim eigenen Chef gescheitert sind und auch Ihr Gang zum nächsthöheren Vorgesetzten keine für Sie akzeptable Lösung gebracht hat.

Der Weg zum Betriebsrat, ein Gang in die Öffentlichkeit?

Das scheint eine sachlich unrichtige Aussage zu sein; denn Sie wissen selbstverständlich, daß die Mitglieder des Betriebsrates zu besonderem Stillschweigen verpflichtet sind und sich die meisten Kollegen in dieser Funktion auch daran halten. Der Satz der Überschrift ist deshalb etwas anders zu verstehen. Wenn Sie eine Auseinandersetzung mit Ihrem Chef haben, dann bleibt sie unter vier Augen. Tragen Sie dagegen Ihr Anliegen einem Betriebsratsmitglied vor, dann überschreitet der Streit den eng umgrenzten Raum, eine dritte Person ist eingeschaltet, die oft aus psychologischen, sachlichen oder juristischen Gründen weitere Menschen beteiligen muß. So kann sich zum Beispiel die Notwendigkeit ergeben, daß die Frage im gesamten Betriebsratsgremium besprochen werden muß. Wenn Sie dagegen, wie ziemlich viele Kollegen, den Fall zwar dem Betriebsrat melden, aber gleichzeitig auf absolute Vertraulichkeit pochen, dann bringen Sie die Arbeitnehmervertretung in eine schwierige Situation. Was soll sie für Sie tun? Geht sie zum Vertreter des Arbeitgebers oder auch nur zum Chef selbst, dann werden diese zu Recht danach fragen, aus welcher Ecke die Beschuldigungen kommen, und sie werden nur bereit sein, ernsthaft über diese Angelegenheit zu diskutieren, wenn sie die Quelle der Beschuldigung erfahren.

Haben Sie das Problem zur Erledigung an Ihren Betriebsrat weitergegeben, dann kommt es zu einer gewissen Automatik, die Sie später nur schwer unterbrechen können. Die Arbeitnehmervertretung kann sich des Vorfalls beispielsweise gerne angenommen haben, weil sie ihn zur Stärkung der eigenen Position bei der Belegschaft allgemein und gegen ihren Chef oder allgemein gegen das Führen im Unternehmen verwenden kann.

Ihr Fall kann aber nicht nur verhandlungstechnisch wichtig werden oder sein, sondern hat mit ziemlicher Sicherheit auch juristische Bedeutung. Über diese Dimension der Angelegenheit müssen Sie sich ebenfalls klar sein. Sie wissen aus anderen Bereichen des Rechts, zum Beispiel aus dem Zivilrecht, wie stark zwischenmenschliche Beziehungen belastet werden können, kommt es zu einem Rechtsstreit, oft genügt bereits die Drohung damit. Was sollte Sie trotz dieser Nachteile veranlassen, den Betriebsrat einzuschalten?

Der Streitfall hat grundsätzliche Bedeutung

Es geht darum, daß für künftige Vorfälle Klarheit herrscht. Wenn Sie jetzt nicht die Arbeitnehmervertretung einschalten, dann würde das Problem morgen oder übermorgen wieder auftreten.

Das Fehlverhalten des Chefs war zu massiv

Vorgesetzte können im Laufe der Zeit, vor allem wenn sie bereits autoritär handeln und dies in diktatorischer Form, immer rücksichtsloser und menschenverachtend vorgehen, so daß ihnen schließlich einmal und dann endgültig deutlich werden muß, was sie nicht dürfen.

Sie sehen eine Chance zur eigenen Profilierung

Anders als Punkt 1 und 2 ist dieser Beweggrund aus nichtsachlicher Natur problematisch. Sie benutzen den Vorfall nämlich nur als Mittel zur Erreichung eigener Ziele. Dieses Denken ist verständlich, aber zugleich egozentrisch. Der Betriebsrat wird von Ihnen als Instrument zur eigenen Profilierung verwandt, obwohl er sich der Fragen annehmen soll, deren Erledigung möglichst vielen Kollegen dient. Positiver sieht Ihr Vorgehen aus, wenn der Drang nach Profilierung nur ein Nebenprodukt darstellt.

● **Tip:**
Den Weg zum Betriebsrat sollten Sie einschlagen, wenn eine grundsätzliche Frage geklärt werden muß oder das Fehlverhalten Ihres Chefs so massiv war, daß es umgehend abgestellt werden muß.

14. Verhalten bei Disziplinarmaßnahmen

Klärung der Begriffe 220
Die Vorstufe: Die mündliche Ermahnung 222
Rechtlich unhaltbare Disziplinarmaßnahmen 224

Klärung der Begriffe

Das Wort „Disziplinarmaßnahme" bedeutet, daß der Arbeitgeber etwas nachhaltig unternimmt, um einen Arbeitnehmer zu veranlassen, sich an gegebene Normen *endlich* zu halten. Sie können durch ein zweifaches Verhalten diesen Zustand ausgelöst haben:
1. Durch einen schwerwiegenden Verstoß gegen die gemeinsam von Arbeitgeber und Betriebsrat festgelegte Betriebs- oder Arbeitsordnung.
2. Durch eine wesentliche Nichtbeachtung Ihrer einzelvertraglichen Pflichten als Mitarbeiter.

Bisher hat das Bundesarbeitsgericht als höchstrichterliche Instanz auf diesem Gebiet noch für keine Rechtsklarheit im Hinblick auf die verwandten Begriffe gesorgt. Entscheidend sind folglich nicht die Formulierungen, sondern was sie besagen. Danach unterscheidet man drei Tatbestände:

Die sogenannten Ermahnungen

Sie haben Ihre arbeitsvertraglichen Pflichten zwar schwerwiegend verletzt, aber nicht so massiv oder so häufig, daß Ihr Arbeitgeber mit Drohungen arbeiten will. Er weist nachdrücklich darauf hin, daß Sie
a) falsch gehandelt haben,
b) in Zukunft anders handeln müssen und wie,
c) häufiger und strenger kontrolliert werden, damit Sie rasch und gründlich Ihr Verhalten wie erwartet ändern.
Der Arbeitgeber muß den Betriebsrat nicht einschalten, sollte ihn aber informieren.

Die sogenannte Abmahnung

Ihr Fehlverhalten war so schwerwiegend, daß der Arbeitgeber es im Wiederholungsfall nicht mehr hinnehmen wird. Er droht deshalb damit, daß er dann das Arbeitsverhältnis mit Ihnen beenden wird. Die juristisch beste Formulierung lautet: „Im Wiederholungsfall ist Ihr Arbeitsverhältnis gefährdet." Problematischer sind dagegen zwei andere häufig verwandte Formulierungen:

a) „In Zukunft müssen Sie mit arbeitsrechtlichen Konsequenzen rechnen", weil in diesem Fall für Sie als Mitarbeiter unklar bleibt, worin diese bestehen.

b) „Im Wiederholungsfall müssen Sie mit Ihrer Kündigung rechnen." Jede Entlassung stellt einen Einzelfall dar, bei dem gewissenhaft abgewogen werden muß, zunächst vom Arbeitgeber, beim Kündigungsschutzprozeß durch das Arbeitsgericht, ob unter den *jeweils* gegebenen Bedingungen Ihr Fehlverhalten zu einer Kündigung ausreicht.

Die sogenannte Betriebsbuße

Sie haben schwerwiegend gegen die Betriebs- oder Arbeitsordnung als gemeinsames Werk von Arbeitgeber und Betriebsrat verstoßen. Da beide gleichrangige Partner sind, können sie auch nur gemeinsam entscheiden, wann ein Fall vorliegt, der geahndet werden muß.

● **Tip:**
Die „Ermahnung" ist die schwächste Form der Disziplinarmaßnahme. Dagegen stellt die „Abmahnung" den letzten Schritt des Arbeitgebers vor der Kündigung dar. Ein schwerwiegender Verstoß gegen die Arbeitsordnung wird durch die mitbestimmungspflichtige Betriebsbuße geahndet.

221

Die Vorstufe: Die mündliche Ermahnung

Bevor die zuständige Stelle eine Disziplinarmaßnahme verhängt, auch deren harmloseste Form, die Ermahnung, geschieht oft die sogenannte mündliche Ermahnung. Während wegen der juristischen Folgen heute fast nur noch die Personalleitungen Disziplinarmaßnahmen verhängen können, darf der Abteilungsleiter oder der Hauptabteilungsleiter häufig noch die mündliche Ermahnung aussprechen. Ursache dafür ist das letzte Fehlverhalten in einer Kette von arbeitsvertraglichen Verletzungen oder ein erstmaliges, aber so schwerwiegendes, daß ein bloßes, auch hartes Kritikgespräch nicht mehr ausreicht.

Ihr Vorgesetzter wird die mündliche Ermahnung nicht unter vier Augen aussprechen, sondern unter Zeugen. Dabei wird es sich in der Regel um eine weitere Führungskraft handeln, in Ausnahmefällen um ein Betriebsratsmitglied. Die Gegenwart des Zeugen verdeutlicht Ihnen nicht nur den Ernst der Lage, sondern zugleich auch, daß man von Ihnen annimmt, Sie würden die Worte des Vorgesetzten in Ihrem Sinne deuten oder verändern, wovor man sich auf der anderen Seite schützen will.

Von diesem Gespräch wird eine Aktennotiz angefertigt, die in die Personalakte kommt. Man wird Sie auffordern, durch Ihre Unterschrift zu dokumentieren, daß Sie wissen, worum es ging, und man wird den Zeugen mitunterschreiben lassen oder nur ihn, falls Sie sich weigern.

Die mündliche Ermahnung stellt den ersten wesentlichen Baustein zur Vorbereitung und Absicherung Ihrer Entlassung dar. Ihr Arbeitgeber will so später vor dem Arbeitsgericht beweisen, daß die Kündigung für Sie kein überraschendes Ereignis sein konnte, sondern Sie rechtzeitig vorgewarnt waren. Ein kluger Arbeitgeber wird den Betriebsrat von dem Ereignis unterrichten.
Wie sollten Sie sich verhalten?

Sie müssen die mündliche Ermahnung sehr ernst nehmen

Zum ersten Mal wird Ihr Fehlverhalten aktenkundig und damit beweiskräftig. Sie müssen jetzt spätestens Ihr Verhalten im gewünschten Sinne ändern, es sei denn, die ganze Aktion geschehe zu Unrecht.

Sie sollten in der Regel unterschreiben

Mit Ihrer Unterschrift geben Sie nicht zu, daß Ihr Vorgesetzter recht hat, Sie nehmen dazu überhaupt nicht Stellung, sondern drücken nur aus, daß Ihr Chef das gesagt hat, was im Aktenvermerk festgehalten ist. Sie sollten deshalb Ihre Unterschrift nur verweigern, wenn mündlicher und schriftlicher Text klar (= in wesentlichen Punkten) voneinander abweichen.

Sie sollten mit Ihrem Betriebsrat darüber sprechen

Diese Empfehlung sollten Sie sowohl beachten, wenn ein Mitglied der Arbeitnehmervertretung anwesend war, als auch wenn es fehlte. Der Betriebsrat sollte nicht nur wissen, was gesprochen wurde, sondern auch, wie Sie Ihr beanstandetes Verhalten erklären, zum Beispiel durch
– schwere private Sorgen und Probleme,
– Folgen einer chronischen Krankheit,
– Überforderung allgemein oder in einer bestimmten bedeutsamen Situation,
– das schlechte zwischenmenschliche Verhältnis zu Ihrem Chef.
Nur Ehrlichkeit gegenüber dem Betriebsrat, der Sie unterstützen soll, wird Ihnen weiterhelfen, keine irgendwie geartete Schönfärberei.

Sie sollten sich jedes Wort genau überlegen

Diese Mahnung sollten Sie vor allem beherzigen, wenn Sie Schwierigkeiten damit haben, Ihre Emotionen gut genug zu steuern. Vielleicht ist der hart vom Vorgesetzten kritisierte Vorgang ebenfalls darauf zurückzuführen. Wenn Sie sich in dieser Hinsicht nicht sicher sind, dann ist es bedeutend besser für Sie zu schweigen, als Ihre Situation durch unüberlegte Äußerungen weiter zu verschlechtern. Versuchen Sie in diesem Fall, ein Betriebsratsmitglied Ihrer Wahl vorher gut in alle Umstände einzuweihen, so daß dieses Sie als eine Art von Anwalt unterstützt.

● **Tip:**
Sie müssen sich klar sein, wie ernst die Situation für Sie jetzt ist. Sprechen Sie mit dem Betriebsrat und unterrichten Sie ihn fair über das Vorgefallene, versuchen Sie nicht zu manipulieren.

Rechtlich unhaltbare Disziplinarmaßnahmen

Viele in den Betrieben verhängte Disziplinarmaßnahmen weisen so schwerwiegende Fehler auf, daß sie später vor dem Arbeitsgericht nicht die vom Arbeitgeber gewünschte Beweiskraft zur Absicherung seiner Kündigung besitzen. Deshalb ist es wichtig, daß Sie die wichtigsten Fehler kennen:

Die „Abmahnung" darf keine Werturteile enthalten

Diesen Mangel weisen viele Disziplinarmaßnahmen auf, weil der oder die Verfasser sich über Ihr Verhalten sehr geärgert haben und auch noch beim Schreiben des Textes äußerst erregt waren, auch meinen, so würde dem Leser deutlicher, was geschehen ist. Es darf zum Beispiel nicht heißen, daß Sie jemanden beleidigt, sondern möglichst wörtlich, was Sie gesagt haben.

Der Text muß vollständig sein

Zu den Inhalten einer „Abmahnung" zählen:
- Wer hat sich falsch verhalten?
- An welchem Tag und zu welcher Zeit?
- Wo ist das Fehlverhalten geschehen (= Angabe des exakten Ortes)?
- Was hat der Beschuldigte genau getan und gesagt?
- In Gegenwart welcher Zeugen ist dies geschehen?
- Woraus mußte der Mitarbeiter entnehmen, daß er falsch handelte, zum Beispiel mit Zitat des entsprechendes Ge- oder Verbots?
- Handelte es sich um ein erstmaliges Fehlverhalten oder gab es bereits ähnliche oder sogar gleiche Vorfälle? Wie verliefen diese und was hat die Arbeitgeberseite damals unternommen?

Das Fehlverhalten muß Ihnen klar gewesen sein

Jede Unklarheit, die sich aus dem Text selbst ergibt, oder die Sie nachweisen können, geht zu Lasten des Arbeitgebers. Er trägt nämlich als Beweispflichtiger die Verantwortung dafür, daß Sie um Ihr Fehlverhalten wußten, zum Beispiel durch
- eine eindeutige schriftliche Anweisung
- mehrfache mündliche Hinweise Ihres Chefs, die sich durch neutrale Dritte beweisen lassen
- die Klarheit der Situation für Sie
  Damit ist gemeint: Es genügt nicht allein die Klarheit des Ge- oder Verbots, sondern auch, daß Sie erkennen mußten (!), wieweit die entsprechende Situation jetzt vorlag, oder ob Sie überfordert waren
- gleiche oder ähnliche Disziplinarmaßnahmen gegen andere Personen, von denen Sie wußten
  Die Lage des Arbeitgebers wird nämlich schwierig, wenn Sie beweisen können, daß Kollegen bei gleichem Verhalten überhaupt nicht oder bedeutend geringer „bestraft" wurden

– Vorwarnungen

In einer ähnlichen Situation muß der Vertreter des Arbeitgebers Ihnen *nachhaltig* klargemacht haben, daß er Ihr Verhalten auf das schärfste mißbilligte, oft hat ein Vorgesetzter nämlich den entsprechenden Vorfall nicht so ernstgenommen, seinen nächsthöheren Chef unterlassen zu informieren, auf das erforderliche harte Kritikgespräch verzichtet

● **Tip:**

Eine Disziplinarmaßnahme darf nur Tatbestände, nicht Werturteile enthalten, und diese Tatbestände müssen klar beweisbar sein.

15. Der Generationskonflikt

Altersunterschiede in ihren Auswirkungen auf den Betrieb 228
Vorbildung heute und früher 230
Toleranz, der Weg zum besseren gegenseitigen Verständnis 233

Altersunterschiede
in ihren Auswirkungen auf den Betrieb

Die Menschen einer Generation zeigen Gemeinsamkeiten in ihren
Einstellungen und Verhaltensweisen, weil sie eine von den geschicht-
lichen Einflüssen her ähnliche Lebensgeschichte aufweisen. Hinzu
tritt ein zweites Phänomen:
  Sie befinden sich betrieblich in ähnlichen Situationen, zum Beispiel
  − in der Ausbildungsphase,
  − in der Stellung eines Sachbearbeiters,
  − in der Position einer Führungsnachwuchskraft.

Aussagen über naturwissenschaftliche Phänomene sind relativ eindeutig; wenn man zum Beispiel einen Stein losläßt, so wird er fallen.
Das ist ein Naturgesetz. Im Bereich des Zwischenmenschlichen gibt
es nur statistische Häufigkeiten, Regeln, Gesetzmäßigkeiten, aber
keine stets geltenden Gesetze. Deshalb kann jeder auf Ausnahmen
verweisen. Statistisch gesehen heißt das: Wenn 80 oder 85 Prozent einer menschlichen Gruppe in bestimmter Hinsicht das gleiche Verhalten zeigen, dann ist das für sie typisch, so auch bei den Aussagen über
den Generationskonflikt.
  Wodurch unterscheiden sich heute junge Menschen von der älteren
Generation − wobei wir in diesem Zusammenhang nicht Jugendliche
meinen, auch nicht soeben Ausgelernte, die als Sachbearbeiter tätig
sind, sondern Leute zwischen 25 und 40 − im Unterschied zu der Generation, die unmittelbar anschließt?

Einstellung zur Autorität

Die Älteren aus dieser Gruppe sind mitgeprägt worden durch die Stu-
dentenproteste 1968. Generell neigt die Generation, wenn auch nicht
so massiv wie die Jüngsten, zur Partei der Grünen und Alternativen.
Damit stellt sie überkommene Verhaltensweisen in Frage, „hinterfragt" sie − wie der typische Fachausdruck dieser Generation lautet.

Autorität wird nicht mehr als solche anerkannt, sondern muß ihre Legitimität beweisen. Damit kommen die Vorgesetzten in Schwierigkeiten, die starke Schwächen ihres persönlichen Verhaltens im Führen zeigen. Andererseits wird jeder Betrieb Chefs aufweisen, die man zu Vorgesetzten ernannt hat, obwohl man von ihren Führungsschwächen wußte, weil es nicht genügend qualifizierte Kandidaten gab. Treffen Sie als Mitglied der jüngeren Generation auf einen solchen Vorgesetzten, dann haben Sie das Recht und auch die Pflicht, sein Vorgehen zu hinterfragen – er muß es plausibel begründen können. Gleichzeitig können Sie einiges von ihm lernen, weil er ein hervorragender Fachkönner ist, und im negativen Sinne, daß Sie später nicht so führen, wie er es heute tut.

Einstellung zur Arbeit

Je jünger, um so stärker unterscheidet sich die Einstellung zur Arbeit von derjenigen der älteren Generation. Die jüngeren Menschen sind wie die älteren bereit, sich zu engagieren, aber nur bis zu einem bestimmten Ausmaß. Die Freizeit besitzt nämlich bei ihnen einen bedeutend höheren Stellenwert. Sie sind zwar zu Mehrarbeit und Überstunden bereit, aber nicht zu häufig und nur gegen entsprechenden materiellen Gegenwert. Wegen der hohen Steuern, aber auch wegen der Bedürfnisse nach viel Freizeit, erwarten Sie den entsprechenden Ausgleich durch bezahlte Freistellung von der Arbeit zu anderer Zeit.

Gegensätze treten auf, weil die Älteren es für kleinlich halten, daß die Jüngeren jede Überstundenminute genau notieren. Diese wiederum halten das für gerechtfertigt, weil sie zusätzliche Freizeit geopfert haben. Dieser Grundstandpunkt ist wichtig, darf aber nicht zur Minutenschinderei führen.

Einstellung zu Kollegen und Mitarbeitern

Man geht miteinander bedeutend lässiger um als die ältere Generation. Dieses Verhalten betrifft sowohl Menschen gleicher Ebene

(= Kollegen) als auch Unterstellte (= Mitarbeiter), aber auch das Verhalten nach oben. Typisches Zeichen dafür ist, daß sich diese Menschen viel häufiger duzen, am stärksten ausgeprägt bei den Jüngsten.

Dabei muß das Umgehen miteinander nicht fairer sein als bei den Älteren, der äußere Stil ist nur anders. Die Hackordnung unter ihnen ist, bereits bedingt durch die Situation auf dem Arbeitsmarkt, nicht weniger stark ausgeprägt. Junge Führungskräfte neigen dazu, ihre Mitarbeiter stärker als Kollegen denn als Mitarbeiter zu sehen und umgekehrt. Das kann vom Unternehmen und seinen oberen Führungskräften aus betrachtet zu regelrecht falschen, mit der Führungsaufgabe unvereinbaren Verhaltensweisen führen. Der junge Vorgesetzte vertuscht den schwerwiegenden Fehler eines Mitarbeiters, den er seinem Chef unbedingt hätte melden müssen, aus falsch verstandener Solidarität, die wiederum der Mitarbeiter als „Kollege" von ihm erwartet.

Es kommt unter der jüngeren Generation häufiger zu engeren betrieblichen Freundschaften als unter den Älteren. Man denkt sich auch weniger dabei, ob und wieweit dies zu problematischen Situationen führen kann, zum Beispiel das Du gegenüber einigen, nicht aber allen Mitarbeitern der eigenen Gruppe.

● **Tip:**
Junge Menschen erkennen Autorität nur an, wenn sie letztlich persönlich bedingt ist. Sie gehen ungezwungener miteinander um, manchmal zu kumpelhaft, beispielsweise junge Vorgesetzte mit ihren Mitarbeitern.

Vorbildung heute und früher

Der Gegensatz zwischen jüngeren und älteren Menschen zeigt sich heute auch entscheidend in der Art der Vorbildung. Zählen Sie zur jüngeren Generation, dann haben Sie eine gründlichere theoretische

Ausbildung absolviert als Ihr älterer Kollege oder Vorgesetzter. Stets besaß der Ältere von Natur aus die größere Lebens- und Berufserfahrung, die er in das Gespräch der Generationen als starkes Plus einbringen konnte. Jetzt gibt es eine Reihe von Branchen, bei denen in den letzten Jahren so grundlegende Wandlungen im Produktionsbereich eingetreten sind, wie zum Beispiel in der Druckindustrie, daß der Ältere nicht nur keine Vorteile mehr hat, sondern stattdessen verstärkt Probleme. Seine Erfahrungen stellen Barrieren beim Erlernen des Neuen dar. Dadurch befindet sich der Ältere in einer besonders frustrierenden Situation. In einer Art von elementarer Notwehr versucht er, sich gegen Sie als den jüngeren Rivalen dennoch zu behaupten.

Ihr gemeinsamer Chef kann durch sein Verhalten den bestehenden Generationskonflikt massiv verstärken, indem er sie als Jüngeren ebenso wie Ihren Vorgesetzten, den Älteren, verunsichert. Das kann er erreichen, wenn er die jeweiligen Schwächen besonders hervorhebt:
– Beim Älteren die fehlende theoretische Grundbildung
– Bei Ihnen als dem Jüngeren die mangelnde Praxiserfahrung

So stützt sich das Mitglied der jeweiligen Generation auf das, was der andere auf keinen Fall bieten kann:
Der Ältere wird stets das Theoriedefizit haben, während dem Jüngeren die Praxiserfahrungen fehlen.
Verhielte sich Ihr gemeinsamer Vorgesetzter fair gegenüber beiden, dann würde er stärker das Übereinstimmende statt das Trennende sehen:
Sie *ergänzen* als stärker theoretisch Geprägter die Praxiserfahrung des Älteren, dieser vermag durch Ihr Zusatzwissen sein Können zu fundieren.
Wieweit prägt die unterschiedliche Vorbildung das Denken und Handeln, bei Ihnen zum Beispiel das höhere theoretische Rüstzeug?

Sie denken grundsätzlicher

Den älteren als viel stärker pragmatisch vorgehenden Menschen interessiert die theoretische Grundlage in der Regel wenig. Meist noch autoritär geprägt, geht es für ihn darum, die Arbeit möglichst rasch vom Tisch zu bekommen. Weshalb die Arbeit so und nicht anders verrichtet werden soll, wozu sie letztlich dient, das bedenkt er nicht. Da er dieses „Nichtwissen" nur ungern eingesteht, rettet er sich durch für Sie absolut unbefriedigende und deshalb frustrierende Bemerkungen wie:
- „Das haben wir immer so gemacht"
- „Das geht nicht anders"
- „Das hat sich bewährt"

Der Ältere geht davon aus, daß theoretisches Hintergrundwissen zu keinem besseren Arbeitsergebnis führt. Das stimmt in der Regel, wenn die Zielstellung dennoch klar genug ist; andererseits haben Sie als Jüngerer recht, wenn Sie auch das Woher und Wohin wissen und damit nicht nur erfolgreich funktionieren wollen.

Sie diskutieren häufiger

Das Diskutieren haben Sie fast durchweg von klein auf in der Schule gelernt, so treten Sie häufig bedeutend sicherer als der Ältere auf, vor allem vor Gruppen.

Ihr Vorteil besteht darin, daß durch das Diskutieren
- Tatbestände klarer werden,
- neue Ideen auftauchen,
- die Motivation größer wird.

Ihr älterer Chef seinerseits betont die ebenso existierenden Nachteile:
- Es geht viel Zeit verloren,
- durch Diskutieren kann eine ursprünglich bestandene Klarheit schwinden,
- nach der Diskussion muß das Arbeitsergebnis kein bißchen besser sein als bisher.

In punkto „Diskussion" kann es eine Frustration Ihrerseits geben, indem Sie um des lieben Friedens willen Ihre Gesprächsbereitschaft beträchtlich einschränken oder der Ältere resigniert, indem er Diskutieren als unnötiges, aber nicht mehr zu beseitigendes Ärgernis hinnimmt.

Sie akzeptieren nicht mehr Autoritäten als solche

Das für ältere Kollegen oft ausreichende Argument: „Der Vorstand hat es so beschlossen" überzeugt Sie nicht und hindert Sie auch nicht daran, die Entscheidung von oberster Stelle konsequent zu hinterfragen. Als Argument gelten für Sie, anders als für viele Ältere, nur sachliche Beweisführungen, die sind entscheidend und bedeutend weniger, von welcher Seite sie stammen. Durch dieses Denken kann es zur Überforderung Ihres älteren Chefs kommen, der über den Sinn derartiger Entscheidungen nicht so radikal wie Sie nachgedacht und dennoch seine Arbeit möglicherweise hervorragend bewältigt hat. Weshalb – so seine Überzeugung – über etwas nachdenken, was sowieso selbstverständlich ist?

● **Tip:**
Der jüngere Mensch ist theoretisch besser geschult, der Ältere besitzt viel mehr Berufserfahrung. Beide können sich ideal ergänzen, wenn sie nicht vom Vorgesetzten gegeneinander ausgespielt werden. Jüngere diskutieren oft zu viel, ältere hinterfragen Entscheidungen zu selten.

Toleranz, der Weg
zum besseren gegenseitigen Verständnis

Ich gehe wieder davon aus, daß Sie als Mitarbeiter zur jüngeren Generation zählen. Ist dies nicht der Fall, dann wird es Ihnen auch nicht schwerfallen, das Problem von der Gegenseite aus zu sehen.

Zu unterscheiden sind die Begriffe „Toleranz" und „Indifferenz". Sie können den Standpunkt des anderen, zum Beispiel den Ihres Chefs, ohne weiteres dulden, wenn Sie sich selbst zu der entsprechenden Frage keine Meinung gebildet haben, dies vielleicht auch nicht vorhaben, weil die Sache Sie nicht bewegt. Es liegt der Fall der Gleichgültigkeit (Indifferenz) vor, der deutlich von dem der Toleranz zu trennen ist. Das aus dem Lateinischen stammende Wort „Toleranz" bedeutet dulden. Wenn Sie sich tolerant verhalten, dann dulden Sie zum Beispiel den Standpunkt der älteren Generation, obwohl Sie selbst als Mitglied der Jüngeren die entgegengesetzte Meinung vertreten. Das zu tun, fällt stets schwer; denn es liegt nahe, den anderen mit allen Mitteln für die eigenen Gesichtspunkte zu gewinnen.

Dulden heißt aber nicht „akzeptieren" (= billigen), sondern lediglich für den Standpunkt des anderen Verständnis haben. Es gibt diese Überzeugung aus einer gewissen menschlichen Größe heraus, dann wäre es echte Toleranz, aber auch als Folge von Resignation:

„Den kann ich sowieso nicht überzeugen."

Toleranz stellt den Weg zum besseren Verständnis des anderen dar, weil ich sie als Mensch nur besitzen kann, habe ich mich tief genug in das Denken, Fühlen und Handeln des anderen hineingedacht, mich auf den „Gegenstuhl" gesetzt. Was kann Sie als Jüngeren und Mitarbeiter dazu veranlassen, wobei die Forderung nach Toleranz ebenso für den älteren Vorgesetzten gilt?

Der andere interessiert mich als Mensch

Sie sehen, wie er immer wieder anders vorgeht als Sie selbst, manchmal sogar entgegengesetzt. Da Sie von der Richtigkeit Ihres eigenen Standpunkts überzeugt sind, muß dieses Verhalten bei Ihnen zunächst Ablehnung auslösen, zumindest aber Kopfschütteln. Die Meinung können Sie zur Kenntnis nehmen und zur Tagesordnung übergehen, auch ihn penetrant (= hartnäckig) zu überzeugen suchen. Interessiert Sie aber die Persönlichkeit des anderen, so werden Sie die Hintergründe für dieses andersartige Verhalten kennenzulernen suchen. Die Gegensätze können sich unmittelbar auf Fragen der betrieblichen Arbeit beziehen, aber auch auf Probleme aus dem Freizeitbereich. Untersuchungen in den westlichen Industrienationen haben zum Beispiel ergeben, daß der einzige Staat mit einer eigenen Partei für die jüngere Generation die Bundesrepublik ist. Es handelt sich um die der Grünen oder Alternativen. Die gegensätzliche politische Meinung wird auch in das betriebliche Geschehen hineinwirken. Interessiert Sie die Persönlichkeit Ihres Chefs, dann wird Sie die Frage bewegen, weshalb er wie die meisten Menschen der älteren Generation Ihre Partei entschieden, oft auch in der Formulierung hart und verletzend ablehnt. Bei dem Gegensatz zwischen Ihnen und Ihrem Chef kann es sich um eine unwichtige Frage handeln, die bei einer Diskussion unangemessen an Bedeutung gewinnt. Es kann sich aber auch um einen Streitpunkt handeln, der in viele Lebensbereiche hineinwirkt, wie etwa die Meinung über die Grünen. Wesentlich sind die Hauptmotive, die den anderen bewegen; denn fast nie ist ein solches Verhalten hinreichend durch einen einzigen Beweggrund erklärt. Das eine Motiv wird aber von stärkerer Bedeutung als das andere sein.

Bleiben wir beim politischen Beispiel der Grünen. Der Chef als Älterer kann radikal gegen die Grünen sein, weil diese
- grundlegende Thesen vertreten, die dem Grundgesetz als Verfassung und weiteren Gesetzen fundamental widersprechen,
- auf eine Weise das wirtschaftliche Handeln beeinflussen wollen, die der Ältere als verhängnisvoll ansieht, zum Beispiel im Hinblick auf die Energieversorgung, oder
- ihm absolut unrealistisch erscheinen,
- seinen Normen bis hin zur Kleidung und zum äußeren Erscheinungsbild entscheidend widersprechen, er auch ihren Stil des Umgangs mit anderen radikal ablehnt,
- nach seiner klaren Überzeugung kommunistisch sind,
- selbst nicht so leben, wie sie es fordern, sondern zum Beispiel mit ihrem PKW die Umwelt verschmutzen.
Was sind Vorwände, was Einwände gegen die Grünen?

Ich will mit ihm besser auskommen

In diesem Fall steht nicht der andere als Mensch im Mittelpunkt der
Überlegungen, sondern ein gutes zwischenmenschliches Verhältnis,
zumindest ein einigermaßen gutes Miteinander-Zurechtkommen.
Das setzt ebenfalls Toleranz voraus. Anders als bei der Beschäftigung mit der Persönlichkeit des Chefs, verengt sich hier die Frage auf
das Miteinander-Arbeiten trotz der gegensätzlichen Standpunkte.
Bleiben wir beim aktuellen Thema „Partei der Grünen". Der poli-
tisch gegensätzliche Standpunkt kann auf die Kooperation einwirken, indem

- Sie Gesetzen, auch der Verfassung, ebenso Anordnungen im Betrieb einen bedeutend geringeren Stellenwert einräumen als der
  Chef,
- Sie wirtschaftliches (= ökonomisches) Handeln anderen Gesichtspunkten klar unterordnen, Ihr Chef aber sehr kaufmännisch
  denkt,
- Sie den Älteren als einen bloßen Pragmatiker verurteilen, der
  nicht bereit und fähig ist, sein Handeln massiv zu hinterfragen,
- Sie sich bei Kleidung und äußerem Erscheinungsbild ebenso stark
  von dem Ihres Vorgesetzten unterscheiden wie fast alle Parlamen-
  tarier der Grünen von den Vertretern der etablierten Parteien,
- Sie auch sonst beim Chef als ein Mensch gelten, bei dem Worte
  und Taten deutlich auseinanderklaffen, während auch er bei Ihnen als unglaubwürdig gilt, betont er doch immer wieder, daß es
  der Partei der Grünen nie bedurft hat, weil die Etablierten sowieso deren Anliegen, nur unter Abwägung *aller* Gesichtspunkte,
  vertreten hätten.

● **Tip:**
*Üben Sie Toleranz! Dulden Sie den gegensätzlichen Standpunkt des
anderen, nehmen Sie ihn als Menschen und damit auch seine Überzeugung ernst! Tolerieren heißt dulden, nicht akzeptieren!*

16. Theoretiker und Praktiker im Clinch

Klärung der Begriffe 238
Sie sind Theoretiker! 238
Sie sind Praktiker! 241

Klärung der Begriffe

Man spricht oft ohne weiteres Nachdenken davon: „Das ist ein typischer Praktiker!" oder „Der ist ein reiner Theoretiker!" Beschäftigen wir uns zur Klärung etwas intensiver mit den beiden Begriffen, um vom bloßen Etikettieren wegzukommen.

Was heißt zunächst „Theorie"? Eine Theorie ist ein System von Aussagen über eine gesetzmäßige Ordnung oder noch häufiger über einzelne Tatsachen. Die Theorie als System dient der Erklärung der Tatbestände.

Der Praktiker dagegen befindet sich in der täglichen Auseinandersetzung mit der betrieblichen Wirklichkeit. Er stützt sich bei seinem Tun auf die dadurch erlebten Erfahrungen. Viele Menschen, etwa in Seminaren oder beim Erfahrungsaustausch mit Kollegen aus anderen Unternehmen, bezeichnen alles als theoretisch, was bisher in ihrem Betrieb nicht realisiert worden ist. Theoretisch heißt in diesem Zusammenhang soviel wie: „Bei uns nicht durchführbar".

Dabei stellt sich jedoch im weiteren Diskussionsverlauf häufig heraus, daß entsprechende Versuche bisher nicht ernsthaft unternommen worden sind.

Es gibt beträchtliche Vorurteile gegeneinander. Extrem gesprochen weiß der Theoretiker mit seinem Wissen nichts anzufangen, so daß es sich um eine brotlose Kunst handelt, der Praktiker tut etwas, von dem er nicht weiß, woher es kommt und wozu es dient. Ein boshafter Spruch lautet:

Theorie ist das, was in der Praxis nicht stimmt; Praxis ist das, was stimmt, aber theoretisch nicht erklärbar ist.

Das Wahre an diesem Ausspruch ist, daß theoretisches Wissen oft nur sehr bedingt praktisch anwendbar ist und der Praktiker häufig nur funktioniert.

Sie sind Theoretiker!

Wie verhalten Sie sich am geschicktesten, wenn Sie als Theoretiker mit einem Chef zu tun haben, der ausgesprochener Praktiker ist?

Nehmen Sie die Haltung des Lernenden ein!

Ihr Vorgesetzter mit seiner jahrelangen Betriebserfahrung ist zumindest zunächst davon überzeugt, daß er weiß, wie alles richtig gemacht wird. Er verweist oft in einer Art von Vorwegverteidigung auf die von ihm erzielten Erfolge. Dabei kann die spöttische Bemerkung mancher Theoretiker auch auf ihn zutreffen:
„Erfahrung ist die Summe der gesammelten Vorurteile.“
Das wird der Fall sein, wenn Ihr Chef seit Jahren rein routinemäßig vorgeht, ohne ernsthaft zu hinterfragen, ob es nicht doch noch bessere Lösungen gibt als die von ihm erprobten.
Sie können als Jüngerer und Theoretiker viel vom Chef lernen, zum Beispiel
– wie in diesem Betrieb seit Jahren gearbeitet wird,
– wieweit Praktiker Erfolge erzielt haben, ohne zu wissen, weshalb ihnen das von der Theorie her gelingen mußte, aber auch obwohl die positiven Auswirkungen theoretisch nicht erklärbar sind,
– mit welchen Widerständen Sie als von draußen kommender, jüngerer Theoretiker rechnen müssen, wollen Sie irgendwelche Neuerungen einführen.
Je rascher Sie möglichst viele Erfahrungen aufnehmen, verarbeiten und mit Ihren theoretischen Kenntnissen vergleichen, desto eher werden Sie vom Chef und seinen Mitarbeitern = Ihren Kollegen akzeptiert, und desto weniger leicht kann man Sie später auflaufen lassen, wenn Sie etwas Neues durchsetzen sollen oder müssen.

Hinterfragen Sie das Tun Ihres Chefs

Sie müssen die Kunst des Fragens in zweifacher Hinsicht beherrschen:
a) *Im Hinblick auf die Fragetechnik:*
– Fragen mit Fragewort zu Beginn
– Knapp und klar
– Logisch aufeinander aufbauend

b) *Im Hinblick auf psychologisches Geschick:*
- Wann darf ich fragen?
- Wie weit?
- Wie hart?

ohne als Inquisitor zu wirken und auf die Nerven zu gehen. Als Jüngerer und Nichtfachmann beachten Sie leicht zu wenig, oft aus lauter Freude am Fragen und dem Sammeln neuer Informationen, wann Ihr Fragen als sehr störend empfunden wird und zumindest innerlich verärgert. Viele Menschen sagen Ihnen das leider nicht offen, Sie können also ihre wahre Gesinnung nur herausfinden, wenn Sie sorgsam beobachten, vor allem ständig guten Blickkontakt haben und so genau die Reaktionen des anderen in der nicht leicht steuerbaren Körpersprache feststellen.

Bringen Sie Neuerungen vorsichtig und schrittweise vor!

Psychologisch besonders ungeschickt verhalten Sie sich, wenn Sie als Jungakademiker in diesem Betrieb Ihre erste Stelle angetreten haben und sofort oder nach sehr kurzer Zeit, obwohl Mitarbeiter und keine Führungskraft, alles das realisieren wollen, was Sie auf der Hochschule gelernt haben. Das wird für Sie verhängnisvolle und frustrierende Auswirkungen haben; denn die Praktiker werden alle Register ziehen, um Ihnen massiv zu beweisen, daß die Theorie zu nichts gut ist. Wenn Sie klug sind, dann gehen Sie so vor:

1. Schritt: Was kritisiert der Chef selbst als nicht gut genug im Betrieb?

2. Schritt: Sehen Sie aufgrund Ihrer theoretischen Kenntnisse einen erfolgreicheren Lösungsweg?

3. Schritt: Bringen Sie diesen Lösungsweg als Gedanken (!), nicht als den Ausweg, in das Gespräch ein, aber erst nachdem Sie genügend Daten aus dem Betrieb gesammelt und aufgearbeitet haben, um zu wissen, wieweit in diesem speziellen Fall das Hochschulwissen angewandt werden kann.

4. Schritt: Beweisen Sie Geduld! Zeigen Sie Verständnis! Es gelingt auch Ihrem Chef als Praktiker gegenüber seinem Vorgesetzten nur

selten, eine neue Idee ganz und sofort zu realisieren. Wenn Sie ohne Übermotivation und Fanatismus an das Problem herangehen und sich genügend in die Situation des Gegenübers, des Ihnen Vorgesetzten, hineindenken, dann müßte Ihnen klar werden, daß Einsicht einen Prozeß darstellt, der Zeit, oft viel Zeit braucht.

● **Tip:**
Versuchen Sie trotz Ihrer bedeutend besseren theoretischen Ausbildung vom Älteren, dem Praktiker zu lernen. Hinterfragen Sie sein Handeln, aber aus Interesse, nicht um ihm nachzuweisen, wie altmodisch er arbeitet. Haben Sie Geduld und gehen Sie deshalb schrittweise vor. Glauben Sie nicht, alles sofort ändern zu können.

Sie sind Praktiker!

Ihr Chef zählt zu den Theoretikern, die nach Abschluß ihres Hochschulstudiums und der Tätigkeit in einer Stabsstelle sofort eine Führungsaufgabe erhielten. So ist er Ihr jetziger Vorgesetzter geworden.

Was unterscheidet den Theoretiker als Chef von einem Praktiker als Kollegen?

Er versucht, gelernte Theorien zu realisieren

An seiner Hochschule glaubt Ihr Vorgesetzter, den neuesten Wissensstand kennengelernt zu haben. Deshalb meint er dem in dieser Hinsicht rückständigen Betrieb nichts Besseres antun zu können, als die aktuellen Theorien zu verwirklichen. Er wundert sich wiederholt, wie das Unternehmen trotz seines Zurückbleibens auf theoretischem Gebiet so erfolgreich sein konnte. Gab es Mißerfolge, dann führt sie Ihr Chef auf das Theoriedefizit zurück.

Psychologisch ungeschickt handeln Sie als Mitarbeiter, wenn Sie stets mit „Killerphrasen" arbeiten wie

- „Das bringt sowieso nichts"
- „Das haben wir auch schon erfolglos versucht"
- „Das geht nicht".

Unfair verhalten Sie sich, wenn Sie den Vorgesetzten bewußt auflaufen lassen, weil Sie ihm dann keine Chance gewährt haben.

Fragt der Chef nach Ihrer Meinung, so sollten Sie Ihre wohl begründete Skepsis deutlich sagen. Dabei darf Ihr Vorgesetzter aber nicht den Eindruck gewinnen, Sie seien grundsätzlich gegen Neuerungen. Sie müssen sich mit den Argumenten des Chefs auseinandersetzen und die Verwirklichungsversuche zulassen, es sei denn, der Firma drohe dadurch konkret beträchtlicher Schaden. In diesem Fall müßten Sie nach Unterrichtung Ihres Chefs zum nächsthöheren Vorgesetzten gehen. Theorie und Praxis können häufig eine sinnvolle Synthese eingehen, es wäre nicht das erste Mal, daß die Theorie die Praxis befruchten würde.

Er versucht, sich zu profilieren

Es geht dem Chef nicht nur darum, eine als richtig erkannte Theorie in die Praxis umzusetzen, sondern sich auch von seinem Vorgänger im Amt klar abzuheben. Jeder Widerstand von Ihnen als Mitarbeiter gegen seine Theorierealisierung stellt zugleich eine Maßnahme gegen ihn persönlich dar, hindert ihn daran, Profil zu gewinnen. So kann aus dem ursprünglich sachlichen Gegensatz persönliche Feindschaft werden. Wie können Sie das verhindern?
- Indem Sie wiederholt verdeutlichen, daß Sie ihn als Menschen, als Persönlichkeit akzeptieren,
- Ihre Einwände und Ratschläge aus klar erkennbarem Wohlwollen erfolgen (= ihm zum Nutzen),
- Sie stets sachlich und ruhig argumentieren und nicht mit offenkundig negativen Emotionen,
- Sie Ihren Chef loyal gegen Angriffe verteidigen,
- Sie ihm ermöglichen, sich zu profilieren.

Verhalten Sie sich so, dann werden Sie seine Sympathie rasch gewinnen und behalten; denn der Vorgesetzte ist darauf angewiesen, daß er Verbündete unter seinen Mitarbeitern, den Praktikern, gewinnt. Unter Profilierungsgesichtspunkten ist auch das Pochen auf einen akademischen Titel zu verstehen. Oft sind heute Jungakademiker aus ihrer bisherigen Schicht aufgestiegen und mit Recht stolz darauf.

Er spürt Ihren Neid

Ein nicht zu unterschätzender Gegenstand kann darauf zurückgehen, daß es sich bei Ihnen um einen verhinderten Akademiker handelt, aus welchen Gründen auch immer. Die Tatsache, daß jetzt ein Akademiker Ihr Chef geworden ist, erinnert Sie ständig daran. Sie glauben immer wieder zu erkennen, daß Ihr Vorgesetzter trotz seiner erfolgreichen akademischen Laufbahn nicht intelligenter als Sie ist. Das dürfte Sie eigentlich nicht verblüffen, beweist doch auch heute das akademische Studium oft in erster Linie, wie fleißig jemand gewesen, wie gut sein Gedächtnis ist.

Trauern Sie Ihrem Studium nicht nach; denn
– Sie haben sich inzwischen in der Praxis bewährt,
– Sie entwickeln sonst Neidkomplexe, die am meisten Ihrem eigenen Seelenfrieden schaden (= ständige Unzufriedenheit aus Frustration) und Ihre Situation auf keinen Fall verbessern,
– Sie sollten stattdessen versuchen, über Ihren neuen Chef Ihr theoretisches Wissen zu verbessern, können Sie doch den aktuellen Stand der Forschung auf diese Weise kennenlernen.

● **Tip:**
Bemühen Sie sich ernsthaft, vom Theoretiker zu lernen! Versuchen Sie nicht, ihn durch Killerphrasen abzublocken, indem Sie jede Aufgeschlossenheit für Neues vermissen lassen. Beherrschen Sie Ihren Akademikerkomplex (= den Neid, nicht wie der Jüngere studiert zu haben)!

17. Frauen als Mitarbeiterinnen und Chefinnen

Sie sind stets zuerst Frau! 246
Vorurteile männlicher Chefs gegenüber Frauen im Betrieb 249
Die Problematik: Eine Frau als Chefin von Männern . . . 252
Als Mitarbeiterin bei einer Chefin 256

Sie sind stets zuerst Frau!

Einmal unabhängig von Ihrer Stellung im Betrieb, ob als Mitarbeiterin oder Chefin tätig, ist es für Sie wesentlich, sich über Ihre besonderen Fähigkeiten und Schwächen als Frau klar zu sein. Trotz aller scheinbaren und wirklichen Angleichung der Geschlechter in unseren Tagen gibt es glücklicherweise bleibende Unterschiede, die weit über das rein körperlich Biologische hinausgehen.

Besonders erfolgreiche Frauen stellen die These auf, daß die Unterschiede zwischen Männern und Frauen weit übertrieben würden, weil ganz wichtig nur das unbestreitbare Gemeinsame des Menschseins sei. Was unterscheidet also auch die sogenannte emanzipierte Frau – oft gewinnt man den Eindruck, nicht die Frau, sondern der Mann emanzipiert sich! – vom Mann? Dabei müssen wir einen Augenblick beim Begriff „Emanzipation" stehenbleiben. Emanzipation bedeutet „Befreiung", zum Beispiel aus einem rechtlichen, politischen oder sozialen Abhängigkeitsverhältnis. Man könnte aber ebensogut von der Emanzipation aus einer Rolle sprechen, der jahrhundertealten Rolle des Mannes und der Frau. Unter dem Gesichtspunkt zum Beispiel hat der Mann sicherlich die gleichen, wenn nicht sogar die größeren Probleme: Besonders schwache Männer, die sich dessen auch voll bewußt sind, verteidigen mit allen Mitteln eine Vorrangstellung, die weder sachlich begründet noch haltbar ist. Es handelt sich dabei um eine Art von „Pascharolle".

Was ist typisch für Frauen, konkret bezogen auf das Zusammenarbeiten und -leben im Betrieb? Dabei wird hier verständlicherweise von der Frau als der Mitarbeiterin in untergeordneter Stellung ausgegangen, nicht von den untypischen, weil zahlenmäßig geringeren Karrierefrauen.

Sie als Frau sind sensibler für zwischenmenschliche Beziehungen

Diese Aussage ist ambivalent, das heißt sie führt ebenso zu positiven wie negativen Konsequenzen.

Frauen haben ein engeres zwischenmenschliches Verhältnis als Mitarbeiterin zum Chef und umgekehrt als Vorgesetzte zu dem ihnen Unterstellten. Von dort her fällt ihnen das Gebot der Loyalität bedeutend leichter. Nicht nur Sekretärinnen, bei denen die entsprechende Einstellung schon funktionsgebunden ist – es gibt fast keinen Sekretär, und das nicht etwa wegen des Kaffeekochens! –, arbeiten viel engagierter für den Vorgesetzten als *Menschen,* weniger im Hinblick auf eine *Funktion.* Das Arbeiten in einer Gruppe und damit das, was man gemeinhin Betriebsklima nennt, besitzt für Frauen einen bedeutend höheren Stellenwert.

Als männlicher, aber auch als weiblicher Chef, muß man sich sehr genau überlegen, was man sagt und wie man dies tut, wenn man mit Frauen zusammenarbeitet. Eine einzige unglückliche Äußerung kann zwischenmenschlich zu bedeutend verhängnisvolleren Auswirkungen führen als bei der Zusammenarbeit mit Männern.

Für eine Frau ist die Arbeitsumgebung wichtiger

Damit sind nicht Arbeitsplatz und Arbeitsgerät gemeint, sondern alles das, was mit der eigentlichen Arbeit nichts zu tun hat, sondern die individuelle (= persönliche) Note am Arbeitsplatz ausmacht, zum Beispiel
– die Möglichkeit, Blumen aufzustellen,
– ein Bild aufzuhängen,
– persönliche Gegenstände mitzubringen und entsprechend den eigenen Wünschen unterzubringen,
– ein Spiegel,
– die Chance, Stiefel zum Schuhwechsel, Kleidung zum Umziehen, Schminksachen unterzubringen,
– besonders hygienische Verhältnisse.
Für die Freude an ihrer Arbeit ist die äußere Umgebung von ganz entscheidendem Gewicht, während sie für Männer auch wichtig ist, aber in sehr unterschiedlichem Ausmaß.

Für eine Frau ist die Arbeit im Betrieb nur ein Arbeitsfeld

Diese Aussage möchte ich – wenn auch eingeschränkt – sogar für die Karrierefrau stehen lassen; denn diese seltenen, sehr erfolgreichen Frauen haben auch einen Haushalt zu meistern. Echte Hausangestellte wie in früheren Generationen sind nämlich ausgestorben. Damit ist eine Doppelbelastung auf jeden Fall gegeben, häufig aber eine dreifache Belastung durch die Sorge für die Kinder, und viele Männer beanspruchen im täglichen Zusammenleben die Frau stärker als umgekehrt. Sind beide Partner berufstätig, so gibt es noch immer kaum eine echte = faire Arbeitsteilung.

Als Frau können sie folglich nicht die gleiche Konzentration wie die meisten Männer haben. Die Zersplitterung der Kräfte hat aber auch Vorteile: Die Niederlage an einer „Front" hat nicht so umfassende negative Auswirkungen wie beim Mann.

Der Mann sieht sie in erster Linie als Frau

Diesen Satz kann man genauso richtig auch umdrehen:

Die Frau sieht in erster Linie den Mann, dann das Gemeinsame (= Menschliche) schlechthin. Das ist schon dadurch bedingt, daß Reiz und Ablehnung im ersten Augenblick rein körperlich ausgelöst werden.

Der Mann sieht zunächst ihr äußeres Erscheinungsbild. Das kann für Frauen problematisch sein, weil sie zu attraktiv sind und deshalb Erfolge haben, zum Beispiel bei der beruflichen Kontaktaufnahme, die nicht auf Leistung zurückgehen und sie dort zuwenig zu besonderen Anstrengungen zwingen. Das äußere Erscheinungsbild kann Frauen aber auch Schwierigkeiten bereiten, weil sie beim Mann erst natürliche Hindernisse überwinden müssen, zum Beispiel weil sie zu kräftig gebaut sind. Das wiederum wirkt sich bei vielen Frauen negativ auf ihr Selbstbewußtsein aus.

Der Reiz, den sie bei Männern oft ohne besonderes Dazutun auslösen, wird ihnen in der Regel Schwierigkeiten bei den eigenen Geschlechtsgenossinnen einbringen, bis hin zu wahren oder unzutreffenden Vermutungen darüber, daß ihr Verhältnis zu bestimmten Männern von mehr geprägt sei als nur von gemeinsamen dienstlichen Aufgaben.

● **Tip:**
Seien Sie sich als Mitarbeiterin darüber klar, daß Sie im Positiven wie im Negativen sensibler sind für zwischenmenschliche Beziehungen, daß die Arbeitsumgebung für Sie wichtiger ist als für den männlichen Kollegen, daß Sie sich zwar anders als der Mann zwischen mehrere Arbeitsfelder aufteilen, aber jedes ernstnehmen müssen.

Vorurteile männlicher Chefs gegenüber Frauen im Betrieb

Darüber sind sich beide Geschlechter noch immer einig: Eine Frau erhält eine Führungsposition erst, wenn sie bedeutend besser ist als männliche Bewerber um die gleiche Stellung. Warum eigentlich? Das geht auf die Vorurteile der Männer zurück, die seit vielen Jahren und Jahrzehnten die Beufswelt gestaltet haben und noch immer dafür maßgeblich sind. So haben sich hartnäckig bestimmte Vorurteile gehalten wie:

Frauen sind emotionaler als Männer

Das sind sie natürlich nicht! Hier werden miteinander verwechselt: die Stärke von Emotionen und ihr Ausdruck in der Öffentlichkeit. Nach den noch immer bei uns geltenden Normen soll zum Beispiel ein Mann möglichst selten und wenn, dann so weinen, daß es wenig oder nicht auffällt. Das lernt bereits der kleine Junge mit dem Spruch: *„Als Junge weint man nicht!"*

Die Emotionen sind bei beiden Geschlechtern vergleichbar stark, unterschiedlich sind lediglich die Äußerungen.

Frauen schwätzen mehr

Damit soll gesagt sein, daß sie das, was sie als vertraulich und sogar geheim kennengelernt haben, weniger gut bei sich behalten, Geheimnisse also gefährdeter sind. Gegen diese These spricht bereits, daß Frauen sehr personenbezogen arbeiten und deshalb nicht umsonst als Sekretärinnen tätig sind, also in Funktionen, die ein Höchstmaß an Zuverlässigkeit und an Vertrauen voraussetzen.

Dieses Vorurteil geht wahrscheinlich darauf zurück, daß Frauen gerne zum Beispiel über Familienangelegenheiten miteinander plaudern und dabei vieles erzählen. Die Frauen, die aber im Betrieb Vertrauliches und Geheimes kennen, räumen dem beruflichen Geschehen in ihrem Leben einen sehr hohen Stellenwert ein und wissen, welchen Schaden sie durch zu viel Offenheit anrichten können.

Frauen intrigieren häufiger

An dieser These ist sicher eines richtig. Positive und negative Emotionen sitzen bei einer Frau sehr tief, weil sie für zwischenmenschliche Beziehungen bedeutend sensibler ist. Die Ablehnung eines Menschen und die Feindschaft gegen ihn ist folglich viel radikaler als bei Männern, damit auch das Bestreben, Verbündete gegen diesen Menschen zu suchen und zu vereinen. Falsch ist es dagegen, die These allgemein aufzustellen. Danach müßte das Betriebsklima in reinen Frauenabteilungen besonders schlecht und das Führen dort besonders schwer sein, was in dieser Verallgemeinerung sachlich falsch ist.

Frauen interessieren sich nun auch für den Beruf

Sicherlich ist diese These richtig bei Frauen ohne oder mit nur geringer Vorbildung, die notgedrungen trotz ihrer teils starken häuslichen Belastung arbeiten müssen und oft gezwungen sind, Tätigkeiten wahrzunehmen, die von ihrer Aufgabe her nicht zum Motivieren geeignet sind. Nehmen wir das Gegenextrem, eine Frau mit erfolgrei-

250

cher akademischer Ausbildung, schon eine qualifizierte Sachbearbeiterin, dann spielt für diese Frauen die berufliche Tätigkeit als solche die entscheidende Rolle, nicht die damit verbundene Bezahlung. Diese Frauen unterbrechen auch bei großer Freude an Kindern ihre berufliche Tätigkeit so wenig wie möglich und nehmen die starke Belastung durch Familie und Beruf bewußt auf sich. Für sie ist die Bewährung im Beruf ein Lebensbedürfnis und ein wichtiger Gradmesser für ihre Zufriedenheit. Da der Anteil der Frauen an wenig befriedigenden Tätigkeiten besonders hoch ist, stimmt die These weitgehend für diesen Personenkreis.

Frauen arbeiten zu sehr mit weiblichen Waffen

Wenn sie das wirklich täten, würden die Männer entscheidend dazu beitragen; denn ließen sie sich nicht „verführen", wäre es für Frauen nutzlos, sich so zu verhalten.

Grundsätzlich betrachtet, setzen die Männer ähnliche Möglichkeiten auf ihrer Seite ein, zum Beispiel
- Schutz zu geben,
- bemuttert zu werden,
- absolute Loyalität zu suchen und zu finden,
- getröstet und
- als „Held" bewundert zu werden,
- unwiderstehlich zu sein.

Männer werden es kaum für illegitim halten, so zu handeln, weshalb also wäre es dies bei Frauen? Weil die Männer dann die Ge- oder Verführten sind? Außerdem gefällt es den Männern oft, von Frauen so behandelt zu werden, ja sie fordern diese geradezu dazu heraus!

Dieses problematische Verhalten von Frauen im Berufsleben, oft bezeichnet als Erotik und Sex im Betrieb, ist nur typisch für eine bestimmte Schicht unter den Mitarbeiterinnen, sicher nicht für die große Zahl jener, die sich berufliche Erfolge ohne solche Hilfen zutrauen. Sehr verärgert, weil beleidigt, reagieren sie deshalb, wenn Männer in entscheidenden Positionen mit entsprechenden unzweideutigen Angeboten auf sie zukommen.

Zahlreiche Männer haben noch immer Vorurteile gegenüber ihren Mitarbeiterinnen: Frauen seien emotionaler, intrigieren deshalb mehr, können Vertrauliches nicht für sich behalten, setzen rücksichtslos ihre weiblichen Waffen zur Verführung ein. Beweisen Sie durch Ihre Einstellung und Ihr Verhalten, das es sich um Vorurteile handelt! Das wird Ihnen nicht schwerfallen.

Die Problematik: Eine Frau als Chefin von Männern

Die erste Schwierigkeit besteht darin, daß diese Situation noch immer für die betroffenen männlichen Mitarbeiter neuartig (= ungewohnt) ist. Wir nehmen an, daß Sie als männlicher Mitarbeiter *erstmals* mit einer Frau als Vorgesetzten konfrontiert sind, also bisher nur den Zustand kannten, daß Männer Chefs und Frauen Mitarbeiter sind. Auch in den meisten Ehen kann man von einer echten Gleichberechtigung nicht sprechen; denn

– die Frau wechselt ihren Arbeitsplatz, um dem Mann zu folgen, der einen neuen in einer fremden Stadt antritt,

– die Frau trägt die Hauptlast sowohl im Haushalt als auch bei der Kindererziehung,

– es gibt sehr wenige Hausmänner, wenn auch deren Zahl in den letzten Jahren deutlich zugenommen hat.

Worin liegen für Sie als männlichen Mitarbeiter die typischen Hauptunterschiede zwischen einem Mann und einer Frau als Chef?

Die weibliche Vorgesetzte befindet sich in einer Abwehrstellung

Da Frauen immer noch als Chefinnen selten sind, bleibt der alte Zweifel, ob sie für Führungsaufgaben wirklich geeignet sind. Die Frau muß immer wieder beweisen, daß sie die notwendigen Fähigkeiten zum

Vorgesetzten besitzt. Deshalb reagieren Frauen allergisch auf jedes Anzeichen des Zweifels, werde das offen oder verdeckt deutlich. Dabei schwingen starke Emotionen mit, was nicht typisch weiblich ist. Auch Männer, die sich in der gleichen unglücklichen Situation befinden, zeigen es. Sie erleichtern sich als Mitarbeiter die Zusammenarbeit mit Ihren weiblichen Vorgesetzten beträchtlich, wenn Sie ihnen möglichst unbefangen begegnen. Zweifel sollten Sie nur dort zulassen, wo sie *allein* aus der Sache heraus bedingt sind und Sie deshalb Ihr Hinterfragen überzeugend begründen können.

Durch Ihr Verhalten gegenüber Kollegen mit starken Vorurteilen sollten Sie mit daran arbeiten, daß Ihre Chefin nicht unnötig in eine „Belagerungssituation" gerät. Daran sollte Sie schon Ihr Sinn für Fairplay hindern.

Frauen führen in der Regel kooperativer

Dieser positive Tatbestand geht entscheidend auf zwei Ursachen zurück:
- Auf die höhere Sensibilität für zwischenmenschliche Beziehungen und
- die Freude daran, mit anderen gemeinsam eine Lösung zu finden, statt autoritär etwas anzuordnen und dies dann *energisch* durchzusetzen und *allein* die Verantwortung dafür zu tragen.

Sie dürfen die Bereitschaft zur Kooperation nicht mit Schwäche verwechseln und damit eine von Ihnen selbst entscheidend mitverursachte Wandlung zum autoritären Führen auslösen.

Bei der Art, mit der Ihre Vorgesetzte Sie zur Mitarbeit veranlaßt, schwingt die uralte Tradition mit, daß der Mann Beschützer der Frau war. Die Chefin vertraut sich Ihnen und Ihrer Mitarbeit an wie eine Frau, nicht wie ein männlicher Vorgesetzter. Deshalb fällt sie auch weniger leicht in autoritäres Führen zurück oder sogenanntes scheinbares kooperatives Handeln.

Das gemeinsame Erarbeiten darf aber bei Ihnen nicht zur Fehleinstellung führen, Sie seien *im Grunde* auch hierarchisch gleichgestellt.

Hartes Entscheiden und Durchgreifen fällt Frauen schwerer

In diesem Punkt liegt sicher die stärkste Schwäche der meisten Frauen als Vorgesetzte. Sie besitzen leicht zu viel Mitgefühl im Sinne von Mitleiden mit dem zu bestrafenden Mitarbeiter. Deshalb
- überlegen Frauen oft zu lange, bis sie entscheiden und
- sie sind zu schnell bereit, bei Anzeichen der „Reue" die gefällte Maßnahme in ihren unangenehmen Folgen für die Betroffenen beträchtlich zu mindern oder sogar gänzlich aufzuheben,
- lassen Frauen zu viele entlastende Momente als stichhaltig zu,
- wollen Frauen in dieser Situation die Verantwortung auf möglichst viele Schultern verteilen.

Für Sie als männlichen Mitarbeiter hat das zur Folge, daß Ihre Chefin sich Ihres Rückhalts versichern will, Sie damit ihre schwere Entscheidung stärker beeinflussen können, als es bei einem Mann als Vorgesetzten möglich wäre.

Sind Sie der Mitarbeiter, der wiederholt und schwerwiegend gegen Anordnungen der Chefin verstoßen hat, so können Sie ihre endgültige harte Entscheidung hinauszögern, wenn Sie
- Einsicht zu zeigen versuchen,
- Ihre Schuld eingestehen und
- entlastende Momente vorbringen, die positive Empfindungen hervorrufen, wie
  - Krankheiten, eigene oder die von Familienangehörigen, vor allem kleiner Kinder,
  - seelisch schwere Situationen wie eine Ehescheidung.

Hat sich die Vorgesetzte aber schließlich emotional gegen Sie entschieden, dann können Sie diese Gefühle kaum noch beeinflussen. Die Würfel sind gegen Sie gefallen.

Führen von Männern als ungewohnte Situation für die Frau

Noch immer gibt es in der Privatwirtschaft und im Staatsdienst wenige Frauen – boshafte Zungen behaupten „Renommierfrauen", um zu beweisen, daß man fortschrittlich sei –, die Führungsaufgaben in größerem Stil wahrnehmen. Damit sind nicht Gruppen- und Abteilungsleiterstellungen gemeint, mit einem bis drei Mitarbeitern, sondern größere Gruppen. Die Frau als Chefin hat oft noch keine weibliche Vorgesetzte in einer solchen Stellung erlebt, sondern nur Männer. Wie soll sie Hinweise dafür erhalten, was eine Frau anders tun sollte als der Mann? Richtet sie sich aber nach männlichen Vorbildern aus, dann wird ihr Führungsverhalten problematisch. Sie imitiert etwas, was ihrem Wesen nicht entspricht, unglaubwürdig wirkt und sich nicht durchhalten läßt. Gibt es also eine weibliche Art des Führens? Ich glaube schon! Kennzeichen dafür sind zum Beispiel:

– Das Schaffen positiver Emotionen, so daß Sie als männlicher Mitarbeiter Fairness üben müssen, schützende Funktionen wahrnehmen, sich bei älteren weiblichen Vorgesetzten wie ein Sohn gegenüber der Mutter verhalten.

– Sie als Mann fühlen sich von der weiblichen Psyche angesprochen: Von der Attraktivität der Frau, wobei das nicht primitiv erotisch oder sinnlich gemeint ist, sondern schlechthin das ausmacht, was den Mann an einer Frau anspricht, wie sie sich zu bewegen, zu gehen, zu sitzen, der Charme, die Wahl der Kleidung, überhaupt das äußere Erscheinungsbild.

Eine Frau, die dagegen männlichen Vorgesetzten nacheifert, wirkt unangenehm hart, nicht nur in Worten und Taten, sondern auch in ihren Gesichtszügen, ihrem ganzen Wesen. Unangenehm kann deshalb die Frau werden, die den Beruf und den Erfolg in ihm zum einzigen Gradmesser ihres Lebens hat werden lassen, die einsam lebt ohne Ehemann oder Partner. Ihr ganzes Tun wird hart und verbissen.

Als männlicher Mitarbeiter sollten Sie dieser Frau das Gefühl der Überlegenheit vermitteln, des Erfolgs also, und durch Ihr Verhalten beweisen, daß Sie nicht die alte „Jungfer" in ihr sehen – ein Phänomen, das ältere Junggesellen im Grundsätzlichen ebenso zeigen –, sondern eine *Frau,* die stets irgendetwas angenehm Weibliches bewahrt hat. Seien Sie betont höflich und zuvorkommend, ja galant, aber ohne jedes Anzeichen, daß Sie etwas von ihr als Frau wollten. Dann kann sie sehr allergisch reagieren, weil sie an frühere Mißerfolge im engsten Lebensbereich erinnert wird, die ihr Männer, also Geschlechtsgenossen von Ihnen, bereitet haben.

● **Tip:**
Es ist für Sie ungewohnt, als Mann einer Frau unterstellt zu sein. Entscheidend aber kann nur sein, ob die Frau als Vorgesetzte ihre Führungsfunktionen erfüllt. Frauen sind oft kooperativer als Männer, wenn sie nicht durch das massive und häufige Bezweifeln ihrer Führungsfähigkeit zum autoritären Verhalten gezwungen werden.

Als Mitarbeiterin bei einer Chefin

Für Sie als Frau ist es ungewohnt, einen weiblichen Vorgesetzten zu haben. Bisher hatten Sie stets Männer als Chefs. Mit denen haben Sie gelernt umzugehen. Sie kannten ihre Psyche und wußten sich darauf erfolgreich einzustellen, zum Beispiel auf
- das Erzeugen männlicher Schützerbedürfnisse (= der Mann als der Starke, der weiß, was zu tun ist, wenn es kritisch wird),
- den Mann als den, der in seiner Männlichkeit anerkannt sein will, also irgendwie von sich als der stets gegenüber Frauen Erfolgreiche gelten will, als der Unwiderstehliche,
- überhaupt als erfolgreich in Leben und Beruf, dem der Beifall des weiblichen Geschlechts sicher ist,
- Eigenschaften im Mann, die auf weibliche Geschicklichkeit und Raffinesse ansprechen.

Wie aber wird man als Frau mit einer Frau fertig? Überlegen wir, wie Sie sich einer weiblichen Chefin gegenüber verhalten sollten, um ein gutes Verhältnis entstehen zu lassen.

Die Chefin erwartet ebensoviel Respekt wie der männliche Vorgesetzte

Diese Achtung geben Sie ihr als Frau oft nicht! Sie sind leichter geneigt, eine Entscheidung von ihr nicht wie beim Mann als endgültig anzusehen, an den Mann als Vorgesetzten Ihrer Chefin zu appellieren. Das verletzt die Frau tief, verdeutlicht ihr, wie wenig die Mitarbeiterinnen von ihr halten und führt zu eigentlich von der Sache her unnötigen Verteidigungsanstrengungen.

Ihr Verhältnis zur Vorgesetzten wird dagegen ausgesprochen freundlich und angenehm sein, akzeptieren Sie entweder die Entscheidung oder versuchen Sie, mit der Chefin wie mit einem männlichen Vorgesetzten über Anweisungen zu diskutieren, die Sie überhaupt nicht oder nicht in einer bestimmten Form annehmen können.

Die Chefin ringt um die Art ihres Führens

Sie kennt oft kein weibliches Vorbild und weiß andererseits, daß die bloße Imitation des männlichen Vorgesetztenverhaltens sehr problematisch ist. Durch diese Unsicherheit kommt es zu einem gewissen Schwanken im Vorgehen. Das ist keine Folge persönlicher Schwächen, sondern der noch viel zu seltenen Gelegenheit, das Führen durch eine Frau zu beobachten.

Je sachlicher und natürlicher Sie sich verhalten, desto unproblematischer wird die Situation, desto einfacher und klarer das Führen und Geführtwerden.

Die Chefin imitiert männlichen Führungsstil

Sie will durch betonte Härte bei jeder Gelegenheit beweisen, daß sie ein echter hundertprozentiger Vorgesetzter ist. Dadurch verliert sie immer mehr ihr weibliches Wesen, ohne aber gleichzeitig das angestrebte männliche erwerben zu können. Diese Zwitterstellung macht sie letztlich unglücklich und führt zwangsläufig zu Mißerfolgen im privaten Umgang mit Männern. Das veranlaßt sie, zunehmend verbittert zu werden, ihre ganze Energie auf die betriebliche Arbeit zu konzentrieren, die Frauen besonders unangenehm zu behandeln, die im Privatleben glücklich sind, ja sie regelrecht zu schikanieren.

Es ist besonders schwer, Ihnen als Mitarbeiterin einen erfolgreichen Rat zu geben:

1. Erwecken Sie den Eindruck, daß Sie beruflich sehr engagiert sind, auch wenn das in dieser Form nicht zutrifft. Am ehesten bekommen Sie Ärger, erkennt die Chefin, daß Sie eigentlich nicht arbeiten müßten, weil Ihr Mann genug verdient.

2. Erzählen Sie von sich aus nichts über Ihr Privatleben, vor allem, wie glücklich Sie über Ihre Lebensgemeinschaft sind, wieviel Freude Sie mit Ihren Kindern haben.

3. Provozieren Sie ihre Chefin nicht durch Herausstellen Ihrer eigenen Attraktivität als Frau; denn sie verachtet solche Frauen, die nicht durch fachliches Können, sondern durch weibliche Raffinesse erfolgreich sein wollen.

4. Verdeutlichen Sie durch Ihr Verhalten, daß es keiner männlichen Härte bedarf, um Sie zu führen.

Nur keine Frau als Vorgesetzte!

Warum eigentlich? Weshalb sollen Frauen weniger gut als Männer führen können, zumal sie sensibler für zwischenmenschliche Beziehungen sind? Wollen Sie unreflektiert jahrhundertealte Vorurteile übernehmen? Es liegt entscheidend mit an Ihnen, ob Ihre Chefin gut führt oder nicht! Muß sich Ihre Vorgesetzte, wesentlich mitbedingt durch Ihr persönliches Verhalten und das von Kolleginnen, die ebenso denken, sachlich unnötig immer wieder durchsetzen, um zu beweisen, daß auch Frauen führen können, dann erschweren Sie ihr das Erfüllen ihrer Funktion, aber auch sich selbst das Zusammenarbeiten mit der Vorgesetzten. Sie ist als Ihre Chefin eingesetzt. Das ist ein Faktum! Auch heute noch überlegen sich Männer sehr genau, ob sie einer Frau eine Vorgesetztenfunktion anvertrauen sollen. Versuchen Sie ihr Vorgesetztenverhalten sachlich zu analysieren (= erfüllt sie ihren Job gut genug), auf keinen Fall aber durch Vergleiche mit Männern. Geben Sie ihr eine faire Chance, vielleicht sind Sie morgen schon in der gleichen Situation.

● **Tip:**

Es ist für Sie ungewohnt, als Frau eine Chefin zu haben. Entscheidend kann aber nur sein, ob die Frau als Vorgesetzte ihre Führungsfunktionen erfüllt. Achten Sie deshalb von Beginn an Ihre Chefin ebenso, wie Sie dies bei einem Mann tun würden. Dann werden Sie eine kooperative Vorgesetzte erleben oder eine weniger autoritäre.

Schneller Ratgeber

Was tue ich, wenn . . .

- ich als neuer Mitarbeiter in die Arbeitsgruppe eintrete?
  Aktiv beim Chef und den Kollegen zuhören und mich anpassen,
  ohne die Eigeninitiative aufzugeben
  (Seite 60 ff.)

- der Chef fürchtet, daß ich als Aufsteiger seine eigene Position an-
  strebe?
  Mich besonders loyal verhalten und ihn als Vorgesetzten anerkennen
  (Seite 63 ff.)

- mein Vorgesetzter sich wirklich oder scheinbar im Streß befindet?
  Ihn nur ansprechen, wenn dies unbedingt notwendig ist und dann
  knapp, klar und präzise
  (Seite 82 ff.)

- mein Chef ein Patriarch ist?
  Die eigenen Ideen als die seinen ausgeben und ihn als Persönlich-
  keit und als Fachkönner akzeptieren
  (Seite 114 ff.)

- der Vorgesetzte diktatorisch führt?
  Grundsätzlich seine „Herrschaft" anerkennen, aber konsequent
  Widerstand leisten, wenn er seine Grenzen als Chef überschreitet,
  was den Umgangsstil oder die Sache betrifft
  (Seite 117 ff.)

- ich einen Menschen zum Chef habe, der aus Unsicherheit autoritär handelt?
  Ihm verdeutlichen, daß ich ihn als Vorgesetzten ernstnehme und
  um seine Stärken weiß
  (Seite 119 ff.)

- ich vom Vorgesetzten negativ kritisiert werde?
  Klar begangene Fehler sofort eingestehen und bei nicht berechtig-
  ter Kritik ruhig und sachlich die eigene Position vertreten
  (Seite 131 ff.)

- der Chef klar falsch gehandelt hat?
  Ihn durch gezielte Fragen zum Nachdenken veranlassen und da-
  mit zur Überlegung, wie er zukünftig vorgehen sollte
  (Seite 134 ff.)

- ich die Erhöhung meines Gehalts erreichen will?
  Den Chef zum deutlichen Lob bewegen, um dann mit Hinweis auf
  diese und frühere ähnliche Anerkennungen die Gehaltserhöhung
  zu begründen
  (Seite 162 ff.)

- der Chef das Beurteilungsgespräch mit mir führt?
  Von ihm bei jeder Entscheidung, auch positiver Art, erwarten,
  daß er sie exakt begründet, bei negativer, wie ich handeln soll
  (Seite 182 ff.)

- ich mich beim Chef über einen Kollegen beschweren will?
  Den Tatbestand sachlich darstellen, auch beim Gegner ehrenhafte
  Motive annehmen und einen für beide Seiten akzeptablen Lö-
  sungsvorschlag unterbreiten
  (Seite 202 f.)

- ich dem Betriebsrat eine Beschwerde über meinen Chef vortrage?
  Zunächst dessen unmittelbaren Vorgesetzten ansprechen und erst
  nach einem Scheitern der Beschwerde und entsprechender Information des Chefs den Betriebsrat einschalten
  (Seite 214 ff.)

- der Chef eine Disziplinarmaßnahme (Abmahnung) verhängt?
  Auf jeden Fall entweder sofort ernsthaft versuchen, das eigene
  Verhalten wie verlangt zu ändern oder den Betriebsrat unverzüg-

lich anrufen, wenn ich die Abmahnung für unberechtigt halte,
oder mich konsequent um einen neuen Arbeitsplatz bemühen
(Seite 220 ff.)

– ich als älterer Mitarbeiter einen bedeutend jüngeren Vorgesetzten
habe?
Aufgeschlossen sein und dessen bessere theoretische Ausbildung
für mich nutzen, aber gleichzeitig im Gespräch mit ihm seine
Ideen auf ihre Praktikabilität hin prüfen
(Seite 228 ff.)

– mein Vorgesetzter ein alter Praktiker ist?
Ihm verdeutlichen, daß ich so viel wie möglich von ihm lernen will
und parallel dazu meine neuen Ideen als Verbesserung des bereits
Guten einführen
(Seite 238 ff.)

– mir als Mann eine Chefin überstellt ist?
Sie nicht mehr in Frage stellen als einen Mann in Vorgesetztenfunktion und akzeptieren, daß eine Chefin weiblich führen sollte
und nicht als männliche Imitation
(Seite 252 ff.)

– ich als Frau eine weibliche Vorgesetzte habe?
Sie allein nach ihrer Leistung beurteilen bei *gleichen,* nicht aber
strengeren Maßstäben wie beim Mann und sie ebenso als Chef anerkennen
(Seite 256 ff.)

Veröffentlichungen des Autors

Recht

Rischar, Klaus: Betriebsratslexikon, Praxisnahe Erläuterungen zum Betriebsverfassungsgesetz, Verlag Moderne Industrie, München 1977

Rischar, Klaus: Optisches Berufsbildungsrecht mit 20 Schaubildern zum Berufsbildungsgesetz, Verlag Neue Wirtschaftsbriefe, Herne-Berlin 1978

Rischar, Klaus: Berufsausbildung in Recht und Praxis – Eine systematische Erläuterung des Berufsbildungsrechts für Ausbilder in den Betrieben, Beck-Verlag, München 1981

Rischar, Klaus: Mitautor des Arbeitsrechtslexikons Beck'sches Personalhandbuch Band I, Beck-Verlag, München 1986

Ausbildung und Führung

Rischar, Klaus/Titze, Christa: Lexikon für Berufs- und Arbeitspädagogik – Über 2400 Haupt- und Hinweisstichworte, Kiehl-Verlag, Ludwigshafen 1976

Rischar, Klaus: Konfliktfälle aus der betrieblichen Praxis – Darstellung und Lösungsversuche, 2. Auflage, Kiehl-Verlag, Ludwigshafen 1975

Rischar, Klaus: Rhetorik und Kinesik für den Ausbilder, Buch und Kassette, Verlag Moderne Industrie, München 1977

Rischar, Klaus: Aktivierende Unterrichtsmethoden, Leuchtturm-Verlag Zebisch, Alsbach 1979

Rischar, Klaus: Schwierige Mitarbeitergespräche erfolgreich führen, Verlag Moderne Industrie, 2. Auflage München 1986

Rischar, Klaus: Die Ausbildungsplanung im kaufmännischen Bereich, Reihe Ausbildung und Fortbildung, Erich Schmidt-Verlag, Berlin 1981

Rischar, Klaus/Titze, Christa: Psychologie für die Sekretärin, Verlag Moderne Industrie, München 1981

Rischar, Klaus: Erfolgreich verhandeln mit ausländischen Geschäftspartnern, Verlag Moderne Industrie, München 1982

Rischar, Klaus: Die perfekte Organisation im Sekretariat, Verlag Moderne Industrie, München 1982

Rischar, Klaus: Führungsnachwuchskräfte finden, ausbilden und fördern, Verlag Moderne Industrie, München 1983

Rischar, Klaus: Erfolgskurs für die perfekte Sekretärin, bestehend aus einem Arbeitsbuch mit 112 Seiten und 2 Toncassetten, Verlag Moderne Industrie, München 1983

Rischar, Klaus/Titze, Christa: Wie wähle ich den richtigen Bewerber aus? Feldhaus-Verlag, Hamburg 1983

Rischar, Klaus: Erfolgreiche Mitarbeiterführung – Durch richtiges Führungsverhalten zum optimalen Betriebsklima, Feldhaus-Verlag, Hamburg 1984

Rischar, Klaus/Titze, Christa: Qualitätszirkel – effektive Problemlösung durch Gruppen im Betrieb, Expert-Verlag, Grafenau/Württemberg 1984

Rischar, Klaus: Mitarbeiter im Vertrieb erfolgreich führen – Strategien und Techniken – Datakontext-Verlag, Köln 1986

264

Stichwortverzeichnis

Abmahnung 220f, 224f
Akademikerdünkel des Chefs 242f
Akzeptanz
– Forderung des Chefs 94
– durch den Mitarbeiter 119f
Anerkennungsgespräch des Chefs 49
Angst
– des Chefs 76
– des Mitarbeiters 170
Antipathie gegen den Chef 50
Arbeitsaufnahme des neuen Mitarbeiters
  60f
Arbeitsumgebung 247f
Argumente
– chefbezogene 33
– der Gegenseite 21, 33f
– Gewichtung 33f
– Glaubwürdigkeit 30
– Kette 28, 165
– vom Nutzen des anderen aus 30
Arroganz des Chefs 65f
Aspekte
– psychologische 21
– sachliche 21
Aufgeschlossenheit bei Kritik 128
Auftreten
– freundliches 66
– sicheres 22
– überzeugendes 169
Ausdruck
– sprachlicher 26
Ausfragen durch den Chef 52, 64
Autorität
– Abbau 31, 33, 62f, 96, 106f
– des Chefs 68, 106f, 206, 229f
– institutionelle 108
– natürliche 108f

Berichtspflicht 53
Beschwerden
– über Kollegen 199f
– Vorgehen bei 206f
Betriebsbuße 221

Betriebsrat
– Drohen mit dessen Einschaltung
  213f, 216f, 223
– Einschaltung 201
Betriebsverfassungsgesetz
– Rechte des Mitarbeiters 185
– Schutz des Mitarbeiters 51
Beurteilung
– Fehler 188
– mündliche 193f
– Selbstbeurteilung 191f
Beurteilungsbogen 194f
Beurteilungsgespräch 197
Beweisführung
– Absicherung 153
– Schwachstellen 29
Biologischer Rhythmus 89
Black-out im Gespräch 39
Blickkontakt 39, 80, 142, 171

Dankbarkeit gegenüber dem Chef 115
Darstellung
– eigene 47
Delegation 54, 86
Depressionen 76
Desorganisation 74
Dialog
– Analyse 40
– kontrollierter 23, 68
– lebendiger 26, 29
– unter vier Augen 70
– vor Dritten 67f
Dienstanweisung 24, 31, 74
Diskussion
– Abbrechen 103
Disziplinarmaßnahme 46f, 219f, 224f
Drogen 76

Einarbeitungsphase 60f, 66
Emanzipation der Frau 246f
Emotionen 98, 103, 176, 207
– Schaffen 254f
– Steuerung 32, 34f, 68, 94f

Entscheidungskompetenz 55
Entscheidung unter Zeitdruck 20
Ermahnung
– mündlich 222

Fehlverhalten unter Streß 52
Fragetechnik
– Alternativ-Fragen 42f
– Informationsfragen 66, 239
– Suggestivfragen 42f
– W-Fragen 41
Führungsfähigkeit von Frauen 253f
Führungsschwäche 119f
Furcht des Chefs 63f

Gegnerschaft zum Chef 25f
Gehaltserhöhung 161ff, 196
Gehaltsgespräch 24
Generalisierung
– falsche 189
Generationskonflikt
– Auswirkungen auf den Betrieb 227f
Gerechtigkeitsstreben des Chefs 110
Gesprächs
– art 90
– atmosphäre 21f, 42, 69, 81
– ebenen 34f
– ende 26
– eröffnung 21f, 25
– situation 24
– verlauf 21, 91
– vorbereitung 20f, 86, 91
Gespräch vor Zeugen 67
Gesprächszeitpunkt 87f
Gestik 142, 171
Gewissenskonflikte des Mitarbeiters 32
Glaubwürdigkeit
– des Chefs 63f, 175
– des Mitarbeiters 52
– der Sekretärin 97
Großraumbüro 90

Hektik des Chefs 78f, 82
Hemmungen
– des Chefs 48f
– der Mitarbeiter 46f
– Überspielen 48

Hierarchien
– Kontakte über die Hierarchie hinweg
  32, 56, 101, 145f, 183
– Stellung des Chefs in der Hierarchie
  51, 192

Identifikation mit dem Chef 100
Indifferenz 234
Information
– Beschaffung 78
– Besitz 153
– Pflicht 31, 66
Instanzenweg 54
Integration in die Gruppe 67

Kennenlernen
– Phase 77
Killerphrasen 104, 134, 241
Körpersprache 25, 80, 99, 203
– Deutung 144, 171, 176
Kommunikation 31, 66, 78, 95, 200
Kompetenzen 55f, 104f
Kompromiß
– bereitschaft 27, 207
– Erkennen 26
– Wesen 24
Kontaktaufnahme 61f
Konzentration 40
Korrekturfehler 189f
Kooperation 95, 200, 253
Kritik
– fähigkeit 130, 154, 159
– gespräch 49f
– Risiko 158f
– Stil der Kritik 129
– Steuerung der Emotionen 34
– unter vier Augen 67, 129

Loyalität
– des Chefs gegenüber dem Mitarbeiter
  56, 94
– des Mitarbeiters gegenüber dem Chef
  32, 94, 100, 115f, 247

Macht
– anspruch 122f, 143
– durch Solidarität 123

Mehrarbeit zu Hause 67
Mißtrauen 69
Mitgefühl mit dem Chef 98
Monolog 26f, 29, 40f, 80, 191
Motivation 33f, 50, 96, 178

Neid 64, 243f
Nutzen für den Chef 96

Offenheit 102

Partnerschaft 25f, 110
Patriarch
– der Chef als 114f, 139
Persönlichkeitsstabilität 169f
Personalentwicklung 195f
Praktiker 237f
Prioritäten beim Gespräch 83
Profilierungsdrang 158, 217, 242
Psychosomatik 117

Rechtfertigungsversuch 128
Resignation 209
Respekt
– weiblicher Vorgesetzter 256
Rivalität zwischen Chef
   und Mitarbeiter 63
Rollenspiel 99

Sachkenntnis 54
Sachkompetenz 54
Schlichtung von Streit 205f
Selbstbeherrschung 29
Selbstbeurteilung
– Bereitschaft zur 191f
Selbstbewußtsein
– des Chefs 65, 110
– des Mitarbeiters 128
Selbsteinschätzung 191f
Selbsterkenntnis 23
Selbststeuerung 29
Solidarität 76
Sprechweise 26, 80, 99, 144, 171, 203
Standfestigkeit 122f
Streit 101f, 200, 210f
Streß des Vorgesetzten 74f, 80f
Sympathie 50

Theoretiker 238f
Toleranz 223

Überforderung
– fachliche 75
Überraschungssituationen 43, 53
Überstrahlungsfehler 190f
Überzeugungskraft 29
Unsicherheit des Vorgesetzten 41, 107,
   110
Unterlegenheit
– intellektuelle 50

Verbesserungsvorschläge 155
Verhalten
– diktatorisches 117f
– widersprüchliches 32
Verhandlungsstrategie 21
Verlegenheitshandlungen 60
Verlegenheitslaute 171, 177
Verunsicherung
– des Mitarbeiters 38
Videoaufzeichnungen 28
Vorbildung
– Vergleich heute – früher 230
Vorgesetzter
– diktatorischer 117f
– als Gegner 24f
– als Partner 24f
– Frau als V. 246f
Vorstellungsgespräch 62f
Vorurteile
– des Chefs 65f, 190
– gegenüber Frauen im Betrieb 249f
– des Mitarbeiters 98, 190
– Theoretiker – Praktiker 238

Werturteile 224f

Zeitdruck 74f, 80
Zeitplanung
– persönliche 31
Zeugen
– Chefgespräch vor Zeugen 67, 222
Ziele
– Maximalziel 20f, 87
– Minimalziel 20f, 87
– realistische Ziele 20 f